宋代家礼四书

〔宋〕司马光　朱熹　吕祖谦　佚名　著

陈延斌　王伟　李冰　整理

孔學堂書局

本书获2023年贵州省出版传媒事业发展专项资金资助

本书获贵州省孔学堂发展基金会资助

图书在版编目（CIP）数据

宋代家礼四书 / (宋) 司马光等著；陈延斌, 王伟,

李冰整理. — 贵阳：孔学堂书局, 2024.4

ISBN 978-7-80770-477-5

Ⅰ. ①宋… Ⅱ. ①司… ②陈… ③王… ④李… Ⅲ.

①家礼—文献—汇编—中国—宋代 Ⅳ. ①K892.98

中国国家版本馆CIP数据核字(2024)第020491号

宋代家礼四书
SONGDAI JIALI SISHU

〔宋〕司马光 朱熹 吕祖谦 佚名著
陈延斌 王伟 李冰整理

责任编辑：王紫玥
版式设计：张　莹
责任印制：张　莹

出版发行：孔学堂书局
地　　址：贵阳市乌当区大坡路27号
印　　制：中华商务联合印刷（广东）有限公司
开　　本：787mm×1092mm　1/32
字　　数：243千字
印　　张：10.5
版　　次：2024年4月第1版
印　　次：2024年4月第1次
书　　号：ISBN 978-7-80770-477-5
定　　价：78.00元

导言

相较于隋唐士族门阀更重视以家礼标异于他姓，彰显家学渊源，宋代仕宦学者撰作家礼时则更注重顺应时俗普遍需要，以求敦亲睦族、导化世风，极富时代特色。宋代家礼著作中，以司马光的《书仪》、朱熹的《家礼》和吕祖谦的《家范》影响最大，堪称标志宋时家礼复兴的三部名著。

司马光《书仪》是两宋时期"士庶通礼"创设阶段的一个重要环节，它对原来流行于士族之间的传统礼仪做了诸多调整和简化，初步形成了一个相对完整的家礼体系，这是之前的其他家礼著作所没有做到的。因此，《书仪》一经面世就受到仕宦之家的追捧，宋版《书仪·序》说："元丰中荐绅家争相传写，往往皆珍秘之。"虽然司马光《书仪》由于自身的局限性，并未对广大士庶日常生活礼仪产生直接影响，但对以礼仪重构儒家日常生活，以影堂祭祀凝聚家族人心等方面的探索，《书仪》具有开风气之先的作用。

然而正如朱熹指出的那样，司马光所撰《书仪》对礼文仪物的简化仍有局限，不便于推广施行于普通士庶群体。因此朱熹《家礼》在前人基础上博采众长、融会贯通，根据时代要求对传统家庭礼仪删繁就简、顺应时宜。《家礼》以《书仪》为基础，完善了冠、婚、丧、祭、通的家礼体系，又重视世俗普遍需要，使古礼节次分明、便于施行，使士庶通礼在形式与内容上趋于完善，对后世家礼撰作与实践产生了极为深远的影响。明清两代，随着朱学逐渐上升为"官学"，《家礼》的权威地位日益稳固，被国家典制如《大明集礼》《大明会典》《大清通礼》《大清会典》等广泛采用借鉴。

值得一提的是，在家礼礼制发展史上，吕祖谦的《家范》并未受到学界足够的重视。它产生于司马光《书仪》和朱熹《家礼》之间，并在两个方面做出了突出的贡献：一是《家范》中的《宗法条目》，强调了恢复宗法制度的价值；二是《家范》中的设计，既参酌古礼和司马光《书仪》，又结合时代特点做了损益，更加具有实用性，助推了民间家礼文化在教民化俗中作用的发挥。此外，其冠、婚、丧、祭四礼礼仪的设计也被朱熹《家礼》所吸纳借鉴，作为自己家礼创设的重要参考。正因此，《宋史·吕祖谦传》评价《家范》，称其"居家之政，皆可为后世法"。

可以说，司马光《书仪》、朱熹《家礼》、吕祖谦《家范》，不仅使家礼礼义阐释达到新的高峰，也为家礼仪式的施行作了切于实用的设计，从而将家礼引领到古礼复兴与革新的重要时期。

需要说明的是，司马光《书仪》、朱熹《家礼》和吕祖谦《家范》均以文字为主，少有插图，读者对其仪节动作、礼器礼物以及站位流程等难有直观了解。南宋佚名学者所作《家山图书》，正好弥补了这一缺憾，该书是家礼民间传播的代表性读物，内容以礼图为主，计50余幅，图后附以仪节说明、名物考证，图文并茂，使读者更易于掌握行礼要领，理解仪式内含的深刻礼义。该书在中国传统家训、家礼文化史上，还具有重要的史料价值，绘图弥补了相关文献的不足。诚如《四库全书总目》所论："负剑辟咡，以及乡饮、五御诸图，尤足补聂崇义（按：指《三礼图》）所未及。"

为此，我们选择这四部家礼经典予以点校整理，旨在帮助读者了解宋代家礼文化，并为中国传统文化复兴和当下礼仪文明建设提供参考和借鉴。

陈延斌

2024年2月

目录

司马氏书仪

〔宋〕司马光

【导读】

《司马氏书仪》十卷，北宋司马光（1019—1086）撰。

司马光，字君实，号迂叟，陕州夏县（今山西夏县）涑水乡人，出生于光州光山（今河南光州），世称涑水先生。北宋著名政治家、史学家、文学家。宋仁宗宝元元年（1038）进士，为仁宗、英宗、神宗、哲宗四朝重臣。英宗时进龙图阁直学士，神宗时与推行变法的王安石政见不合，遂寻求外任，以西京御史台身份在洛阳居住十五年，期间潜心撰写编年体历史巨著《资治通鉴》，元丰七年（1084）完成此书，迁资政殿学士。哲宗时回到朝廷，任门下侍郎，进尚书左仆射，罢黜王安石新法，全面恢复旧制。逝后赠太师、封温国公，谥"文正"，赐碑"忠清粹德"。其做事用功，刻苦勤奋，为人温良谦恭、刚正不阿；史颂"专利国家，而不为身谋"。

　　《司马氏书仪》是司马光着力撰作的一部家礼著作。所谓"书仪"，是古代私家仪注的通名。据《隋书·经籍志》记载，著作"书仪"的有谢元《内外书仪》四卷、蔡超《书仪》二卷、王弘《书仪》十卷、王俭《吉书仪》二卷等。《崇文总目》记载，唐代的裴茞、郑余庆、杜友晋也有此家礼著作。司马光沿用了"书仪"的用法。从两汉萌芽发展起来的门阀等级性宗法宗族制度，在魏晋南北朝时期成为维持社会秩序的主要方式，并一直延续到隋唐时期，成为社会秩序伦理纲常的主导力量。但是唐朝中期的安史之乱、藩镇割据特别是唐末的黄巢农民大起义从根本上打击了门阀制度，又经过了五代十国的动荡，到北宋时门阀士族主导的礼仪制度因大部分门阀士族主体的消亡而"礼义亡阙"。礼义缺失使得社会秩序混乱，社会道德沦丧，"风俗日坏，入于偷薄，叛君不以为耻，犯上不以为非，惟利是从，不顾名节"；"成者为贤、败者为愚，不复论尊卑之序、是非之理"。①在这一背景下，北宋时期一批士大夫纷纷重新修订日用伦常礼仪和冠婚丧祭的家礼制度，当然这样做并非为了重新造就一个高高在上的士族阶层，而是希望重建家族宗法制度，借助家族的力量恢复社会秩序和伦理秩序，《司马氏书仪》正是这一时代背景的产物。

　　《司马氏书仪》包括《表奏　公文　私书　别简　家书》一卷、《冠仪》一卷、《婚仪》二卷、《丧仪》六卷，共十卷内容。

　　《表奏　公文　私书　别简　家书》是对表奏、公文、私书、别简、家书等五种书写题材格式的说明。表奏是臣下对皇帝进言的

---

① 司马光：《司马温公集编年笺注》（第3册），巴蜀书社2009年版，第164页。

奏章，公文是官方发布的文件告示，私书是与社会上的同僚、朋友等各种熟人间的通信，家书是对家中父母、兄弟、妻子等人的书信。这些不同对象的写作体裁有着显著不同的礼仪格式，《司马氏书仪》对此均示以清晰的范例，做了精要的说明。

《冠仪》一卷，为冠礼的具体礼仪仪式。司马光对冠礼非常重视，认为"冠者，礼之始也"，但是他并非要求全盘地恢复古礼中的冠礼。《司马氏书仪》的一个重要原则是结合当时的社会实际，在很多地方提出"从俗""从众""从简""从简易"，尽量使得家礼施行适用于社会各阶层，冠礼也是如此。例如，古代的冠礼必须在家庙进行，但当时家庙已经很少，司马光说："今人既少家庙，其影堂亦褊隘难以行礼，但冠于外厅、笄在中堂可也。"其次，古代施行冠礼需要主人亲自戒宾宿宾，但在司马光那时很多家庭已经不具备这个条件，所以他对此也做了简化，"今欲从简，但遣子弟若童仆致命"。

《婚仪》分为上下二卷。上卷为纳采、问名、纳吉、纳币、请期、亲迎等婚姻六礼，下卷为妇见舅姑、婿见妇之父母、居家杂仪等三部分。婚姻不仅是男女双方的联姻，更是两个家族的结合，最能体现社会融合情况。而礼在本质上是要区别人们等级的，故在门阀士族的鼎盛时期，士庶通婚被认为是大逆不道，为整个士族阶层所不容，但是到了北宋时期，士族阶层因各种原因地位衰落，当时已经是"婚姻不问阀阅"。司马光基本采用了《仪礼》中的婚姻六礼，但鉴于《仪礼》对婚礼的程序规定是基于上层社会人们的情况，并没有考虑下层人们的承受能力，所以《司马氏书仪》详细列举的婚姻六礼，在实际生活中是难以大规模实行的。此后，朱熹在

《家礼》中就把婚姻六礼合并为三礼，只保留了纳采、纳币、亲迎三个重要礼仪。

真正彰显司马光思想理念的是《婚仪》中的"居家杂仪"，该篇特别突显家长的权威地位，强调"号令出于一人，家政始可得而治矣"。要求子女绝对服从父母，"凡诸卑幼，事无大小，毋得专行，必咨禀于家长"。即使父母有过，子女也不能强行纠正，"凡父母有过，下气怡色，柔声以谏。谏若不入，起敬起孝，说则复谏。不说，与其得罪于乡党州闾，宁熟谏！父母怒不说，而挞之流血，不敢疾怨，起敬起孝"。不仅如此，子女的喜好也要与父母一致，"凡子事父母，父母所爱，亦当爱之；所敬，亦当敬之"。在对待妻子和父母的态度上，要无条件地站在父母一边，"子甚宜其妻，父母不悦，出。子不宜其妻，父母曰：'是善事我'，子行夫妇之礼焉"。另外，司马光认为要严格男女交往，"七岁，男女不同席、不共食""男子不绝于妇人之手，妇人不绝于男子之手"，即使是男女有疾病的情况也要恪守"男女授受不亲"之道，"凡男子疾病，妇人侍疾者，虽至亲，当处数步之外。妇人疾病，男子亦然。此所谓能以礼自终也"。当然这种男女关系对于女子的行动限制更多，"男治外事，女治内事。男子昼无故不处私室，妇人无故不窥中门，有故出中门，必拥蔽其面"。这些规定在现在看来是十足的封建糟粕，但虑及当时的社会风气，司马光也是矫枉过正，希望以严格的礼仪制度建构良好的社会风尚。

《丧仪》共有六卷。古代的丧礼有一套烦琐的程序，这既是对去世亲人的尊重和悼念，也是让在世的人明白慎终追远的意义。《丧仪》六卷内容详细记述丧礼的整个过程，包括40多个细目：

初终、复、易服、讣告、沐浴、饭含、袭、铭旌、魂帛、吊、醮、赙、襚、小敛、棺椁、大敛殡、闻丧、奔丧、丧仪、成服、朝夕奠、卜宅兆葬日、穿圹、碑志、明器、下帐、苞筲、祠版、启殡、朝祖、亲宾奠、赗赠、陈器、祖奠、遣奠、在涂、及墓、下棺、祭后土、题虞主、反哭、虞祭、卒哭、祔、小祥、大祥、禫祭。这部分最大的亮点是司马光以"敬宗收族"为目的创设的影堂制度，它直接开启了朱熹《家礼》设计的祠堂制度，使得祠堂成为家族实施宗法制度的重要场所。影，指祖宗影像；堂，指正房。其实在司马光之前就已经零星出现了影堂制度，他把这些礼仪加以改进、完善，并在《丧仪六》中以"影堂杂仪"详加注解。在影堂制度之前，人们纪念先人有一套家庙制度，天子七庙、诸侯五庙、大夫三庙、庶人祭于寝。但这种由国家控制的家庙祭祀制度同其所倡导的宗族聚居的家族道德甚相违拗，当然也无法满足私人祭祀祖考、传续始祖之庙的要求，同时家庙营缮不易，耗资颇大非普通人家可以负担。故适用于仕宦贵族的家庙制度在北宋初年已经废弃，"五季之乱，礼文大坏。士大夫无袭爵，故不建庙，而四时寓祭室屋"，"士大夫家庙自唐以后不复讲"，虽然北宋时期朝廷曾多次尝试恢复家庙制度，但不成功，主要是因为宋代自徽宗年间以后及至南宋，家庙已然不只是宗族祭祀的场所，更多地带有了官方旌表和皇帝荣宠的内涵，失去了家庙制度原来庄严肃穆的敬宗收族功能。

《司马氏书仪》的"影堂制度"，目的在于更好敬宗收族，相对于家庙制度，影堂制度在祭祀方面更加灵活，或丰或俭皆可根据家族的条件而定，因而便于推广。另外，影堂也是施行家礼的重要场所，比如冠礼，"主人盛服亲临，筮日于影堂门外"。再如《婚仪》的纳采环节，"前一日，主人谓婿之祖父若父也，如无，则以即日男家长为之。女家主人准此。以香酒脯醢，先告于影堂。主人北向立，焚香酹酒，俯伏，兴，立，祝怀辞"。在婚礼的亲迎时，规定"舅姑盛服，立于影堂之上。舅在东，姑在西"。《丧仪》亦然，"启殡之日，夙兴，执事者纵置席于影堂前阶上，及听事中央，仍帷其听事"。影堂制度的这些规定直接启发了朱熹的祠堂制度，祠堂制度很多方面借鉴了影堂制度。

司马光撰写《司马氏书仪》绝不是为了自己一家祭祀祖先之便，而是以家礼为教化路径，试图恢复人们的宗法意识以整理社会秩序，重建道德人心。虽然有很多方面泥古不化、不切实际，但它是士族家族礼仪向士庶通礼转型的重要文献。正是在此基础上，朱熹《家礼》完成了家礼由少数贵族到广大士庶群体的下移过程。

司马氏书仪卷第一

表奏

元丰四年十一月十二日，中书札子，据详定官制所修到公式令节文。

表式

臣某言云云：臣某诚惶诚惧，贺则云"诚欢诚忭"，后辞末准此。顿首顿首辞云云：谨奉表称 谢以 闻。称贺同。其辞免恩命及陈乞，不用状者，亦准此。臣某诚惶诚惧顿首顿首谨言：

年月 日，具位臣姓 名 上表。

右臣下奏陈，皆用此式。上东宫笺亦仿此，但易顿首为叩头，不称臣。命妇上皇太后皇后，准东宫笺，称妾。

奏状式

某司自奏事，则具官，贴黄，节状内事。

某事云云。若无事因者于此便云"右臣"。

右云云。列数事则云"右谨件如前"谨录奏。

闻谨奏取旨者则云"伏候 敕旨"。

乞降付去处贴黄在年月前。

年月 日，具位臣姓名有连书官，即依此列位。状奏。

右臣下及内外官司陈叙上闻者，并用此式。在京臣寮及近臣自外奏事，兼用札子，前不具官，事末云"取　进止"。用榜子者，惟不用年，不全幅，不封，余同状式。皆先具检本司官画日亲书，付曹司为案本官自陈事者，则自留其案。

公文

申状式

某司自申状，则具官封姓名。

某事云云。有事因，则前具其事；无所因，则便云"右某"。

右云云。谨具状申如前列数事，则云"右件状如前"，云云。某司谨状取处分，则云伏候指挥。

年月　日，具官封姓名有连书官，则以次列衔状。

右内外官司向所统属并用此式。尚书省司上门下，中书省、枢密院及台省寺监上三省，枢密院，省内诸司并诸路诸州上省台寺监，并准此。

牒式

某司牒　某司或某官。

某事云云。

牒云云。若前列数事，则云"牒件如前"云云。谨牒。

年月　日牒。

列位三司，首判之官一人押，枢密院则都承旨押。

右门下、中书、尚书省以本省，枢密院以本院事相移并谓非被受者，及内外官司非相管隶者相移，并用此式。诸司补牒亦同，惟于"年月日"下书书令史名，辞末云"故牒"，官虽统摄而无状例，及县于比州之类皆曰"牒上"，寺监于御史台、秘书、殿中省，准此。于所辖而无符帖例者，则曰"牒某司"，不阙字。尚书省于御史台、秘书、殿中省及诸司于台省，台省寺监于诸路诸州，亦准此。其门下、中书省、枢密院于省内诸司、台省寺监官司，辞末云"故牒"，尚书省于省内诸司准此。

私书

上尊官问候贺谢大状

具位姓　某：

右某述事云云，谨具状　上问　尊候申贺，上谢，随事。谨状旧云："谨录状。"上牒件状如前，谨"牒"，状末姓名下亦云"牒"，此盖唐末属察上官长公牒，非私书之体，及元丰改式，士大夫亦相与改之。

年月　日具位姓　某　状。

封皮状上　某位　具位姓　某谨封重封，上题[①]云"状上某所某位"，下云"谨重封"。

与平交平状

具位姓　某：

右某启述事云云，谨奉状　起居陈贺、陈谢随事，伏惟

照察，谨状。

月　日具位姓　某　状。

封皮用面签某位，具位姓　某　谨封。重封，题与大状同，后封皮。重封，皆准此。

上书

月日，具位某顿首再拜，上书某位执事。此上尊官之仪也，稍尊，则云"阁下"。平交则云"谨致书某位足下"。凡阁下谓守黄阁者，非宰相不当也，而末俗竞以虚名相尊，今有谓宰相为"阁下"，则必怒以为轻，而今人非平交不可施矣，此无如之何，且须从俗。此下述事云云。不宣。某顿首再拜。

某位执事。

启事

具位姓　某：

---

① 四库本作"题"，宋本、学津本作"显"。

右某启述事云云。谨奉启事陈闻陈贺、陈谢随事，伏惟尊慈俯赐　鉴念，不宣，谨启。

月　日具位姓　某　启上

封皮用面签。某位　具位姓某启上。谨封。前"上书"封皮改"启"为"书"字。

上尊官时候启状

裴《书仪》，僚属典吏起居官长启状止如此，无如公状之式者。裴文有四海吉书，分五等。以父之执友、疏属尊亲、受业师为极尊，年纪高于己，或职掌稍高，及姊夫妻兄之属为稍尊，齿爵相敌者为平怀，年小于己、官卑于己及妻弟妹夫为稍卑，先曾服事，及弟子之类为极卑。今以裴之启状为大书，四海吉书为书，小简及平日往来手简而微为增损，以叶时宜。以齿爵极远者为尊，官与极卑不甚相远者为稍卑，改"平怀"为"平交"。又今人与尊官书多为三幅，其辞意重复，殊无义理。凡与人书，所以为尊敬者，在于礼数辞语，岂以多纸为恭耶？徒为烦冗而不诚，不足法也。

某启，晷度推移，日南长至。此冬至之仪也，正旦则云"元正启祚，万物惟新"。月朔及非时起居，则各用其月时候，如孟春犹寒之类①。伏惟　某位　膺时纳祐，与　国同休正旦同月朔及非时起居，则云"尊体起居万福"。某即日蒙　恩事役所縻有官，则云"职业有守"，未获趋拜　门庭，伏乞　上为　庙朝善保　崇重，下诚不任詹　依恳祷之至。谨奉状陈贺。月朔及非时起居，则改"陈贺"为"参候"，不宣，谨状。

月　日具位姓　某　状上

某位座前，或云执事执政，则云"台座"。执政虽有世契，亦不敢叙。他人父执，则云"从表侄上某位几丈"。师，则云"门生上某位先生"。非平交不可称其字，后手启准此。谨空。

封皮谨谨上　某位座前或台座，皆如状中。具位姓　某　状封。

---

① 类，文渊阁《四库全书》本作"类"，宋本作"意"。

上稍尊时候启状

平交，改"卑情不任勤祷之至"为"用慰勤怀"，"阁下"为"足下"，无谨空，自余同。

某启时候如前，伏惟　某位膺时纳祐，罄无弗宜。月朔及非时起居，则云"尊体万福"。某即日蒙　免未由　觐展，伏冀　顺时善加　保养，卑情不任勤祷之至。谨奉状陈　贺非时起居，改"陈贺"为"参候"。不宣。谨状。

月　日粗衔姓　某　状上

某位阁下，或云"侍史"，或云"左右"，或云"足下"，若有契素则云"从表弟上某位几兄"，后稍尊手启准此。谨空。

封皮状上　某位阁下　粗衔姓　某　谨封。

与稍卑时候启状极卑，止有手简及委曲，无启状。

某启时候如前。恭惟　某位膺时纳佑，罄无弗宜月朔及非时起居，则云"动止万福"。某即日幸如宜，未由　展奉，惟冀　顺时善加　保爱，用慰远怀。谨奉状，不宣，谨状。

月　日若有事素，则云从"表"。粗衔姓　某　状上

某位若有事素，则云"几弟"。

封皮状上　某位　粗衔姓　某　谨封

上尊官手启书中小简亦同，但纸尾有日无月，去"谨奉启"及"谨空"字。

某惶恐顿首再拜述事云云，谨奉启。不备、具、宣、悉，据理亦同，但世俗有此分别，今须从众。某惶恐顿首再拜。

某位座前，执政则云"台座"，月日。谨空。

封皮谨谨上　某位座前，台座，如启中　某　启封。

别简

某启或云"再启"，或云"又启"，述事云云。　某顿首再拜。

上稍尊手启书中小简及别简如大官。

某再拜述事云云。谨奉启，不宣，　某再拜

某位阁下，或云"侍史"，或云"左右"，若其人知州府，则云"钤下"，月日。

封皮启上　某位阁下等，如启中。　某　谨封。

与平交手简书中小简同别简，直述事末云顿首。

某启述事云云，不宣　　某顿首

某位足下，或云"左右"。　日。

封皮手启上或止云启上。　某位　某　谨封。

与稍卑手简书中小简同。凡书启若不能一一如仪，宁于平交用称尊，不可用稍卑。

某启述事云云。不宣　某　咨白

某位。　日。

封皮简呈　某位　某　谨封。

谒大官大状

具位姓　某

右某谨诣　门屏，祗候　起居参谢、贺、辞、违随事。已欲他适，往辞人，曰"辞"。人欲他适，已往别之，曰"攀违"，某位伏听处分谨状。旧亦云：牒件状如前，谨牒状，末姓名下又云牒。元丰改式，士大夫亦改之。

年月　日具位姓　某　状。

谒诸官平状

具位姓　某

右某祗候世俗皆云"谨祗候"，按谨即祗也，语涉复重今不取。起居谢、贺、辞、违随事。按"祗候某人起居"，乃语自唐末以来，皆以云"祗候起居其人"，今从众。某位谨状。

月　日具位姓　某　状。

平交手刺大约如此，时改临时。

某爵无爵者言官。某里姓某无官者止称乡里，此平生未曾往还者也。若已相识，则去爵里，往还熟，则去姓。专谒　见谢、贺、辞、别随事。

某位，　月日　谨刺。

名纸

取纸半幅，左卷令紧实，以线近上横系之，题其阳面。凡名纸，吉仪左卷，题于左掩之端，为阳面；凶仪，右卷，题于右掩之端，为阴面。云乡贡进士姓名。

家书

上祖父母父母上外祖父母改"孙"为"外孙"，著姓余同。

某启。孟春犹寒，时候随月。伏惟　某亲尊体起居万福。述先时往来书云云。某在此与新妇以下各循常若有尊长在此，则于"与新妇"字上添"侍奉某亲康宁，外"字，乞不赐远念。凡此皆平安之仪，若有不安者，即不用此语，后准此。下述事云云。未由　省侍，伏乞倍加　调护，下诚不任瞻恋之至。谨奉状。不备，孙子男则称"男"，女则称"女"　某再拜上

某亲几前。

封皮谨谨上　某亲几前。孙男、女同。　某　状封。

重封　平安家书附上　某州某县姓某官

凡人得家书，喜惧相半，故"平安"字不可阙。使见之则喜，后家书重封准此。

孙男、女同。　粗衔某谨重封。

上内外尊属谓伯叔祖父母、伯叔父母、姑舅妗母、姨夫姨母、妻之父母。

改"起居"为动止，"省侍"为"觐省"，"调护"为"保重"，"瞻恋"为"赡仰"，"几前"为"座前"。侄、甥、婿随所当称，惟与妻之父母书，不称新妇，称封邑。无封邑，则改"新妇以下"为"家中骨肉"。古人谓父为"阿郎"，谓母为"娘子"，故刘岳

《书仪》"上父母书"称阿郎、娘子。其后，奴婢尊其主如父母，故亦谓之阿郎、娘子，以其主之宗族多，故更以行第加之。今人与妻之父母书称其妻为"几娘子"，殊乱尊卑。名不正则言不顺，士君子宜有以易之。余皆如上父母书。

上内外长属谓兄姊、表兄姊及姊夫，妹与嫂亦同。

改"尊体起居万福"为"动止康和"，"乞不赐远念"为"幸不念及"，"省侍"为"参省"，"伏乞倍加调护"为"为国保燮"，"下诚不任瞻恋之至"为"卑情不胜依恋"，弟妹、内外弟妹随所当称。刘岳《书仪》云："舅之子称内弟，不书姓；姑之子称外弟，书姓。"今人亦通称表弟也。"几前"为"左右"，"状"为"启"。余如上父母书。

封皮启上　某亲　弟　某　谨封。

与妻书

某咨，春寒，春暄，夏热，秋热，秋凉，冬寒，随时。动履清胜。或云常胜，某此粗遣免。述事云云。不悉。裴《仪》作"不具"，今从弟妹法。某书达某邑封裴《仪》云：某状通几娘子足下。于理亦似未安，若无封邑，宜称其字。月日。

封皮书达　某邑封。　某谨封。重封云"平安家书，附至本宅"。

与内外卑属谓弟妹、表弟妹。

几弟妹则云"几妹"，春寒寒暄随时。想与诸尊幼或云长幼，随事。休宜。兄此粗常。述事云云。不悉。兄报某亲。　月　日。

封皮书寄几弟。亲弟妹不空，表弟妹空。兄手书。表弟妹云"表兄姓某谨封"。以下书皮重封，皆同。重亲弟妹，云"平安家书附至某州某县几某官处"。无官封，则云"几弟处"。表，则云"书附至某州某县几某官处"。粗衔姓押重封。表弟云"谨重封"。

与幼属书谓兄弟之子孙。

告几某官，春寒，寒暄随时，想汝与诸尊幼或云"长幼"随事吉健。

翁或伯或叔此与骨肉并如常述事云云，不具。翁余亲准此。裴《仪》：与儿及孙侄等书，其末皆云"及此不多"。今以与诏语相涉，更改从俗告几某官省。　月日。

封皮书付几某官。　翁余亲准此。　封重封如卑属。

与子孙书

告名。子孙名也，春寒，寒暄随时，想汝与诸幼卑幼随事。吉健。述先时往来书。吾此与骨肉并如常。述事云云。不具。翁父同。告名省。

封皮委曲付名。　翁父同。　封。

重封"平安家书附至某州某县付孙名"。儿子同。　粗衔姓　押　重封。

与外甥女婿书封皮、重封，与表弟妹同。

某咨，春寒，寒暄随时。想与尊幼如宜。与女婿者，云"与几姐及外孙如宜"。某此粗常。述事云云。不悉，某咨。　姓甥某官。婿云"某郎"。

月　日。

妇人与夫书

妇人与诸亲书，皆与男子同。于子孙之妇，称"吾"于夫家尊长，称"新妇某氏"，于卑幼，称"婆"，称"伯母""叔母"，或称"老妇"。于己家尊长，称"儿"于卑幼。称"姑"、称"姊"。于外人，不当通书。若不得已通书，亦当称"新妇"。今人皆称"儿"，非也。上舅姑书，如父母，但改"新妇以下"称其夫官而已。与妯娌书，如长属，其末自称"姒某氏"，"娣某氏"。与子孙书，云"告几新妇"。余如与子孙书。其与尊长者，虽有封邑，不敢称之。古者妇人谓夫曰"君"，自称曰"妾"。今夫与妻书称名，妻与夫书称妾，乃冀缺、梁鸿相推敬之道也。

妾启，春寒，寒暄随时。动止康和。或云"康胜"。妾即此蒙　免，诸幼无恙。此平安之仪也，若己不安则不云"蒙免"。子孙有不安者，则不云"诸幼无恙"。此下述事云云。不宣，妾上　某官侍者，无官，则称"良人"。

月　日。

封皮状上　某官，　邑封某　氏，妾　谨封。

与仆隶委曲仆隶上郎主，当依公状式。

姓名。仆隶姓名也，述事云云。不具。委曲付姓名。

封皮委曲付姓名。　　押　封。

司马氏书仪卷第二

冠仪

男子年十二至二十，皆可冠。《冠义》曰："冠者，礼之始也。"是故古之道也。成人之道者，将责成人之礼焉也，责成人之礼焉者，将责为人子、为人弟、为人臣、为人少者之行也。将责四者之行于人，其礼可不重与？冠礼之废久矣，吾少时闻村野之人，尚有行之者，谓之"上头"，城郭则莫之行矣，此谓"礼失求诸野"者也。近世以来，人情尤为轻薄，生子犹饮乳，已加巾帽，有官者或为之制公服而弄之，过十岁犹总角者，盖鲜矣。彼责以四者之行，岂知之哉，往往自幼至长，愚骏如一，由不知成人之道故也。《吉礼》虽称二十而冠，然鲁襄公年十二，晋悼公曰："君可以冠矣。"今以世俗之弊不可猝变，故且徇俗，自十二至二十皆许其冠，若敦厚好古之君子，俟其子年十五已上，能通《孝经》《论语》，粗知礼义之方，然后冠之，斯具美矣！必父母无期已上丧，始可行之。冠、婚，皆嘉礼也。《曾子问》："冠者至，闻齐而不醴。如冠者未至，则废。"《杂记》曰："大功之末，可以冠子，可以嫁子。"然则大功之初，亦不可冠也。《曾子问》有"因丧服而冠"者，恐于今难行。其礼，主人盛服主人，谓冠者之祖父、父及诸父、诸兄，凡男子之为家长者皆可也。凡盛服，有官者具公服靴、笏，无官者具幞头靴襕或衫带，各取其平日所服最盛者。后婚、祭仪盛服皆准此。亲临，筮日于影堂门外，西向。古者大事必决于卜筮，灼龟曰卜，揲蓍曰筮，夫卜筮在诚敬，不在蓍龟，或不能晓卜筮之术者，止用杯珓亦可也。其制，取大竹根判之，或止用两钱掷于盘，以一仰一俯为吉，皆仰为平，皆俯为凶。后婚、丧、祭仪卜筮准此。《开元礼》自亲王以下皆筮，曰筮宾，不用卜。此云"西向"，据影堂门南向者言之。私家堂室不能一一如此，但以前为南，后为北，左为东，右为西。后婚、丧、祭仪中凡言东西南北者，皆准此。若不吉，则更筮他日。凡将筮日，先谋得暇可行礼者数日，然后筮取其吉者用之。

前期三日，筮宾，如求日之仪。凡宾，当择朋友贤而有礼者为之，亦择数宾，取吉者。或不及筮日、筮宾，则曰择其可者而已。乃遣人戒宾，《士冠礼》主人自戒宾宿宾，今欲从简，但遣子弟若童仆致命，或使者不能记其辞，则为如仪中之辞，后云"某上"，一辞为一纸，使者以次达之，宾答亦然。后致辞皆仿此，曰：某主人名也，使者不欲斥主人之名，即称官位，或云某亲。有子某子名。将加冠于其首，愿吾子之教之也。宾对曰：某宾名。不敏，恐不能供事，以病吾子，敢辞。病，犹辱也。礼辞，一辞而许，曰敢辞；再辞而许，曰固辞；三辞曰终辞，不许也！主人曰：某愿吾子之终教之也，宾对曰：吾子重有命，某敢不从凡宾主之辞，或不以书传，虑有误忘，则宜书于笏记。无笏者，为掌记。后婚、丧、祭仪皆准此，唯纳采必用书！前一日，又遣人宿宾，曰："某将加冠于某之首，吾子将莅之，敢宿宾。"对曰："某敢不夙兴。"古文，宿赞冠者一人，今从简，但令宾自择子弟戚习礼者一人为之。前夕，又有请期、告期，今皆省之！

其日夙兴，宾、主人、执事者，皆盛服。执事者，谓家之子弟戚或仆妾，凡预于行礼者皆是也。后称执事者准此。执事者设盥盆于厅事阼阶下东南，有台，帨巾在盆北，有架古礼，谨严之事，皆行之于庙，故冠亦在庙。今人既少家庙，其影堂亦褊隘难以行礼，但冠于外厅、笄在中堂可也。《士冠礼》："设洗，直于东荣，南北以堂深，水在洗东。"今私家无罍洗，故但用盥盆帨巾而已。盥，濯手也；帨，手巾也。厅事无两阶，则分其中央，以东者为阼阶，西者为宾阶。无室无房，则暂以帘幕截其北为室，其东北为房，此皆据厅堂南向者言之。陈服于房中西牖下，东领，北上。公服靴笏，无官则襕衫靴，次旋襕衫，次四襈衫若无四襈，止用一衫。腰带、栉、篦、总、幞头总，头𩮀，幞头，掠头也。席二。在南，公服衫设于椸。椸，音移，衣架也。靴置椸下。笏、腰带、篦、栉、总、幞头置卓子上，酒壶在服北，次盏注亦置卓子上，幞头、帽、巾，各承以盘，蒙以帕。主人执事者三人执之，立于堂下西阶之西，南向东上，宾升则东向，主人立于阼阶下少东，西向。子弟亲戚立于盥盆东，西向北上。亲戚预于冠礼者，皆谓男子也。尊卑共为一列，若有僮仆预于执事，则立于亲戚之后，拜立行列皆仿此。摈者立于门外以俟宾。主人于子弟亲戚中择习礼者一人为摈。将冠者双紒童子紒似刀环，今俗所谓吴双紒也。袍，今俗所谓袄子是也，夏单冬复，勒帛，素屦，幼时多蹑采屦，将冠可以素屦。在房中南向。

宾至，赞者从之，立于门外，东向。赞者少退，摈者以告主人。主人迎宾，出门左，西向，再拜，宾答拜。主人与赞者相揖，不拜，又揖宾，乃先入门，宾并行少退，赞从宾后，入门，宾主分庭而行，揖让而至阶，又揖让而升。主人由阼阶先升，立于阶上少东，西向，宾由宾阶继升，立于阶上少西，东向。赞者盥手，由宾阶升，立于房中，西向。摈者取席于房，布之于主人之北，西向。此适长子之礼也，众子则布席于房户之西，南向。将冠者出房，立于席北，南向众子立于席西，东向。宾之赞者，取栉、总、篦、幞头置于席南端，众子置于席东端。兴，席北少东，西向立。众子，则席东少北，南向立。宾揖将冠者，将冠者即席，西向坐，众子南向坐。为之栉、合紒、施总、加幞头。宾降，主人亦降。立于阼阶下，宾礼辞，宾盥手毕，主人一揖一让，升自阼阶，宾升自西阶，皆复位。宾降西阶一等，执巾者升一等授宾，古者阶必三等，于中等相授，今则无数，但三分其阶，升降每分一等可也。宾执巾正容，徐诣将冠者席前，东向，众子北向。祝曰："令月吉日，始加元服，弃尔幼志，顺尔成德，寿考维祺，介尔景福。"乃跪为之著巾，兴，复位。赞者为之取篦掠发，冠者兴，宾揖之适房，服四襈衫、无四襈衫，止用衫勒帛、腰带，出房，南向良久。

《士冠礼》注曰："复出房南面者，一加礼成，观众以容礼。"

宾揖之，即席跪，宾盥如初，降二等受帽，进祝曰："吉月令辰，乃申尔服，谨尔威仪，淑慎尔德，眉寿万年，永受胡福。"加之，复位如初。兴，宾揖之适房，服旋襕衫、腰带，正容出房，南向良久。宾揖之，即席坐，宾盥如初，降三等受幞头，进，祝曰："以岁之正，以月之令，咸加尔服，兄弟具在，以成厥德，黄耇无疆，受天之庆。"赞者彻帽，宾加幞头，复位如初。冠者兴，宾揖之适房，改服公服，若靴襕，正容出房立，南向。主人执事者受帽，彻栉篦席入于房，摈者取席，布于堂中间少西，南向，众子仍故席。赞者取盏斟酒于房中，出房，立于冠者之南，西向，宾揖冠者就席，冠者立于席西，南向，宾受盏于赞者，诣席前，北向，祝曰："旨酒既清，嘉荐令芳，拜受祭之，以定尔祥，承天之休，寿考不忘。"古者冠用醴，或用酒，醴则一献，酒则三醮。今私家无醴，以酒代之，但改醴辞"甘醴惟厚"为"旨酒既清"耳，所以从简。冠者再拜于席西，升席，南向受盏。宾复位，东向答拜，冠者即席，南向跪祭酒，兴，就席末坐，啐酒。啐，子对切，少饮酒也。兴，降席，授赞者盏，南向再拜，宾东向答拜。冠者入家拜见于母，母受之。《冠义》曰："见于母，母拜之；见于兄弟，兄弟拜之；成人而与为礼也。"今则难行，但于拜时母为之起立可也。下见诸父及兄，仿此。宾降阶，东向；主人降阶，西向；冠者降自西阶，立于西阶东，南向。宾字之曰："礼仪既备，令月吉日，昭告尔字，爰字孔嘉，髦士攸宜，宜之于嘏，嘏，古雅切。永受保之。曰伯某甫。"仲、叔、季，惟所当，冠者对曰："某虽不敏，敢不夙夜祗奉。"宾请退，主人请礼宾，宾礼辞，许，乃入。设酒馔延宾及摈、赞如常仪。酒罢，宾退，主人酬宾及赞者以币，端、匹、丈、尺，临时随意。凡君子使人必报之，至于婚、丧相礼者，当有以酬之。若主人实贫，相礼者亦不当受也。仍拜谢之。《士冠礼》"乃礼宾以一献之礼"。《注》："一献者，主人献宾而已。即燕，无亚献者，献酢酬宾，主人各两爵而礼成。"又曰："主人酬宾，束帛俪皮。"《注》："饮宾客而从之以财货曰酬，所以申畅厚意也。束帛十端也，俪皮，两鹿皮也。"又曰："赞者皆与赞冠者为介。"《注》："赞者，众宾也；介，宾之辅。以赞为之，尊之饮酒之礼。贤者为宾，其次为介。"又曰："宾出，主人送于外门外，再拜，归宾俎。"《注》："使人归诸宾家也。"今虑贫家不能办，故务从简易。于宾之请退也，冠者东向拜见诸父。诸兄，诸父为一列，诸兄为一列，每列再拜而已。下见诸母、姑姊仿此，西向拜赞者，赞者答拜。入见诸母、姑、姊，诸母、姑、姊皆为之起。遂出，见于乡先生乡里耆德，及父之执友。冠者拜，先生、执友皆答拜。若有诲之者，则对，如对宾之辞，且拜之。先生执友不答拜。若孤子冠，《士冠礼》："主人紒而迎宾，拜、揖、让，立于序端，皆如冠主。"《开元礼》亦然。恐于今难行，故须以诸父、诸兄主。则明日量具香酒馔于影堂，冠者北向，焚香跪酒，俯伏，兴，再拜而出。《曾子问》："父没而冠，则已冠扫地而祭于祢，已祭而见伯父、叔父，而后飨冠者。"此谓自为冠主者也。《开元礼》："孤子冠之明日，见于庙，冠者朝服；无庙，见祖祢于寝。质明，赞礼者引入庙南门中庭道西北，宾赞再拜，讫，引出。"今参用之。

笄

女子许嫁，笄。年十五，虽未许嫁亦笄。主妇、女宾执其礼，主妇，谓笄者之祖母、母及诸母、嫂，凡妇女之为家长者皆可也。女宾，亦择亲戚之贤而有礼者。赞，亦宾自择妇女为之。行之于中堂，执事者亦用家之妇女、婢妾，戒宾宿宾之辞，改"吾子"为"某亲"，或"邑封"。妇人于妇党之尊长当称"儿"，卑幼当称"姑""姊"之类，于夫党之尊长当称"新妇"，卑幼当称"老妇"。陈服止用背子，无篦、幧头，有诸首饰，谓钗梳之类。席一，背设于椸，栉总首饰置卓子上，冠笄盛以盘，蒙以帕，笄，如今朵子之类，所以缀冠者。执事者一人执之，陪位者及摈，亦止于妇女内择之。摈立于中门内，将笄者双紒襦，襦，今之襟子。主妇迎宾于中门内，布席于房外，南面，如庶子之冠席。宾祝而加冠及笄，赞者为之施首饰，宾揖笄者适房，改服背子。既笄，所拜见者，惟父及诸母诸姑兄姊而已。笄祝，用冠者始加巾祝字辞，去"髦士攸宜"一句。余皆如男子冠礼。

堂室房户图人家堂室房户不能一一如此，当以帷幕夹截为之。

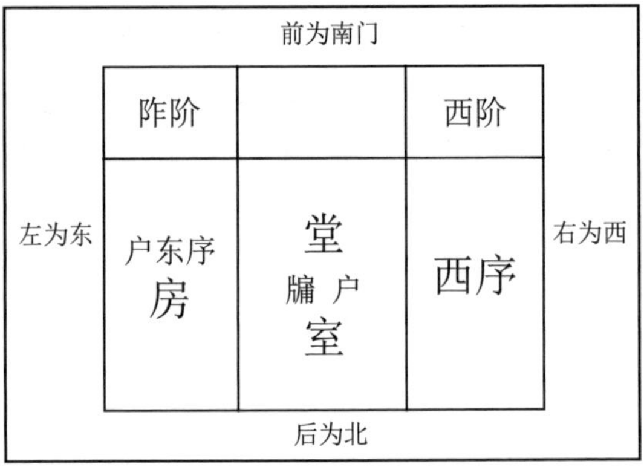

图1-1 堂室房户图

深衣制度名曰深衣者，古之男子衣裳上下各异，惟深衣相连。

深衣之制，用细布，古者深衣，用十五升布，锻濯灰治。八十缕为升，十五升者，以一千二百缕为经也。锻濯，谓打洗、灰治，以灰治之，使和熟也。今人织布不复知有升数，衣布者亦不复练，但用布之细密奕熟者可也，短无见肤，长无被土，续衽钩边。郑曰："续，犹属也。衽，在裳旁者也。属连之，不殊裳前后也。钩，读如'鸟喙必钩'之'钩'。钩边，若今曲裾也。"孔曰："衽，谓深衣之裳，以下阔上狭谓之为衽。接此衽而钩其旁边，即今之朝服有曲裾而在旁者，此是也。'衽当旁'者，凡深衣之裳十二幅，皆宽头在下，狭头在上，似小要之衽，是前后左右皆有衽也。今云'衽当旁'者，谓所续之衽当身之一旁，非所谓余衽悉当旁也。云'属连之，不殊裳前后也'。若其丧服裳，前三幅后四幅各自为之，不相连也。今深衣裳，一旁则连之相着，一旁则有曲裾掩之，与相连无异，故云'属连之，不殊裳前后也'。云钩，读如'鸟喙必钩者'。案《援神契》云，'象鼻必卷，长鸟喙必钩'。郑据此读之也，云'若今曲裾也'者。郑以后汉之时，裳有曲裾，故以'续衽钩边'似汉时曲裾。今时朱衣朝服，后汉明帝所为，则郑云今曲裾者，是今朝服之曲裾也。其深衣之衽已于《玉藻》释之，故今不复言也。案《汉书》，江充'衣纱縠襌衣，曲裾后垂交输'，如淳曰，'交输，割正幅使一头狭若燕尾，垂之两旁，见于后，是《礼·深衣》'续衽钩边'。贾逵谓之'衣圭'。"苏林曰："交输，如今新妇袍上衽，全幅缯角割，名曰交输裁也。"《释名》曰："妇人上曰衽，其下垂者，上广下狭如刀圭也。"然则别有钩边，不在裳十二幅之数，亦斜割，使一端阔一端狭，以阔者在上，狭者在下，交映垂之如燕尾。有钩曲裁其旁边，缀于裳之右旁，以掩不相连之处。襌，音丹，衽，音圭。**祛尺二寸**，祛，袖口也，凡尺寸皆当用周尺度之。周尺一尺，当今省尺五寸五分弱。**衣要三祛**，谓衣衿下垂与裳接者，祛尺二寸，围之为二尺四寸，三之为七尺二寸，假取布一幅，二尺二寸，则每幅除裁缝各二寸外，有尺八寸，四幅合七尺二寸。此尺寸皆据中人言之，人有长短肥瘦，临时取称，故缝纫于祛、袼纯之外，皆不言尺寸，但以肤上要齐肘为准也。袼音劫。纯，之允反。齐，音咨。**缝齐倍要**。郑曰："缝，纫也。纫下齐倍要，中齐丈四尺四寸。"孔曰："齐，谓裳之下畔；要，谓裳之上畔。言缝下畔之广，倍于要中之广也。"案缝者以藏纫衣，今俗所谓裥袑是也。裥，七遥反。袑，奴叶反。**袼之高下，可以运肘**，郑以肘不能出入，袼，衣袂当掖之缝。孔曰："袼，谓当臂之处，袂中高下宜稍宽大，可以运动其肘，袂二尺二寸，是云运肘也。"案郑云袼当掖缝，而孔云当臂之处，失其义也，盖为掖下稍宽，容肘出入耳。袼音各。**袂之长短，反诎之及肘**。郑曰："袂属幅于衣，屈而至肘，当臂中为节，臂上下各尺二寸，则袂肘以前尺二寸。"孔曰："袂长二尺二寸，并缘寸半为二尺三寸半，除去其缝之所杀各一寸，余有二尺一寸半在，从肩至手二尺四寸。今二尺二寸半之袂，得反屈及肘者，以袂属于衣幅，衣幅阔二尺二寸，身脊至肩，但尺一寸也。从肩覆臂，又尺一寸，是衣幅之畔，覆臂将尽。今属于衿又二尺一寸半，故反屈其袂得及于肘也。"按：袂即今之所谓袖也。郑云"属幅于衣"，谓襌于身旁，未必皆尽一幅二尺二寸也。云"臂上下各尺二寸"者，亦据中人为率尔。如孔所言，拘泥太甚，况从肩至袂口三尺二寸半，则反屈之过肘矣，经以臂短长。布幅阔狭，皆无常准，故但云诎之及肘，谓袖之短长适与手齐，则反屈及肩，自然及肘矣。**裳有十二幅，交**

解裁缝《深衣》曰："制十有二幅，以应十二月。"郑曰："裳六幅，分之为上下之杀。"孔曰："每幅交解为二，是十二幅也。"此谓二分其幅，狭处占狭处，阔处占阔处，占二交解邪裁，颠倒缝之，使狭处皆在上，阔处皆在下。假使布幅二尺二寸，除裁缝外，有一尺八寸，则狭处六寸，阔处一尺二寸，是也。其人肥大，则幅随而阔，瘦细，则幅随而狭。要须十二幅，下倍于上，不必拘以尺寸。袂微圆，郑曰："谓胡下也。"案牛领下垂者谓之胡；胡下，谓从袖口至掖下，裁令其势圆如牛胡也。交领方，《深衣》曰："曲袷如矩，以应方。"郑曰："袷，交领也，古者方领，如今小儿衣领。"孔曰："郑以汉时领皆向下交垂，故云'古者方领'，似今拥咽，故云'如今小儿衣领'，但方折之也。"如孔所言，似三代以前人，反如今时服上领衣，但方裁之耳。案上领衣出出朝服，须用结纽乃可服，不知古人果如此不也？郑注《周礼》："枚，状如箸，横衔之，繂洁于项。"颜师古注《汉书》："繂者，结碍也；洁，绕也。盖为结纽而绕项也。"然则古亦有结纽也。繂，音获。洁，音颉。汉时小儿衣领既不可见，而《后汉·马援传》，朱勃"衣方领，能矩步"。注引前书《音义》曰："颈下施袷，领正方，学者之服也。"如此，似于颈下别施一袷，映所交领，使之方正，今朝服有方心曲领，以白罗为之，方二寸许，缀于圆领之上，以带于项后结之。或者袷之遗象欤？又今小儿叠方幅系于领下，谓之涎衣，亦与郑说颇相符，然事当阙疑，未敢决从也。《后汉·儒林传》曰："服方领习矩步者，委它乎其中。"《注》："方领，直领也。"《春秋传》，叔向曰："衣有襘。"杜曰："襘，领会也。二外反。"《曲礼》曰："视不上于袷。"郑曰："袷，交领也。"然则领之交会处自方即谓袷，疑更无他物，今且从之，以就简易，故以如此论之。《深衣》又曰："负绳及踝，以应直。"郑曰："绳，谓裻与后幅相当之缝也；踝，跟也。"孔曰："衣之背缝，及裳之背缝，上下相当，如绳之正，故曰'负绳'，非谓实负绳也。"案衣之背缝谓之裻。裻，音笃。踝，胡瓦反。跟，音根。又曰："齐如权衡以应平。"郑曰："齐，缉也。"缘用黑缯，古者，具父母、大父母，衣纯以缋，具父母衣纯以青。三十以下无父者，纯以素，缋，缯文也，今用黑缯，以从简易。缘广寸半，谓缘袖口及衣裳之边，裳之下，表里共用三寸。袷广二寸，谓缘领表里共用四寸。元①冠，元冠亦名委貌，如今道士冠，而漆之。道士所著本中国之士服不变改者，其冠与《三礼图》元冠颇相仿佛，故取之。幅巾用黑缯，方幅，裂缉其边。后汉名士，多以幅巾为雅。大带用白缯，古者，天子素带朱里，诸侯及大夫素带，士练带，居士锦带，弟子缟带。案《说文》"素，白致缯也"；缟，缯也。今不能辨此二者之异，于今的为何物，故但用白缯，乃从简易。广四寸，夹缝之，黑缯饰其绅。绅，谓带之垂者。古者，天子诸侯带终裨，大夫裨垂，士下裨，裨，谓以缯采饰，其侧人君终竟带身，在要及垂，皆裨以朱绿，大夫裨其纽及末以元黄，士裨其末以缁而已，今既无以分大夫士，与其僭上，宁为逼下，故但以黑缯饰其绅之侧。纽约用组，广三寸，长与绅齐。组，谓带交结之处；但今之五采条也。以组约结其纽，所期以为固也，垂其余，组齐于绅。黑履白缘，复下曰舄，禅下曰履，《周礼》舄履，用五色。近世惟有赤、黑二舄，赤贵而黑贱，今用黑履白缘，亦从其下者。夏用缯，冬用皮。古者夏葛屦，冬皮屦，今无以葛为屦者，故从众。

---

① 元，宋本作"玄"，文渊阁《四库全书》本作"元"，为避康熙帝之讳而改"玄"为"元"。

司马氏书仪卷第三

婚仪上

男子年十六至三十，女子十四至二十。古礼男三十而娶，女二十而嫁。按《家语》孔子十九娶于宋之亓官氏，一岁而生伯鱼，伯鱼年五十，先孔子卒。然则古人之娶，未必皆三十也，礼盖言其极至者，谓男不过三十、女不过二十耳，过此则为失时矣。今令文，凡男年十五、女年十三以上，并听婚嫁，盖以世俗早婚之弊不可猝革，又或孤弱无人可依，故顺人情立此制，使不丽于刑耳。若欲参古今之道，酌礼令之中，顺天地之理，合人情之宜，则若此之说当矣。身及主婚者无期以上丧，皆可成婚。《士昏礼》请期之辞，"惟是三族之不虞"。三族，谓父、己、子之昆弟，是期服，皆不可以婚也。《杂记》曰"大功之末，可以嫁子"，然则大功未葬，亦不可以主昏也。今依律文，以从简易。必先使媒氏往来通言，俟女氏许之，然后遣使者纳采。使者，择家之子弟为之。凡议婚姻，当先察其婿与妇之性行及家法何如，勿苟慕其富贵，婿苟贤矣。今虽贫贱，安知异时不富贵乎？苟为不肖，今虽富盛，安知异时不贫贱乎？孔子谓南容，"邦有道，不废，邦无道，免于刑戮"。以其兄之子妻之，彼行能必有过人者，故邦有道不废也。寡言而慎事，故邦无道免于刑戮也。择婿之道，莫善于是矣。妇者家之所由盛衰也，苟慕一时之富贵而娶之，彼挟其富贵，鲜有不轻其夫而傲其舅姑，养成骄妒之性，异日为患，庸有极乎！借使因妇财以致富，依妇势以取贵，苟有丈夫之志气者，能无愧乎？又世俗好于襁褓童幼之时轻许为婚，亦有指腹为婚者，及其既长，或不肖无赖，或身有恶疾，或家贫冻馁，或丧服相仍，或从宦远方，遂至弃信负约，速狱致讼者，多矣。是以先祖太尉尝曰："吾之男女，必俟既长，然后议婚，婚既通书，不数月必成婚，故终身无此悔，乃子孙所当法也。"

纳采纳其采择之礼。

前一日，主人谓婿之祖父若父也，如无则以即日男家长为之。女家主人准此。以香酒脯醢，无脯醢者，止用食一二味可也。先告于影堂。主人北向立，焚香醵酒，俯伏，兴，立，祝怀辞，祝，以家之子弟为之。后准此。辞为写祝文于纸。由主人之左进，东向，搢笏出辞，跪读之，曰："某婿父名之子某婿名，敢告"，祝兴，主人再拜出，撤，阖影堂门，乃命使者如女氏。《士昏礼》无先告庙之文，而六礼皆行之于祢庙。《春秋传》郑忽先配而后祖，陈针子曰："是不为夫妇，诬其祖矣！"楚公子围娶于郑，曰："围布几筵，告于庄、共之庙而来。"然则古之婚姻，皆先告于祖祢也，夫婚姻，家之大事，其义不可不告。女家主人亦告于祖祢曰："某之女某，将嫁于某氏"，如婿父之仪，其日，日出，婚礼，自请期以上，皆用昕，日出时也。使者盛服执生雁，左首，饰以缋，用雁为贽者，取其顺阴阳往来之义。若无生雁，则刻木为之，饰以缋，谓以生色缯交络缚之。止于女氏之门外。门者入告，女家主人盛服出迎，揖让入门，揖让升堂，主人立阼阶上，西向；宾立西阶上稍北，东向。《士昏礼》："宾升西阶，当阿，东面。"注云："阿，栋也，入堂深，示亲亲。"今之室堂必不合礼，故稍北而已。宾曰："吾子有惠，贶室某婿名。也，某婿父名。有先人之礼，使某使者名。请纳采。"主人对曰："某女父名。之子妹、侄、孙，惟其所当。蠢愚，又弗能教，吾子命之，某不敢辞。"《仪礼》先使摈往来传命，别有致命之辞。今从简。北向再拜。此敬婿父之命，非拜宾也。宾避席立，不答拜。奉使不敢与尊长抗礼。主人、宾皆进就两楹间，并立，南向。宾授雁，主人受之。以授执事者，乃交授书。书者，别书纳采、问名之辞于纸后，系年月日、婚主官位姓名止。宾主各怀之，既授雁，因交相授书，婿家书藏女家，女家书藏婿家，以代今之世俗行书，纳于怀，退，各以授执事者。宾降，出门东向立。

问名

主人降阶立，俟于门内之东，西向，使摈者出请事。摈者，主人择子弟为之。宾曰：“请问名。”摈者入告，主人出延宾。宾执雁，复入门，与主人揖让升堂，复前位。宾曰：“某使者名。既受命，将加诸卜，敢问女为谁氏？”对曰：“吾子有命，且以备数而择之，某不敢辞，女子第几。”宾授雁，交授书，降出。主人立于门内如初。摈者出延宾，曰：“请醴。”从者对曰：“某既得将事矣，敢辞。”主人曰：“敢固以请。”宾曰：“某辞不得命，敢不从。”遂入，与主人揖让拜起，使者，旧拜主人，于此方叙私礼。饮酒三行，或设食而退，如常仪。

纳吉归卜得吉兆，复使使者往告，婚姻之事于是定，计纳采之前已卜矣。于此告女家以成六礼也。

纳吉，用雁。宾曰：“吾子有贶，命某婿父名。加诸卜，占曰吉，使某使者名。也敢告。”主人对曰：“某女父名。之子不教，惟恐弗堪，子有吉，我与在，某女父名。不敢辞。”余如纳采礼。

纳币《士婚礼》：“纳征，元纁束帛、俪皮，如纳吉礼。”《注》：“征，成也，使者纳币以成婚礼，用元纁者，象阴阳备也。束帛，十端。俪，两也。执束帛以致命，两皮为庭实。皮，鹿皮。”

纳币，用杂色缯五匹为束。纁既染为元纁，则不堪他用，且恐贫家不能办，故但杂色缯五匹，卷其两端，合为一束而已，两鹿皮。使者执束帛，执事者二人执皮。反之，令文在内，左手执前两足，右手执后两足，随宾入门，及庭三分之一而止，北向，西上。宾与主人揖让升堂。宾曰：“吾子有嘉命贶室某，某使者名。也，请纳币。”主人对曰：“吾子顺先典，贶某女父名。重礼，某不敢辞，敢不承命”，于宾之致命也。执皮者释外足，复之，令文在外，于主人之受币也。主人之执事者二人，自东来，出于执皮者之后，受皮于执皮者之左，逆从东出。余如纳吉礼。

请期夫家卜得吉日，使使者往告之。

请期用雁。宾曰："吾子有赐命，某婿父名。既申受命矣，使某使者名。也请吉日。"主人曰："某既前受命矣，惟命是听。"宾曰："某婿父名。命某使者名。听命于吾子。"主人曰："某固惟命是听。"宾曰："某使某受命，吾子不许，某敢不告期曰某日。"主人曰："某敢不谨须。"余如纳币礼。

亲迎

前期一日，女氏使人张陈其婿之室。俗谓之"铺房"。古虽无之，然今世俗所用，不可废也。床榻荐席椅卓之类，婿家当具之；毡褥、帐幔、衾绸之类，女家当具之。所张陈者，但毡褥、帐幔、帷幕之类应用之物，其衣服袜履等不用者，皆锁之箧笥。世俗尽陈之，欲矜夸富多，此乃婢妾小人之态，不足为也！《文中子》曰："婚娶而论财，夷虏之道也。"夫婚姻者，所以合二姓之好，上以事宗庙，下以继后世也。今世俗之贪鄙者，将娶妇，先问资装之厚薄，将嫁女，先问聘财之多少，至于立契约云，某物若干，某物若干，以求售某女者。亦有既嫁而复欺给负约者，是乃驵侩鬻奴卖婢之法，岂得谓之士大夫婚姻哉！其舅姑既被欺给，则残虐其妇，以摅其忿。由是爱其女者，务厚资装以悦其舅姑，殊不知彼贪鄙之人，不可盈厌。资装既竭，则安用汝力哉！于是质其女以责货于女氏，货有尽而责无穷，故婚姻之家往往终为仇雠矣！是以世俗生男则喜，生女则戚，至有不举其女者，因此故也。然则议婚姻有及于财者，皆勿与为婚姻可也。绸，音陶。驵，祖朗切。侩，工外切。及期，婿具盛馔，古者用牢而食，必杀牲。《开元礼》："一品以下用少牢，六品以下用特牲。"恐非贫家所便，故止具盛馔而已。设盥盆二于阼阶东南，皆有二盥盆，中央有勺。设倚卓各二于室中，东西相向，各置杯、匕、箸、蔬果于卓子上，罩之。《士婚礼》："媵布席于奥，夫入于室，即席，妇尊西南面"，既设馔，御布对席。今室堂之制异于古，故但东西向而已。古者，命士以上父子皆异宫，故各有堂室奥阼，今则不然，子舍隘狭，或东西北向，皆不可知，今假设南向之室而言之。左为东，右为西，前为南，后为北。酒壶在东席之后墉下，置合卺一注于其南卓子上。卺，以匏剖而为二，音谨。又设酒壶于室外，亦一注，有杯。此所以饮从者也，室外隘，则于侧近别室置之，其杯数为时量人之多少也。又设酒壶、杯注于堂上。初婚，婿盛服。世俗新婿盛戴花胜，拥蔽其首，殊失丈夫之容体。必不得已，且随俗戴花一两枝，胜一两枚可也。主人亦盛服，坐于堂之东序，西向，设婿席于其西北，南向。婿升自西阶，立于席西，南向。赞者两家各择亲戚妇人习于礼者为之，凡婿及妇行礼，皆赞者相导也。取杯斟酒，执之诣婿席前，北向立。婿再拜升席，南向受杯，跪祭酒，兴，就席末坐，啐酒，兴，降，西授赞者杯，又再拜。此所谓醮也。进诣父座前，东向跪。父命之曰："往迎尔相，承我宗事，勉率以谨，若则有常。"祖父在，则祖父命之也。子曰："诺！惟恐弗堪，不敢忘命。"俯伏，兴，再拜出。乘马至于女氏之门外，下马俟于次。女家必先设婿次于外。女家亦设酒壶杯注于堂上，于婿之将至，女盛饰，姆相其礼。姆，音茂，以乳母或老女仆为之。奉女立于室户外，南向。姆在其右，从者在后。父坐于东序，西向；母坐于西序，东向。祖父母在，则祖父母醮而命之。设妇席于母之东北，南向。赞者醮以酒，如婿父醮子之仪。姆导女，出于母左，父少进，命之曰："戒之谨之，夙夜无违尔舅姑之命。"母送女至于西阶上，为之整冠敛帔，命之曰："勉之谨之，夙夜无违尔闺门之礼。"诸母、姑、嫂、姊送于中门之内，为之整裙衫，申以父母之命曰："谨听尔父母之言，夙夜无愆。"父既醮女，即先出，迎婿于门外，揖让以入。婿执雁以从，至于厅事。主人升自阼阶立，西向；婿升自西阶，北向跪，置雁于地。主人侍者受之。婿俯伏，兴，再拜，主人不答拜。姆奉女出于中门，婿揖之，降自西阶以出，妇从后，主人不降送。婿至妇毡车后之右，举帘以俟，姆辞，曰："未教，不足与为礼也。"《士婚礼》："婿御妇车，授绥，姆辞不受。"《注》："婿御者，亲而下之，绥，所以引升车者，仆人之礼必授人绥。"
今车无绥，故举帘以代之。婿乃自车右，由车前过，立于左辕侧。姆奉妇
登车，下帘。婿右执策，左抚辕，行，驱车轮三周，止车以俟。今妇
人幸有毡车可乘，而世俗重檐子，轻毡车，借使亲迎时暂乘毡车，庸何伤哉。然人亦
有性不能乘车，乘之即呕吐者，如此，则自乘檐子，其御轮三周之礼，更无所施，
姆亦无所用矣。婿乘马在前，妇车在后，亦以二烛前导男率女，女从男，
夫妇刚柔之义自此始也。婿先至厅事，妇下车，揖之，遂导以入，妇从
之。执事先设香酒脯醢于影堂。无脯醢，量具殽羞一两味。舅姑盛服，立
于影堂之上。舅在东，姑在西，相向。赞者导婿与妇，至于阶下，
北向东上。无阶，则立于影堂前。主人进，北向立，焚香，跪酹酒，
俯伏，兴，立。祝怀辞，由主人之左进，东面，搢笏，出辞，跪读
之。曰："某婿名。以令月吉日，迎妇某。妇姓。婚，事见祖祢。"祝
怀辞，出笏，兴，主人再拜，退复位。婿与妇拜如常仪，出，撤，
阖影堂门。古无此礼，今谓之拜先灵，亦不可废也。赞者导，婿揖妇而先，
妇从之，适其室，婿立于南盥之西，妇立于北盥之西，皆东向。妇
从者沃婿盥于南，婿从者沃妇盥于北。从者各以其家之女仆为之，前准此。
帨巾毕，揖而行，升自西阶。《士婚礼》："及寝门，揖入，升自西阶，
媵，御沃盥交。"《注》："媵，送也，谓女从者也；御音讶，御，迎也，谓婿从者
也。媵沃婿盥于南洗，御沃妇盥于北洗，夫妇始接，情有廉耻，媵御交导其志。"
按洗在阼阶东南，既升阶，不云降阶，何由复至洗所？故今先盥而升阶。妇从者
布席于阃，向东方；婿从者布席于西方。婿妇逾阃，婿立于东席，
妇立于西席，妇拜，婿答拜古者，妇人与丈夫为礼则侠拜，乡里旧俗，男女相
拜，女子先一拜，男子拜，女一拜，女子又一拜，盖由男子以再拜为礼，女子以四
拜为礼故也。古无婿妇交拜之仪，今世俗始相见交拜，拜致恭，亦事理之宜，不可
废也。侠音夹。婿揖妇就坐，婿东，妇西。古者，同牢之礼，婿在西，东面；
妇在东，西面。盖古人尚右，故婿在西，尊之也。今人既尚左，且须从俗。婿从者

彻幂置馔，婿、妇皆先祭后食。食毕，婿从者启壶，入酒于注，斟酒。婿揖妇祭酒举饮，置酒，举肴。肴者，乃今之下酒也。又斟酒，举饮不祭，无肴。又取卺分置婿、妇之前，斟酒，举饮不祭，无肴。婿出就他室，姆与妇留室中，乃彻馔，置室外。设席。婿从者馂妇之余，妇从者馂婿之余。婿复入室脱服，妇从者受之；妇脱服，婿从者受之。烛出古诗云："结发为夫妇"，言自稚齿始。结发以来即为夫妇。犹李广云"广结发与匈奴战"也，今世俗有结发之仪，此尤可笑。于婿妇之适其室也，主人以酒馔礼男宾于外厅，主妇以酒馔礼女宾于中堂，如常仪。古礼，明日舅姑乃享送者，今从俗。不用乐。《曾子问》曰："取妇之家，三日不举乐，思嗣亲也。"今俗婚礼用乐，殊为非礼。

司马氏书仪卷第四

婚仪下

妇见舅姑

妇，明日夙兴，盛服饰，俟见舅姑。执事者设盥盆于堂阼阶下，帨架在北。兄弟姊妹立于盆东，如冠礼。男女异列，男在西，女在南，皆北上。平明，舅姑坐于堂上，东西相向，各置卓子于前。赞者见妇于舅姑，妇北向拜舅于堂下。古者拜于堂上，今恭也，可从众。执笄古笄制度，汉世已不能知，今但取小箱，以帛衣之，皂表绯里，以代笄，可也。实以枣栗，升自西阶，进至舅前，北向，奠于卓子上，舅抚之，侍者彻去。妇降，又拜舅，毕，乃拜姑。别受笄，实以腶修，腶修，今之暴脯是也，升，进至姑前，北向，奠于卓子上，姑举之以授侍者。妇降，又拜。执事者设席于姑之北，南向，设酒壶及注、杯、卓子于堂上。妇升，立于席西，南面。赞者醴妇，如父母醮女之仪。妇降西阶，就兄弟姊妹之前，其长属应受拜者，少进立，妇乃拜之。无赞，拜毕，长属退。长属虽多，共为一列受拜，以从简易。幼属应相拜者今世俗小郎小姑皆相拜。少进，相拜毕，退，无赞。若有尊属，则妇往拜于其室；有卑属，则来拜于妇室。妇退，休于其室，至食时，行盥馈之礼，妇家具盛馔、酒壶。《士婚礼》：“妇盥，馈特豚，合升，侧载。”《注》：“侧载者，右胖载之舅俎，左胖载之姑俎。”今恐贫者不便杀特，故但具盛馔而已。妇从者设蔬果、卓子于堂上舅姑之前，设盥盆于阼阶东南，帨架在东。妇盥于阼阶下，执馔自西阶升。凡子妇升降皆应自西阶，惟家妇受享毕，降自阼阶，荐于舅姑，侍立于姑之后，馔有继至者，侍者传致于西阶，不尽一级，妇往受之，荐于舅姑。侍者彻余馔，置于旁侧别室，舅姑、侍者各置一卓子上，食毕，妇降拜舅，升洗杯斟酒，置舅卓子上，降，俟舅举酒饮毕，又拜；遂献姑，姑受而饮之，余如献舅之仪。妇升彻饭，侍者彻其余，皆置别室，妇就馂姑之馔毕，妇从者馂舅之余，婿从者馂妇之余，舅姑共飨妇于堂上，设席如朝来礼妇之位。妇升，立于席西，南向。赞者取杯斟酒，授妇，皆如朝来礼妇之仪。舅姑先降自西阶，妇降自阼阶。此谓家妇也。余妇，则舅姑不降，妇降自西阶。古者，庶妇不馈，然馈主供养，虽庶妇，不可阙也。若舅姑已没，则古有三月庙见之礼。今已拜先灵，更不行。若舅姑止一人，则舅坐于东序，姑坐于西序，席妇于姑坐之北。

婿见妇之父母

明日，婿往见妇之父母，皆有币。妇父迎送揖让，皆如客礼，拜，即跪而扶之。入见妇母，妇母阖门左扉，立于门内，婿拜于门外。次见妻党诸亲，拜起皆如俗仪，而无币。见诸妇女，如见妇母之礼，妇家设酒馔婿，如常仪。亲迎之夕，不当见妇母及诸亲，亦不当行私礼设酒馔，以妇未见舅姑故也。

居家杂仪

凡为家长，必谨守礼法，以御群子弟及家众。分之以职，谓使之掌仓廪、厩库、庖厨之类，授之以事，谓朝夕所干及非常之事，而责其成功。制财用之节，量入以为出，称家之有无，以给上下之衣食及吉凶之费。皆有品节，而莫不均壹。裁省冗费，禁止奢华，常须稍存赢余，以备不虞。

凡诸卑幼，事毋大小，毋得专行，必咨禀于家长。《易》曰："家人有严君焉，父母之谓也。"安有严君在上，而其下敢直行自恣不顾者乎？虽非父母，当时为家长者，亦当咨禀而行之，则号令出于一人，家政始可得而治矣。

凡为子妇者，毋得畜私财，俸禄及田宅所入，尽归之父母舅姑，当用则请而用之，不敢私假，不敢私与。《内则》曰："子妇无私货、无私畜、无私器，不敢私假，不敢私与。妇，或赐之饮食、衣服、布帛、佩帨、茝兰，则受而献诸舅姑。舅姑受之，则喜，如新受赐，若反赐之，则辞，不得命，如更受赐，藏之以待乏。"郑康成曰："待舅姑之乏也，不得命者，不见许也。"又曰："妇若有私亲兄弟，将与之，则必复请其故赐而后与之。"夫人子之身，父母之身也，身且不敢自有，况敢有私财乎？若父子异财，互相假借，则是有子富而父母贫者，父母饥而子饱者。贾谊所谓"借父耰锄，虑有德色，母取箕帚，立而谇语"，不孝不义，孰大于此！茝，昌改切。耰，音忧。谇，音碎。

凡父母有过，下气怡色，柔声以谏。谏若不入，起敬起孝，说则复谏。不说，与其得罪于乡党州闾，宁熟谏！父母怒不说，而挞之流血，不敢疾怨，起敬起孝。凡为人子弟者，不敢以贵富加于父兄宗族。加，谓恃其贵富，不率卑幼之礼。

凡为人子者，出必告，反必面，有宾客不敢坐于正厅。无书院，则坐于厅之旁侧，升降不敢由东阶，上下马不敢当厅，凡事不敢自拟于其父。

凡父母、舅姑有疾，子妇无故不离侧，亲调尝药饵而供之。父母有疾，子色不满容，不戏笑，不宴游，舍置余事，专以迎医。《颜氏家训》曰："父母有疾，子拜医以求药"，盖以医者亲之存亡所系，岂可傲忽也。检方、合药为务，疾已，复初。

凡子事父母，父母所爱，亦当爱之；所敬，亦当敬之。至于犬马尽然，而况于人乎？

凡子事父母，乐其心不违其志，乐其耳目，安其寝处，以其饮食奉养之。幼事长、贱事贵，皆仿此也。

凡子妇未敬未孝，不可遽有憎疾，姑教之；若不可教，然后怒之；若不可怒，然后笞之。屡笞而终不改，子放妇出，然亦不明言其犯礼也。子甚宜其妻，父母不悦，出。子不宜其妻，父母曰："是善事我"，子行夫妇之礼焉，没身不衰。

凡为宫室，必辨内外，深宫固门，内外不共井，不共浴堂，不共厕。男治外事，女治内事，男子昼无故不处私室，妇人无故不窥中门，有故出中门，必拥蔽其面。如盖头面帽之类。男子夜行以烛，男仆非有缮修，及有大故。大故，谓水火盗贼之类。亦必以袖遮其面。女仆无故不出中门，盖小婢亦然。有故出中门，亦必拥蔽其面。铃下苍头，但主通内外之言，传致内外之物，毋得辄升堂室，入庖厨。

凡卑幼坐而尊长过之，则起；出遇尊长于涂，则下马。不见尊长经再宿以上，则再拜；五宿以上，则四拜；贺冬至、正旦、六拜、朔望四拜。凡拜数，或尊长临时减而止之，则从尊长之命。吾家同居宗族众多，冬正、朔望，宗族聚于堂上，此假设南面之堂，若宅舍异制，临时从宜。丈夫处左，西上；妇人处右，东上。左右谓家长之左右。皆北向。共为一列，各以长幼为序。妇以夫之长幼为序，不以身之长幼。共拜家长毕，长兄立于门之左，长姊立于门之右，皆南向。诸弟妹以次拜讫，各就列。丈夫西上，妇人东上，共受卑幼拜，以宗族多，若人人致拜，则不胜烦劳，故同列共受之。受拜讫，先退，后辈立受拜于门东西，如前辈之仪。若卑幼自远方至，见尊长，遇尊长三人以上同处者，先共再拜，叙寒暄、问起居讫，又三再拜而止。晨夜唱喏、万福、安置，若尊长三人以上同处，亦三而止，皆所以避烦也。

凡受女婿及外甥拜，立而扶，扶，谓挡策。外孙，则立而受之可也。

凡节序及非时家宴，上寿于家长，卑幼盛服序立，如朔望之仪。先再拜，子弟之最长者一人，进立于家长之前，幼者一人搢笏执酒盏，立于其左，一人搢笏，执酒注立于其右，长者搢笏，跪斟酒，祝曰："伏愿某官，备膺五福，保族宜家。"授幼者盏注，返其故处。长者出笏，俯伏，兴，退与卑幼皆再拜，家长命诸卑幼坐，皆再拜而坐，家长命侍者遍酢诸卑幼，诸卑幼皆起，叙立如前，俱再拜就坐，饮讫，家长命易服，皆退易便服，还复就坐。

凡子始生，若为之求乳母，必择良家妇人，稍温谨者。乳母不良，非惟败乱家法，兼令所饲之子性行亦类之。子能食，饲之，教以右手；子能言，教之自名及唱喏、万福、安置；稍有知，则教之以恭敬尊长。有不识尊卑长幼者，则严诃禁之。古有胎教，况于已生？子始生未有知，固举以礼，况于已有知？孔子曰："幼成若天性，习惯如自然。"《颜氏家训》曰："教妇初来，教子婴孩。"故慎在其始，此其理也。若夫子之幼也，使之不知尊卑长幼之礼，每致侮詈父母，殴击兄姊，父母不加诃禁，反笑而奖之，彼既未辨好恶，谓礼当然。及其既长，习已成性，乃怒而禁之，不可复制。于是父疾其子，子怨其父，残忍悖逆，无所不至，此盖父母无深识远虑，不能防微杜渐，溺于小慈，养成其恶故也。六岁，教之数谓一十百千万。与方名谓东西南北。男子始习书字，女子始习女工之小者。七岁，男女不同席、不共食，始诵《孝经》《论语》，虽女子亦宜诵之。自七岁以下，谓之孺子，早寝晏起，食无时。八岁，出入门户及即席饮食，必后长者，始教之以谦让。男子诵《尚书》，女子不出中门。九岁，男子读《春秋》及诸史，始为之讲解，使晓义理。女子亦为之讲解《论语》《孝经》及《列女传》《女戒》之类，略晓大意。古之贤女，无不观图史以自鉴，如曹大家之徒，皆精通经术，论议明正。今人或教女子以作歌诗，执俗乐，殊非所宜也。十岁，男子出就外傅，居宿于外，读《诗》《礼》《传》，为之讲解，使知仁、义、礼、智、信。自是以往，可以读《孟》《荀》《扬子》，博观群书。凡所读书，必择其精要者而诵之。如《礼记》《学记》《大学》《中庸》《乐记》之类，他书仿此。其异端，非圣贤之书传，宜禁之，勿使妄观，以惑乱其志。观书皆通，始可学文辞，女子则教以婉娩听从婉娩，柔顺貌。娩，音晚。及女工之大者女工，谓蚕桑织绩、裁缝及为饮膳，不惟正是妇人之职，兼欲使之知衣食所来之艰难，不敢恣为奢丽。至于纂组华巧之物，亦不必习也。未冠笄者，质明而起，总角靧靧，音悔，洗面也。面以见尊长。佐长者供养祭祀，则佐执酒食。若既冠笄，则皆责以成人之礼，不得复言童幼矣。

凡内外仆妾，鸡初鸣，咸起，栉、总、盥、漱，衣服。男仆洒扫厅事及庭，铃下苍头，洒扫中庭，女仆洒扫堂室，设倚卓，陈盥漱栉靧之具。主父主母既起，则拂床襞衾，襞，音璧，叠衣也。侍立左右，以备使令。退而具饮食。得间，则浣濯纫缝，先公后私。及夜，则复拂床展衾。当昼，内外仆妾，惟主人之命各从其事，以供百役。凡女仆，同辈谓兄弟所使。谓长者为姊，后辈谓诸子舍所使。谓前辈为姨。《内则》：“虽婢妾，衣服饮食，必后长者。”郑康成曰：“人贵贱，不可以无礼。”故使之序长幼。务相雍睦，其有斗争者，主父主母闻之，即诃禁之；诃禁之不止，即杖之。理曲者杖多，一止一不止，独杖不止者。凡男仆有忠信可任者，重其禄。能干家事，次之。其专务欺诈，背公徇私，屡为盗窃，弄权犯上者，逐之。凡女仆年满，不愿留者，纵之；勤奋①少过者，资而嫁之。其两面二舌，构虚造谗。离间骨肉者，逐之。屡为盗窃者，逐之。放荡不谨者，逐之。有离叛之志者，逐之。

---

① 奋，文渊阁《四库全书》本、宋本皆作“舊”（旧），因“奮”（奋）与“舊”（旧）形近而误。今据元刻本杨复、刘垓孙《家礼集注》改。

司马氏书仪卷第五

丧仪一

初终病甚附。

疾病，谓疾甚时也，迁居正寝，内外安静，以俟气绝。喧哗奔走，固病者所恶也。悲哀哭泣，伤病者心，叫呼憾悴，尤为不可。使病者惊怛摇顿而死，皆未免为不终天年，故不若安恬静默，以待其气息自尽，为最善也。男子不绝于妇人之手，妇人不绝于男子之手《春秋》书"公薨于路寝"，礼之正也。《士丧礼》，"死于适室"。《注》："正寝之室也。"曾子且死，犹易箦，曰："吾得正而毙焉，斯可矣。"近世孙宣公，临薨迁于外寝。盖君子慎终，不得不尔也。凡男子疾病，妇人侍疾者，虽至亲，当处数步之外。妇人疾病，男子亦然。此所谓能以礼自终也。既绝，诸子啼，兄弟亲戚侍者皆哭，各尽哀，止哭。《开元礼》于此下即言男女易服布素，及坐哭之位。按《丧大记》，"惟哭先复，复然后行死事"。复者，返也。孝子之心，犹冀其复生也，又布素之服，非始死所有，今并系之复后。

复立丧主护丧等附。

侍者一人，以死者之上服，按《杂记》《丧大记》，复衣，诸侯以衮，夫人以褕狄，内子以鞠衣。今从《开元礼》，上服者，有官则公服，无官则襕衫或衫，妇人以大袖或背子，皆常经衣者，左执领，右执腰，就寝庭之南，北面招以衣，呼曰："某人复。"《丧大记》曰："凡复者，男子称名，妇人称字。"今但称官封，或依常时所称可也。凡三呼，毕，卷衣入，覆于尸上，复者，招魂复魄也。《檀弓》曰："复，尽爱之道，有祷祠之心焉。望反诸幽，求诸鬼神之道也。北面，求诸幽之义也。"《士丧礼》："复者一人，以爵弁服，簪裳于衣，左何之，扱领于带，升自前东荣，中屋，北面招以衣。曰：'皋，某复。'三，降衣于前。受用箧，升自阼阶，以衣尸。复者降自后西荣。"簪，连也。皋，长声也。降衣，下之也。受者，受之于庭也。衣尸者，复之若得魂返之也。降，因彻西北厞。《开元礼》亦仿此。今升屋而号，虑其惊众，故但就寝庭之南面而已。**然后，行死事、立丧主，**凡主人当以长子为之，无长子则长孙承重。《奔丧》曰："凡丧，父在，父为主。"《注》："与宾客为礼，宜使尊者。"又曰："父没，兄弟同居，各主其丧。"《注》："各为妻子之丧为主也。"又曰："亲同，长者主之。"郑康成曰："昆弟之丧，宗子主之。"又曰："不同，亲者主之。"《注》："从父昆弟之丧也。"《杂记》曰："姑姊妹，其夫死，而夫党无兄弟，使夫之族人主丧，妻之党虽亲弗主。夫若无族矣，则前后家，东西家，无有，则里尹主之。"伯高死于卫，赴于孔子，孔子曰："夫由赐也见我，哭诸赐氏。"遂命子贡为之主。曰："为尔哭也，来者拜之。"《丧大记》曰："丧有无后，无无主，若子孙有丧，而祖父主之，子孙执丧，祖父拜宾。"**主妇、**孔颖达《檀弓》"啜主人主妇"。《正义》曰："主人，亡者之子；主妇，亡者之妻。若亡者无妻，及母之丧，则以主人之妻为主妇。"**护丧、**以家长或子孙能干事知礼者一人为之，凡丧事皆禀焉。若主人未成服，不出，则代主人受吊、拜宾及受赙襚。古礼，初丧，主人常在尸侧，惟君命出，出而遇宾则拜。**司书、**以子弟或吏人能书札者为之，掌纠书疏之事。**司货。**以子弟或吏仆可委信者为之，掌纠货贿之事，置历，以谨其出入。亲宾有赙襚，则书于别历，收之以待丧用，其衣服不以袭敛。

易服

既复，妻子妇妾皆去冠及上服，上服，谓衫带、背子之类，被发。男子扱上衽，谓插衣前襟之带，徒跣。妇人不徒跣，男子为人后者，为本生父母，及女子已嫁者，皆不被发徒跣，但去冠及上服。凡齐衰以下内，外有服亲，及在丧侧给事者，皆释去华盛之服，谓锦绣绯红、金玉珠翠之类，著素淡之衣。《问丧》："亲始死，笄缅徒跣，扱上衽。"《注》："亲始死，去冠。二日，先去笄、缅、括发也。上衽，深衣之裳前。"《开元礼》："初终，男子易以白布衣，被发徒跣；妇人易以青缣衣，被发不徒跣。为人后者为本生父母，素冠不徒跣。女子已嫁者，髽，齐衰以下，丈夫素冠，妇人去首饰，内外皆素服。"按：笄缅，今人平日所不服，被发尤衰毁无容，故从《开元礼》。然白布青缣衣，素冠素服，皆非始死所能办，故但释去华盛之服，本应三年丧者，则去冠及上服。期丧以下，士大夫帽子皂衫，青黄勒帛，庶人不改常服。《礼》，男子括发，妇人多髽，故于始死时、期丧以下，但去首饰，易华盛之服而已。世俗多忌讳，或为父则被左发，母则被右发，舅则被后左，姑则被后右，皆非礼，宜全被之。

讣告讣，音赴。

护丧、司书为之发书，讣告于亲戚及僚友。《檀弓》曰："父兄命赴者"，然则主人不自赴也。若无护丧及司书，则主人自赴亲戚，不赴僚友。刘岳《书仪》，"卒哭然方发外人书疏"，盖以哀痛方深，未暇与人通问，故也。然问候庆贺之书，居丧诚不当发，必若有事不获已，须至有闻于人者，虽未卒哭，岂可以不发也。

沐浴　饭含　袭始死之奠，哭泣附。

将沐浴，则以帷障卧内，侍者设床于尸所卧床前，纵置之，施簀席簟枕，不施毡褥。古者疾病废床，人生在地，去床，庶其生气反也。将沐浴，则复迁尸于床矣。故《丧大记》曰："始死，迁尸于床，帱用敛衾，去死衣。"或遇暑月，则君设大槃，大夫设夷槃，实以冰。士无冰，则并瓦槃，实以水。置于床下，以寒尸。今人既死，乃卧尸于地，讹也。古者沐浴及饭含皆在牖下，今室堂与古异制，故于所卧床前置之，以从宜也。古者沐浴设床袒簀，袒簀者，去席，盖水便也。今籍以簟，不设毡褥，亦于沐浴便去[①]。迁尸于床上，南首，覆之以

----

① 去，文渊阁《四库全书》本无，今据宋本补上。

袭。《礼运》曰："死者北首"，谓葬时也，自沐浴至殡，古亦南首，惟朝庙北首。侍者掘坎于屏处洁地，《士丧礼》："甸人掘坎于阶间少西。"今以孝子之心不忍朝夕见亲爪发及沐浴之具，故掘坎于屏处。陈袭衣裳于堂前东北，藉以席，西领，南上，幅巾一，古者死人不冠，但以帛裹其首，谓之掩。《士丧礼》："掩练帛，广终幅，长五尺，析其末。"《注》："掩，裹首也；析其末，为将结于颐下，又还结于项中。"盖以袭敛主于保护肌体，贵于柔软紧实。冠则磊块难安，况今幞头，以铁为脚，长三尺，而帽用漆纱为之，上有虚檐，置于棺中，何由安帖？莫若袭以常服，上加幅巾、深衣、大带及屦，既合于古，又便于事。幅巾，所以代掩也，其制如今之暖帽。深衣、带、屦，自有制度，若无深衣、带、屦，止用衫、勒帛、鞋亦得。其幞头、公服、腰带、靴笏，俟葬时置于棺上可也。充耳二，用白纩，以绵为之，如枣核大，用塞耳中。幎目一，用帛，方尺二寸，所以覆面者也。握手用帛，长尺二寸，广五寸，所以裹手者也。深衣、大带、屦，若襚衣有余，则继陈而不用。谓亲戚以衣服来襚者，继陈于袭衣之下，而不用以袭也。多陈之为荣，少纳之为贵。又陈饭含、沐浴之具于堂前西壁下，南上；钱三，实于小箱，《檀弓》曰：古者"饭用米贝，弗忍虚也"，饭用贝，今用钱犹古用贝也。古礼，诸侯饭七贝，大夫五，士三。大夫以上仍有珠玉，钱多既不足贵，又口所不容，珠玉则更为盗贼之招，故但用三钱而已；米二升，实于碗，古者诸侯饭用粱，大夫用稷，士用稻，今但用卿士所生平日所食之米可也。古升小，故用四升；今升大，故用二升。沐巾一，浴巾二，设于箪，浴巾二，上下体各异也。栉置于卓子上。侍者汲新水淅米，令精，复实于碗。侍者以沐浴汤入，主人以下，皆出立于帷外，北面以其裸裎，子孙不可在侧故也。侍者沐发，栉之，晞之以巾，撮为髻，举衾而浴，亦为其裸裎，故举衾以障之。拭之以二巾，剪爪如平时，其沐浴余水及巾栉，皆弃于坎，遂筑而实之。侍者别设袭床，施荐席、毡褥、枕，如平时。先置大带、深衣、袍、袄、汗衫、裤、袜、勒帛、裹肚之类于其上，遂举以入，置浴床之西，迁尸于其上，悉去病时衣及复衣，易以新衣，但未着幅巾、深衣、屦，移置堂中间。郑注《丧大记》曰："正尸，谓迁尸于牖下南首也。"今室堂既异于古，故置堂中间，取其容男女夹床哭位也。卑幼则各于其室中间。自余应在堂者，并仿此。执事者置脯醢、酒于卓。《曾子问》："始死之奠，其余阁也欤？"《注》："不容改新也。"古人常畜脯醢，故始死未暇别具馔，但用脯醢而已。今人或无脯醢，但中见有食物一两种并酒可也。凡奠，除酒器之外，尽用素器，不用金银棱裹之物，以主人有衰素之心故也。升自阼阶，祝盥手洗盏，斟酒奠于尸东，当膊，巾之。膊，肩头也。《士丧礼》："复者降，楔齿，缀足，即奠脯醢、醴酒于尸东。"郑《注》："鬼神无象，设奠以冯依之。"《开元礼》：五品以上，如《士丧礼》；六品以下，含而后奠。今不以官品高下，沐浴正尸，然后设奠，于事为宜。奠，谓斟酒奉至卓上而不酹也。主人虞祭，然后亲奠酹，巾者，以辟尘绳。凡无两阶者，止以阶之东偏为阼阶，西偏为西阶，祝选亲戚为之。主人坐于床东奠北，众男应服三年者，坐其下，皆西向南上，藉以稿。同姓男子应服期者坐其后。大功以下，又以次坐其后，皆西向，南上。尊行坐于北壁下，南向西上，藉以席荐，各以服重轻、昭穆长幼为叙。主妇及众妇女坐于床西，藉以稿。同姓女子应服期以下，坐于其后，尊行坐于床东，北壁下，南向，东上，藉以席荐，亦各以服重轻、昭穆长幼为叙，如男子之仪。妾婢立于妇女之后。妇以夫之长幼为叙，不以身之长幼。异姓之亲，丈夫坐于帷外之东，北向，西上，此非沐浴之帷，谓设帷于堂里，所以别内外者也。妇人坐于帷内之西，北向东上，皆藉以席。有服者在前，无服者在后，各以尊卑长幼为叙。若内丧，谓妇人之丧，则同姓丈夫尊卑坐于帷外之东，北向，西上；异姓丈夫坐于帷外之西，北向，东上。《士丧礼》："主人入，坐于床东，众主人在其后，西面；妇人侠床，东面。"郑《注》："众主人，庶昆弟也。妇人，谓妻妾子姓也，亦嫡妻在前。"又曰："亲者在室。"《注》："谓大功以上，父兄姑姊子侄在此者。"又曰："众妇人户外北面，众兄弟堂下北面。"《注》："众妇人、众兄弟，小功以下。"《丧大记》曰："既正尸，子坐于东方，卿大夫父兄子姓立于东方，有司庶士哭于堂下，北面。夫人坐于西方，内命妇姑姊妹子姓立于西方，外命妇率外宗哭于堂上，北面。"《注》："世妇为内命妇，卿大夫之妻为外命妇。外宗，姑姊妹之女。"又曰："大夫之丧，有命夫、命妇则坐，无则皆立。士之丧，皆坐。"《开元礼》："主人坐于床东，众主人在其后，兄弟之子以下又在其后，俱西面，南上。妻坐于床西，妾及女子在妻之后，兄弟之女以下又在其后，俱东面，南上，藉稿坐。内外之际，南北隔以行帷。祖父以下，于帷东北壁下，南面，西上；祖母以下，于帷西北壁下，南面，东上，皆舒席坐。外姻，丈夫于户外之东，北面，西上；妇人于主妇西，南面，东上，皆舒席坐。若内丧，则尊行丈夫，外亲丈夫席，位于前堂。若户外之左右，皆南面，宗亲户东，西上，外亲户西，东上。凡丧位皆以服精粗为序。"今堂室异制，难一一如古，但仿《开元礼》为哭位。古者，诸侯、卿大夫，于其宗族有君臣之义，故其臣不敢坐于君侧。今但依士礼，婢妾之外皆坐哭，寒月、老病之人，有不堪稿及单席者，三年之丧，听坐稿荐，期丧以下，听加白毡于席上可也。或堂宇狭隘，五服不能各为一列，则轻服次重服之下，绝席以别之。自既复之后，男女哭擗无数。古者哭有擗踊。擗，拊心也。踊，跃也。《问丧》曰："恻怛之心，痛疾之意，悲哀志懑气盛，故袒而踊之，所以动体安心下气也。妇人不宜袒，故发胸击心爵踊，殷殷田田，如坏墙然，悲哀痛疾之至也。"《注》："爵踊，踊不绝地也。"曾申问于曾子曰："哭父母有常声乎？"曰："中路婴儿，失其母焉，何常声之有？"至是始就位而哭，尽哀止。三年之丧，夜则寝于尸旁，藉稿枕块。羸病者，藉以草荐可也。期丧以下，寝于侧近。男女异室，外亲，归其家可也。主人出，左袒，自面前扱于腰之右，盥手洗盏，执箱以入。侍者一人，插匙于米碗，执以从，置于尸西；又一人，执巾以从，彻枕，以巾覆面。恐饭之遗落米也。主人就尸东，由足而西，床上坐，东面举巾，以匙抄米，实于尸口之右，并实一钱又于左，于中亦如之。主人袭，谓袭所袒之衣也。复位。侍者加幅巾、充耳、设幎目、纳屦，乃袭深衣，结大带，设握手，覆以衾。

铭旌

铭旌，以绛帛为之，广终幅。三品以上长九尺，五品以上八尺，六品以下七尺。书曰"某官某公之柩"。官卑，曰"某君某妻"，曰"某封邑某氏"，皆无官封，即随其生时所称。以竹为杠，长准铭旌，置屋西阶上。《士丧礼》："为铭各以其物，亡则以缁，长半幅，赪末，长终幅，广三寸。书铭于末，曰'某氏某之柩'。"《注》："无旗，不命之士也。末为饰也。"又曰："竹杠长三尺，置于宇西阶上。"《注》："杠，铭橦也。"《檀弓》曰："铭，明旌也，以死者为不可别已，故以其旗识之。"《开元礼》："杠之长，准其绛，王公以下杠为龙首，仍韬杠。"《丧葬令》，铭旌长各有尺数。

魂帛影，斋僧附。

魂帛，结白绢为之。设椸于尸南，覆以帕，置倚卓其前，置魂帛于倚上，设香炉、杯注、酒果于卓子上，是为灵座。倚铭旌于倚左，侍者朝夕设栉颒奉养之具，皆如平生。俟葬毕，有祠板，则埋魂帛洁地。《士丧礼》："重木，刊凿之，甸人置重于中庭，三分庭，一在南。"《注》："木也，县物焉。曰重、刊、斫、治、凿之，为县鬵孔也。"又曰："夏祝鬻余饭，用二鬲，于西墙下。"《注》："鬻，余饭，以饭尸，余米为粥也。"又曰："幂用疏布，久之，系用靲，县于重。幂用苇席，北面。左衽，带用靲，贺之，结于后。"《注》："久，谓盖塞鬵口也；靲，竹䈼也，以席覆重，辟屈而反，两端交于后。左衽，西端在上，贺，加也。"又曰："祝取铭旌置于重。"《檀弓》曰："重，主道也。"《注》：始死未作主，以重主其神也。《士丧礼》：将葬，甸人抗重，出自道，道左倚之。《杂记》："重，既虞而埋之。"《注》："就所倚处埋之。"《开元礼》"重木"仿此，今国家亦用。《丧葬令》，诸重，一品柱鬲，六五品以上、四六品已下亦然。士民之家，未尝识也，皆用魂帛，魂帛亦主道也。礼，大夫无主者，束帛依神。今且从俗，贵其简易。然世俗或用冠帽衣屦装饰如人状，此尤鄙俚，不可从也。又世俗皆画影，置于魂帛之后。男子生时有画像，用之犹无所谓，至于妇人，生时深居闺阃，出则乘辎軿，拥蔽其面，既死，岂可使画士直入深室，揭掩面之帛，执笔望相，画其容貌？此殊为非礼，勿可用也！又世俗信浮屠诳诱，于始死及七七日、百日、期年、再期、除丧，饭僧、设道场或作水陆大会，写经造像，修建塔庙，云为此者，灭弥天罪恶，必生天堂，受种种快乐。不为者，必入地狱，锉烧舂磨，受无边波吒之苦。殊不知人生含气血，知痛痒，或剪爪剃发，从而烧斫之，已不知苦，况于死者，形神相离，形则入于黄壤，腐朽消灭与木石等，神则飘若风火，不知何之，假使锉烧舂磨，岂复知之？且浮屠所谓天堂地狱者，计亦以劝善而惩恶也，苟不以至公行之，虽鬼可得而治乎？是以唐卢州刺史李丹与妹书曰："天堂无则已，有则君子登；地狱无则已，有则小人入。"世人亲死而祷浮屠，是不以其亲为君子，而为积恶有罪之小人也，何待其亲之不厚哉？就使其亲实积恶有罪，岂略浮屠所能免乎？此则中智所共知，而举世滔滔而信奉之，何其易惑难晓也！甚者，至有倾家破产然后已。与其如此，曷若早卖田营墓而葬之乎？彼天堂地狱，若果有之，当与天地俱生，自佛法未入、中国之前，人死而复生者亦有之矣？何故无一人误入地狱，见阎罗等十王者耶？不学者固不足与言，读书知古者亦可以少悟矣。

吊 酹 赙 襚

凡吊人者，必易去华盛之服，《丧大记》："小敛奠，吊者袭裘，加武，带绖，与主人拾踊。"孔子羔裘玄冠，不以吊，子游吊人，袭裘带绖而入。古者吊服有绖，唐人犹著白衫，今人无吊服，故但易去华盛之服，亦不当著公服。若入酹，则须具公服靴笏也。作名纸，右卷之，系以线，题其阴面，凡名纸，吉者左卷之，题阳面；凶者反卷之，阳面在左，阴面在右。曰："某郡姓名。"慰同州之人，则但云"同郡"，皆不著官职。先使人通之，主人未成服，则护丧为之出见。宾曰："窃闻某人薨没，尊官，则云"薨没"，或云"捐馆"。卑官，则云"倾逝"。少年则云"夭没"。后书仿此，如何不淑"，因再拜。护丧答拜曰："孤某遭此凶祸，蒙慰问，若有赙襚，则并言之。以未成服，不敢出见，不胜哀感。使某拜。"又再拜。此为子孙被发徒跣者不出，其余皆出。《丧大记》曰："未小敛，大夫为君命，士为大夫出。"主人升降未敢由阼阶，礼也。宾答拜。自余如常仪。其所赗襚者，则先遣人以书致之，书仪在后。然后往吊，既，吊而致之，亦可也。《诗》云："凡民有丧，匍匐救之。"故古有含、襚、赗、赙之礼。珠玉曰"含"，衣衾曰"襚"，车马曰"赗"，货财曰"赙"，皆所以矜恤丧家，助其敛葬也。今人皆送纸钱赠作，诸为物焚为灰烬，何益丧家？不若复赗襚之礼，既不珠玉，则含礼可废。又今人亦无以车马助丧者，则赗礼亦不必行也。凡金帛钱谷之类，皆可谓之货财，其多少之数，则无常准，系其家之贫富、亲之远近、情之厚薄，自片衣尺帛百钱斗粟以上，皆可行之，胜于无也。孔子遇旧馆人之丧，入而哭之哀，出，使子贡说骖而赙之，曰："予恶夫涕之无从也。"盖君子行礼，情与物必相副，苟吊哭虽哀，而无赗襚以将之，亦君子所耻也。前汉王丹，友人丧亲，河南太守陈遵为护丧事，赙助甚丰，丹乃怀缣一匹，陈之于主人前，曰："如丹此缣，出自机杼。"遵闻而有惭色。然则物丰而诚不副，亦君子所不为也。古《记》曰："不以靡没礼，不以菲废礼"，此之谓也。昔子硕欲以赙布之余具祭器，子柳不可，曰："君子不家于丧，请班诸兄弟之贫者。"然则为人之子孙者，岂可幸其亲之丧以利其家耶？彼为祭器且不可，况实囊橐，增产业乎？故当使司货别置历收之。古者袒而读赗，宾致命将行，主人之史又读赗，所以存录。今宜俟其人至，则司货以历示之，知其得达于主人也。其物专供丧用，有余，则班诸戚之贫者。凡赗襚之物，执事者必先执之，北面白尸枢，《杂记》曰："凡将命，乡殡，将命"，盖含襚赗赙，主为死者故也。若已葬，则白于灵座。然后白主人，次白护丧，以授司货，书于别历，而藏以待丧用。其同族有服之亲，赗襚之物不白主人，以通财故也。

若主人已成服，则衰绖杖哭而。礼，受吊不迎宾，而送之。宾进吊，主人曰："某罪逆深重，祸延某亲，蒙赐慰问，不胜哀感。"稽颡而后拜，稽颡，谓以头触地。若非三年之丧，则拜后稽颡。宾答拜。自非亲戚，虽平日受拜，至是须宾主相拜。主人置杖，坐兀子，不设坐褥，或设白褥，茶汤至，则不执托子。宾退，释杖而送之。此皆俗礼，然亦表衰素之心，故从之。其非三年之丧，未成服，则小帽勒帛；既成服，则服其服而出。辞云："私门不幸，某亲丧亡，蒙赐慰问，不胜哀感。"拜而后稽颡。余皆如常仪。

凡吊人者，必有戚容，《曲礼》："临丧不笑，入临不翔。"《檀弓》曰："行吊之日，不饮酒食肉。"孔子于是日哭，则不歌。又食于丧者之侧，未尝饱也。若在丧者谈笑谐谑，岂吊人之道耶？若宾与亡者为执友，则入酹。妇人，非亲戚，及与其子为执友，尝升堂拜母者，则不入酹。名纸既通，丧家于灵座前炷香，浇茶，斟酒，设席褥，家人皆哭。若主人未成服，则护丧出延宾，曰："孤某须矣"，宾入至灵前，哭尽哀。古礼，吊人无不哭者，世俗皆以无涕为伪哭，故耻之。吊酹多不哭，人之性自有少涕泪者，不可必责于人。孔子吊于旧馆而出涕，亦鲜矣。若知生而不知死，勿哭可也。若亲戚朋友死，安可以不哭哉？乃焚香再拜，跪酹茶酒，俯伏，兴，再拜。主人披发徒跣，扱上衽，自榰左哭而出。宾东向吊，主人西向稽颡再拜。秦穆公吊公子重耳，重耳稽颡不拜，以未为后，是故不成拜。今人众子皆拜，非礼也，然恐难顿改。宾答拜，主人兴，进谢，曰："某罪逆深重，祸延某亲，蒙赐沃酹，不胜哀感。"又再拜。宾答拜。宾主相向哭尽哀。宾先止，宽释主人曰："修短有命，痛毒奈何，望抑损孝思，俯从礼制。"主人官尊，则云"伏望"。揖而出，主人不送，哭而反，护丧为之送宾。若主人已成服，则自出受吊毕，若宾请入酹，则主人命炷香，斟茶酒于灵座前，家人皆哭，主人揖宾，遂导宾，哭而入。宾亦哭而入，至灵座前，主人立于宾东，北向立，哭。宾酹如上仪。酹毕，主人西向谢宾，曰："已辱临吊，重烦沃酹，不胜哀感。"稽颡再拜。宾答拜，相向哭，宽释如上仪。宾出，主人送至听事，如常仪。自有三年之丧，则不出吊人。为其以人之亲忘己之亲故也。期丧，十一月已后，可以出吊。如有服而将往哭之，则服其服而往。谓有服之亲死，而往哭之，非吊也。服其服，谓服新死者之服也，事见《杂记》。《檀弓》曰："有殡，闻远兄弟之丧，虽缌必往；非兄弟，虽邻不往。"若执友死，虽齐衰亦可以往哭。曾子之哭子张是也。凡吊及送丧葬者，必助其丧事而勿扰也。助，谓问其所乏，分导营办；贫者，为之执绋负土之类。扰，谓受其饮食财货。

小敛

厥明，陈小敛衣于堂东北，下以席。凡敛葬者，孝子爱亲之肌体，不欲使为物所毁伤，故裹之衣衾，盛于棺椁，深藏之于地下。《檀弓》曰："丧三日而殡。凡附于身者，必诚必信，勿之有悔焉耳矣。三月而葬，凡附于棺者，必诚必信，勿之有悔焉耳矣。"古者，死之明日小敛，又明日大敛。颠倒衣裳，使之正方，束以绞衾，韬以衾冒，皆所以保其肌体也。今世俗有袭而无大小敛，所阙多矣！然古者士袭衣三称，大夫五称，诸侯七称，公九称。小敛，尊卑通用十九称。大敛，士三十称，大夫五十称，君百称。此非贫者所办也，今从简易，袭用衣一称，小大敛则据死者所有之衣及亲友所襚之衣，随宜用之。若衣多，不必尽用也，夏后氏敛用昏，商人敛用日中，周人敛用日出，今事办则敛，不拘何时。设卓子于阼阶东，用置馔及杯注于其上，幂之以巾，古者小敛之奠用牲，今人所难办，但如待宾客之食品，味稍多于始死之奠，则可也。设盥盆二，帨巾各二于馔，其东有台，祝所盥，其西无台。执事者所盥，中各有架。别以卓子设洁涤盆、新拭巾于其东。所以洗盏拭盏，自此至遣奠皆同。具括发麻、免布及髽麻。古者主人素冠环绖，视小敛。既而男子括发，妇人髽，皆有首绖、腰绖。始死，去冠，二日，去笄纚、括发。男子括发以麻，妇人髽带麻。髽者，去纚为紒也。南宫绦之妻之姑之丧，夫子诲之髽，榛以为笄，长尺，而总八寸。《丧服小记》：恶笄终丧。今恐仓卒未能具冠绖，故于小敛讫，男子妇人皆收发为髻，先用麻绳撮髻，又以布为头帾，斩衰者括发纽麻为绳。齐衰以下至同五世祖者，皆免。列布或缝绢，广寸。妇人髽亦纽麻为绳，齐衰以下，亦用布绢为免，皆如幞头之制。自项向前，交于额上，却绕髻，如著幞头也。为母，虽齐衰，亦用麻。妇人恶笄，当用镴钗，或竹木骨角为笄。至于镮钏之类，用金银者，居丧尽当去之。设小敛床，施荐席、毡褥于西阶之西，执事者铺绞、绞，以细布或彩为之，一幅析为三，铺横三于下，纵一于上，横者足以周身相结，纵者上足以掩首，下足以掩足。古者折其末使可结，然布强而阔，难结，不若于两端各缀二绢带，则紧急。复衾小敛，衣于床，或颠或倒，取方而已。敛时，平铺其衣，不复穿袖，又去枕，舒绢或叠衣藉首卷，其两端夹首两旁，以补肩上空虚之处。又卷衣以夹两胫，然后以余衣掩尸，裹之以衾，未掩其面，盖孝子犹俟其复生，欲时见其面，故也。及将大敛，则并掩首，裹之束之以绞，使其形正方，适足满棺。铺时，即依此次叙。上衣不倒。上衣，谓公服襕衫之类，故尊之。执事者举床自西阶升堂，设于中间袭床之南，古者小敛席于户内，设床第于两楹之间，既敛，移于堂。今堂室之制异于古，且从简易，故小敛亦于中间，乃迁袭奠卓子下阙。

棺椁原本全文俱阙。

大敛殡

原本上文阙。即又揣其空缺之处，卷衣塞之，务令充实，不可摇动。慎勿以金玉珍玩置棺中，启盗贼心。收衾先掩足，次掩首，次掩左，次掩右，令棺中平满。主人主妇凭哭尽哀，妇人退入幕下。然后召匠加盖下钉，彻小敛床，役者累塈涂。殡讫，祝取铭旌，设趺，立于宾东，趺，杠足也，其制如人衣架。复设灵座于故处，主人以下，皆复位如故。凡动尸举柩，主人以下，哭擗无筭。《曲礼》："在床曰尸，在棺曰柩。"若无护丧，则主人当辍哭，亲视殡敛，务令安固，不可但哭而已。祝帅执事者盥手，举新馔自阼阶升，置于灵座前。祝焚香洗盏，斟酒奠之，卑幼再拜哭，皆如小敛奠之仪。《士丧礼》："卒涂，祝取铭置于肂，主人复位，踊，袭。"《注》："为铭，设杆，树之肂东。"又曰："乃奠，烛升自阼阶，祝执巾席从，设于奥，东面。"《注》："自是不复奠于尸，室中西南隅，谓之奥。"《既夕记》："燕养馈羞汤沐之馈，如生日。"《注》："燕养，所用供养也；馈，朝夕食也；羞，四时之珍异。孝子不忍一日废其事亲之礼，于下室日设之，如生也。"又曰："朔月，若荐新，则不馈于下室。"《注》："以殷奠有黍稷也。"《开元礼》："三品以上，将奠，执巾、几席者，升自阼阶，入设于室之西南隅，东面。赞者以馔升入室，西面设于席前。六品以下，设于灵座前席。殡于外者，施盖，讫，设大敛之奠于殡东。既殡，设灵座于下室西间，东向，施床几案屏障服饰，以时上膳羞及汤沐，皆如平生。下室者，谓燕寝。无下室，则设灵座于殡东。"按古者室中牖在西、户在东，故设神座于西南隅，东面，得其宜也。今士大夫家，既不可殡于听事，则正室之外别无燕寝，又朝夕之奠，何尝不用饭，而更设灵座于下室西间，东向。两处馈奠，甚无谓也。又灵座若在殡，而奠于殡东，亦非礼也。今但设奠于灵座前，庶从简易。主人以下，各归其次，留妇人两人守殡，共止代哭者。

司马氏书仪卷第六

丧仪二

闻丧 奔丧

始闻亲丧，以哭答使者。尽哀，问故。又哭，尽哀。《奔丧礼注》："亲，父母也。问故，问亲丧所由也。虽非父母，闻丧而哭，其礼亦然。"裂布为四脚白布衫，绳带麻屦，古者，未成服者，素委貌，深衣，恐非本所有，且非仓猝所办，今从便。遂行，日行百里，不以夜行。《奔丧注》："虽有哀戚，犹辟害也。"虽或有亲属皆行，不能日行百里，道中亦不可滞留也。惟父母之丧，见星而行，见星而舍，道中哀至则哭，避市邑喧繁之处。《奔丧》曰："哭避市朝。"《注》谓："惊众也。"今人奔丧及从柩行者，遇城邑则哭，是有人则为之，无人则不为，饰诈之道也。望其州境，哭；望其县境，哭；望其城，哭；望其家，哭。入门，升自西阶，至殡前，再拜。哭尽哀，乃就位，方去冠及上服，被发、扱衽、徒跣，如始死之仪。诣殡东，西面坐，哭尽哀。其未小敛而至者，与在家同。乃就东方，袒括发，又哭尽哀。丈夫妇人之待之也，皆如朝夕哭位，无变也。既哭，奔丧者复著布四脚布衫，拜诸尊长，及受诸卑幼拜，皆哭尽哀。明日后日，朝夕哭，犹袒括发至家四日，乃成服而朝哭。有吊宾至，则出见之可也。若未得行，须应过三日以上者，则为位，不奠。《奔丧》曰："闻丧，不得奔丧，乃为位。"《注》："谓以君命有事者，位，有鄮列之处，如其家朝夕哭位矣。"又《注》："无君事，又无故，而以己私未奔者，父母之丧，则不为位。其哭之，不离闻丧之处。齐衰以下，更为位而哭，皆可行乃行。"又曰："凡为位不奠。"《注》："以其精神不存乎是。"今仕宦他方者，始闻丧，比至治装挈家而归，鲜有不过三日者，安得不为位而哭？既无鄮列，当置倚子一枚，以代尸柩。左右前后设哭位，皆如在尸柩之旁，而不设朝夕饮食之奠者，丧侧无子孙，则此中设朝夕奠。如在丧侧，道中亦设位，朝奠而行。既就馆，至夕，设位而奠。鄮，子短切。被发、扱衽、徒跣，皆如始死之仪。明日，斩衰者袒括发，齐衰以下袒免，代哭，皆如小敛之仪。闻丧后四日，成服而朝哭，皆如在家之仪。道中及至家，惟不去冠及上服，被发、扱衽、徒跣，袒括发，其余皆如未成服之仪。入门，至殡前，北面再拜。哭尽哀，拜诸尊长，又受诸卑幼拜，皆哭尽哀。吊宾至，即出见之。若奔丧者不及殡，则先之墓，望墓而哭。至墓，北面哭尽哀，再拜。在家丈夫之待之也，即位于墓左，妇人墓右，皆哭尽哀。未成服者，去布四脚及布衫，袒括发于墓东南，即本位，又哭尽哀。复著布四脚衫，拜尊长及受卑幼拜，如上仪。遂归。至家入门，去布四脚及布衫，袒括发至灵座前，北面，哭尽哀。余如未葬之仪。已成服者，不袒括发。齐衰以下，闻丧，则为位而哭。古礼，闻父母妻之党及师友知识之丧，哭皆有处。今寝庙异制，不能如古，但闻尊长之丧，则为位于正堂。卑幼之丧，为位于别室而哭之。今人皆择日举哀，凡悲哀之至，在初闻其丧，闻丧则当哭之，何暇择日？又举哀挂服皆于僧舍，盖以《五服年月敕》不得于州县公厅内举哀，若不在州县公廨，何必就僧舍不于本家？盖由今人多忌讳故也。若奔丧，则释去华盛之服，装办即行，缓速惟所欲。既至，齐衰望乡而哭，大功望门而哭，小功以下至门而哭。入门，始至殡前，北向，哭尽哀，再拜，乃易所服之服，即本位，又哭尽哀，乃见诸尊长及卑幼拜，哭，如主人仪。若不奔丧，则齐衰始闻丧三日中，朝夕为位会哭。四日之朝成服，又为位会哭。大功以下始闻丧，为位会哭，成服又为位会哭。自是每月朔为位会哭，月数既满，次月朔为位会哭，遂除服。其闻丧至各哭，固无常准。齐衰以上，自有丧以来，亲戚未常相见者，既除服而相见，不变服，各哭尽哀，然后叙拜。

饮食

凡初丧，诸子三日不食；期、九月之丧，三不食；五月、三月之丧，再不食，或一不食。亲戚邻里必为糜粥以饮食之，尊长勉之强之，亦可少食，足以充虚续气而已。既敛，诸子食粥，妻妾及期、九月之丧，疏食水饮，不食菜果。五月、三月之丧，既葬，食肉饮酒，不与人乐之。父母之丧，既虞卒哭，疏食水饮，不食菜果。小祥，食菜果。大祥，食肉饮酒。期九月之丧，既葬，食肉饮酒，不与人乐之。若有疾，虽父母之丧，食肉饮酒，疾止复初。五十不极毁瘠，六十不毁瘠，七十唯衰麻在身，饮酒食肉，处于内。《丧服传》："斩衰，歠粥朝一溢米，夕一溢米。既虞，疏食水饮。既练，始食菜果，饭素食。"《注》："二十两曰溢，为米一升二十四分升之一。疏，犹粗也。素，犹故也，谓复平生时食也。"《间传》："斩衰三日不食，齐衰二日不食，大功三不食，小功、缌麻再不食，士与敛焉，则一不食。父母之丧，既殡，食粥；齐衰疏食水饮，不食菜果；大功不食醯酱；小功、缌麻不饮醴酒。父母之丧，既虞卒哭，疏食水饮，不食菜果。期而小祥，食菜果。又期而大祥，有醯酱。中月而禫，禫而饮醴酒。始饮酒者，先饮醴酒；始食肉者，先食干肉。"《注》："不忍发御厚味。"《丧大记》："祥而食肉，期之丧，三不食。既葬，食肉饮酒。九月之丧，犹期之丧也，食肉饮酒，不与人乐之。五月、三月之丧，亦一不食、再不食可也。既葬，食肉饮酒，不与人乐之，叔母世母，食肉饮酒。今参取其中而用之，人食饮多少不同，食粥者取饱而已，不为限量。凡居丧，虽以毁瘠为贵，然亦须量力而行之。"《孝经》："三日而食，教民无以死伤生，毁不灭性。"此圣人之政也。灭性，谓毁极失志，变其常性也。《曲礼》曰："居丧之礼，毁瘠不形，视听不衰。"《注》："谓其废丧事，形，谓骨见。"又曰："有疾，则饮酒食肉，疾止复初。不胜丧，乃比于不慈不孝。五十不致毁，六十不毁，七十唯衰麻在身，饮酒食肉，处于内。"

《注》："所以养衰老，人五十始衰。"曾子谓子思曰："吾执亲之丧也，水浆不入口者三日。"《问丧》曰："亲始死，水浆不入口，三日不举火，故邻里为之糜粥以饮食之。"乡里旧俗，亲邻有丧以器贮粥，就草土中哺之，谓之"馔孝粥"，此乃古礼之尚存者也。《杂记》曰："丧食虽恶，必充饥，饥而废事，非礼也，饱而忘哀，亦非礼也。视不明，听不聪，行不正，不知哀，君子病之。"故强忍致疾，亦非圣人之所许也。人或体羸，不能三日不食者，量食粥可也；粥不能饱者，既殡，食粗饭可也；疏食水饮不能饱者，既葬，食菜茹醢酱可也。《丧大记》曰："不能食粥，羹之以菜可也。"《注》："谓性不能者，可食饭菜羹。"彼应食粥也，犹可食菜羹，况既葬应疏食者，至于饼饵亦无伤，但勿食肉饮酒，斯可矣。古人居丧，无敢公然食肉饮酒者。汉昌邑王奔昭帝之丧，居道上，不素食，霍光数其罪而废之。晋阮籍负才放诞，居丧无礼，何曾面质籍于文帝座曰："卿，败俗之人，不可长也。"因言于帝曰："公方以孝治天下，而听阮籍以重哀饮酒食肉于公座，宜摈四裔，无令污染华夏。"宋庐陵王义真，居武帝忧，使左右买鱼肉珍羞，于斋内别立厨帐，会长史刘湛入，因命膳酒炙车螯，湛正色曰："公当今不宜有此设。"义真曰："旦甚寒，长史事同一家，望不为异。"酒至，湛起曰："既不能以礼自处，又不能以礼处人。"隋炀帝为太子，居文献皇后丧，每朝令进二溢米，而私令外取肥肉脯鲊置竹筒中，以蜡闭口，衣襆裹而纳之。湖南楚王马希声，葬其父武穆王之日，犹食鸡臛，其官属潘起讥之曰："昔阮籍居丧食蒸肫，何代无贤。"然则五代之时，居丧食肉者，人犹以为异事，是流俗之弊，其来甚近也。《杂记》曰："有服，人召之食，不往；大功以下，既葬，适人，人食之，其党也，食之；非其党，弗食也。"《丧大记》曰："大夫、父之友食之，则食之矣，不避粱肉。若有酒醴，则辞。"然则饮酒尤不可也。今之士大夫，居丧食肉饮酒，无异平日，又相从宴集，靦然无愧，人亦恬不为怪。礼俗之坏，习以为常，悲夫！乃至鄙野之人，或初丧未敛，亲宾则赍酒馔往劳之，主人亦自备酒馔，相与饮啜，醉饱连日，及葬，亦如之。甚者，初丧，作乐以娱尸，及殡葬则以乐导輀车，而号哭随之。亦有乘丧即嫁娶者。噫！习俗之难变，愚夫之难晓，乃至此乎？凡居父母之丧者，大祥之前，皆未可食肉饮酒。若有疾暂须食饮，疾止亦当复初。必若素食不能下咽，久而羸惫，恐成疾者，可以肉汁及脯醢，或肉少许，助其滋味，不可恣食珍羞盛馔及与人宴乐。是则虽被衰麻，其实不行丧也。唯五十以上，气血既衰，必资酒肉扶养者，则不必然耳。其居丧听乐及嫁娶者，国有正法，此不复论。

丧次

中门之外，择朴陋之室，以为丈夫丧次，斩衰，寝苫枕块；苫，谓薰荐；块，谓墼，不脱绖带，不与人坐焉。非时见乎母也，不入中门。既虞，寝有席，枕木。二十七月，除服而复寝。齐衰，寝有席。大功以下异居者，既殡可以归其家，犹居宿于外，三月而后复寝。妇人次于中门之内别室，或居殡侧，虽斩衰，不寝苫，但彻去帷帐衾褥之类华丽者，可也。男子无故不入中门，妇人不得辄至男子丧次。《丧服传》："斩衰，居倚庐，寝苫枕块，寝不脱绖带。既虞，剪屏柱楣，寝有席。既练，舍外寝。"《注》："楣，谓之梁；柱楣，所谓梁暗也。舍外寝，于中门之外，垒墼为之，不涂塈，所谓垩室也。"《丧大记》曰："父母之丧，居倚庐，不涂，寝苫枕块，非丧事不言。君，为庐，宫之。大夫士，袒之。"《注》："宫，谓围障之也；袒，谓不障。既葬，柱楣涂庐，不于显者。君大夫士皆宫之。"《注》："不于显者，不涂见面。既练，居垩室，不与人居。既祥，黝垩，吉祭而复寝，齐衰期，大功九月者皆三月不入寝，妇人不居庐，不寝苫。丧父母，既葬，父不次于子，兄不次于弟。"《注》："谓不就其殡宫为次而居。"《杂记》曰："庐垩室之中，不与人坐焉，非时见乎母也，不入门。"又曰："童子不庐。"《问丧》曰："成圹而归，不敢入处室，哀亲之在外也，寝苫枕块，哀亲之在土也。"《间传》曰："父母之丧，居倚庐，寝苫枕块，不脱绖带。齐衰之丧，居垩室，苄剪，不纳，大功之丧，寝有席。小功、缌麻，床可也。父母之丧，既虞卒哭，柱楣剪屏苄剪不纳。期而小祥，居垩室，寝有席。又期而大祥，居复寝，中月而禫，禫而床。"《注》："苄，今之蒲苹也。"《开元礼》："五品以上丧，为庐于殡堂东廊下，诸子各一庐，齐衰于庐南为垩室，俱北户。大功于垩室之南张帷，小功、缌麻于大功之南设床，妇人次于西房。若殡后，施床殡堂，无房者于别室。"杨垂《丧服图》："设倚庐于东廊下，无廊于墙下。先以一木横于墙下，去墙五尺，卧于地为楣，即立五椽于上，斜倚东塘，以草苫盖之，其南北面，亦以草屏之，向北开门，一孝一庐，门廉以缞布，庐南为垩室，以墼垒三面，上至屋。如于墙下，则亦如偏屋，以瓦覆之，西向开门。其垩室及大功以下幕次，不必每人为之，共处可也。"如此，则非富家大第不能备此礼，故但择朴陋之室不丹艧黝垩者居之。斩衰居一室，齐衰居一室，可也。若大寒大暑，雨湿蚊蚋，其羸疾之人有不能堪者，听施簟席、白毡、布褥、白帏帐可也。晋陈寿遭父丧，有疾，使婢丸药，客往见之，乡党以为贬议，坐是沈滞，坎轲终身，嫌疑之际，不可不慎。故男子无事不入中门，妇人不得辄至男子丧次也。苦，户嫁反。

五服制度

斩衰，用极麤生布为之，不缉，衣缝向外，裳缝向内，裳前三幅，后四幅，每幅作三𧙂，音辄，皆屈两边相著，空其中，负版方一尺八寸，此尺寸皆用周尺。在背上，缀于领下，垂放之。辟领方四寸，置于负版两旁，各掩负版一寸，亦缀于领下，衰长六寸、广四寸，缀于前衿当心，衣长过腰，足以掩裳上际。衽用布三尺五寸，留上一尺正方，不破，旁入六寸，乃向下邪裁之一尺五寸，去下畔亦六寸，横断之，留下一尺正方，以两正方左右相沓，缀于衣两旁，垂之向下，状如燕尾，掩裳旁际。冠比衰布稍细，广三寸，跨顶前后，以纸糊为材，上裹以布，为三𧙂，皆向右纵缝之，两头皆在武下，向外反屈之，缝于武。用麻绳一条，从额上约之，至顶后，交过前，各至耳，于武上缀之，各垂于颐下结之。有子麻纽为首绖，其大一扼，左本在下，五分去一以为腰绖，两股相交，两头结之，各存麻本，散垂三尺，其交结处，两旁各缀细白绢带，系之使不脱，又以细绳带系于其上。为父，截竹为杖，高齐其心，本在下，著麤麻屦。

妇人亦用极麤生布为大袖及长裙，布头𢄙，恶竹发，布盖头，麤麻屦。众妾以背子代大袖。子为母，杖上圆下方，亦本在下，布带。妇为姑，亦缉其衣裳，无子，麻为经，余皆如父与舅。余亲，齐衰，以布稍麤者为宽袖襕衫，稍细者为布四脚，其制如幅巾，前缀二大脚，后缀二小脚，以覆髻，自额前向顶后，以大脚系之，大暑则屈后小脚于髻前系之，谓之幞头。布带麻屦，妇人以布稍细者为背子及裙，露髻，生白绢为头帼、盖头，著白屦。大功、小功、缌麻，皆用生白绢为襕衫，系黑鞓角带。大功以生白绢为四脚，妇人以生白绢为背子及裙。大功露髻，以生白绢为头帼盖头。小功、缌麻，勿著华采之服而已。

凡缉者，皆向外撚之。凡齐衰以下，皆当自制其服而往会丧。今人多忌讳，皆仰丧家为之，丧家若贫，亲戚异居者自制而服之。礼也，三年之丧，既葬家居，非馈祭及见宾客，服白布襕衫，白布四脚，白布带，麻屦，亦可也。小祥则除首经、负版及衰，大祥后，服皂布衫，垂脚黲纱幞头，脂皮爁铁或白布裹角带。若重丧未满而遭轻丧，则制轻丧之服而哭之，月朔，辄为位，服而哭之。既毕，返重服，其除之也，亦服轻服。若除重丧而轻未除，则服轻服以终其余日。《檀弓》曰："与其不当，物也宁无衰。"《注》："不当物，谓精麤广狭不应法制。"古者五服皆用布，以升数为别，每幅二尺二寸，其经以八十缕为一升，同服之中升数又有异者焉，故《间传》曰："斩衰三升，齐衰四升、五升、六升，大功七升、八升、九升，小功十升、十一升、十二升，缌麻十五升去其半。有事其缕，无事其布曰缌。"盖当时有织此布以供丧用者，布之不论升数久矣。裴苴、刘岳《书仪》："五服皆用布，衣裳上下异，制度略相同，但以精粗及无负版衰为异耳。"然则唐五代之际，士大夫家丧服犹如古礼也。近世俗多忌讳，自非子为父母、妇为舅姑、妻为夫、妾为君之外，莫肯服布，有服之者，必为尊长所不容，众人所讥诮，此必不可强，此无如之何者也。今且于父母舅姑夫君之服，粗存古制度，庶几有好礼者，犹能行之。《丧服传》曰："斩衰裳，苴经、杖、绞带冠绳缨，菅屦。"《注》："麻在首、在腰皆曰经。首经象缁布冠之阙项，腰经象大带，又有绞带，象革带，齐衰以下用布。"《传》曰："斩者何？不缉也。苴经者，麻之有蕡者也，苴经大搹左本在下，去五分一以为带。齐衰之经，斩衰之带也，去五分一以为带，大功以下皆以是为差。苴，竹也；削，桐也。杖各齐其心，皆下本。杖者何？爵也。无爵而杖者何？担主也。非主而杖者何？辅病也。童子何以不杖，不能病也。妇人何以不杖，亦不能病也。绞带者，绳带也。冠绳缨，条属，右缝，冠六升，外毕，锻而勿灰，衰三升。菅屦者，菅菲也，外纳。"《注》："中人之杭围九寸。担，犹假也，无爵者假之以杖，尊其为主也。属，犹著也，通屈一条绳为武，垂下为缨，著之冠也。小功以下左缝，外毕者，冠前后屈而出，缝于武也。"又曰："妻为夫，妾为君，女子子在室为父，布总，箭笄，髽，衰，三年。"《注》："此丧服之异于男子者。总，束发谓之总者，既束其本，又束其末。箭笄，筱竹也。髽，露紒也。但言衰不言裳，妇人不殊裳，衰如男子衰，下如深衣，衰无带，下又无衽。"又曰："凡衰，外削幅裳，内削幅，幅三衸。"《注》："削，犹杀也。太古冠布衣布，先知为上，外杀其幅，以便体也，后知为下，内杀其幅，稍有饰，后世圣人易之，以此为丧服。衸者，谓辟两侧，空中央也。凡裳，前三幅。"又曰："若齐，裳内，衰外。"《注》："齐，缉也。凡五服之衰，一斩四缉，缉裳者，内展之；缉衰者，外展之。"又曰："负，广出于适寸。"《注》："负，在背上者也，适，辟领也，负出于辟领也。负出于辟领外，旁一寸。"又曰："适，博四寸，出于衰。"《注》："辟领广四寸，则与阔中八寸也，两之，为尺六寸也。出于衰者，旁出衰外。"又曰："衰，长六寸，博四寸。"《注》："广衰当心也。前有衰，后有负版，左右有辟领，孝子哀戚无所不在。"又曰："衣带下尺。"《注》："要也，广尺，足以掩裳上际也。"又曰："衽，二尺有五寸。"《注》："衽所以掩裳际也，上正一尺，燕尾二尺五寸，凡用布三尺五寸。"世俗五服皆不缉，非也。礼惟斩衰不缉，余衰皆缉，必外向，所以别其吉服也。下俚之家，或不能备此衰裳之制，亦可随俗，且作粗布宽袖襕衫，然冠、经带、不可阙也。古者妇人衣服相连，今不相连，故但随俗作布大袖及裙而已。齐衰之服，其尊则高祖、曾祖父母、伯叔父母，亲则众子、兄弟、兄弟之子，而世俗皆服绢，是与缌麻无以异也。宋次道，今之练习礼俗者也。余尝问以齐衰所宜服，次道曰："当服布幞头、布襕衫、布带。"今从之。大功以下随俗，且用绢为之，但以四脚包头帕额，别其轻重而已。此子思所谓"有其礼，有其财，无其时，君子弗行"者也。以俟后贤，庶谓厘正之耳。古者既葬、练、祥、禫，皆有受服，变而从轻。今世俗无受服，自成服至大祥，其衰无变，故于既葬别为家居之服，是亦受服之意也。父母之丧不当出，若为丧事及有故，不得已而出，则乘朴马，布裹鞍辔。以代古恶车，妇人以布幕车檐。

五服年月略其详见五服年月次。

斩衰三年

子为父。女在室同。嫡孙为祖承重。谓当为祖后者。父为嫡长子。亦谓当为后者。妇为舅。其夫为祖后者，妻亦从服，凡妇服夫党，当丧而出，则除之。为人后者为所后父为父所后祖承重者，亦如之。妻为夫，妾为君。

齐衰三年

子为母，嫡孙承重，祖卒为祖母。母为嫡长子，妇为姑。其夫为祖后者，妻亦从服祖姑。

齐衰杖期

子为嫁母、出母报。报，为母服其子亦同。若为父后，则无服。夫为妻。

齐衰不杖期

为祖父母。女出嫁者亦同，为伯叔父母，为兄弟，为众子，为兄弟之子，为嫡孙。亦谓当为后者，为姑姊妹女在室。虽适人，无夫与子者，亦同。为人后者为其父母，报。女适人者为父母。《丧服小记》："未练而出，则三年。未练而反，则期。既练而反，则遂之。"妾为嫡妻，为夫兄弟之子，舅姑为嫡妇。

齐衰五月

为曾祖父母。女出嫁者亦同。

齐衰三月

为高祖父母。女出嫁者亦同。

大功九月此谓成人者也。凡子年十九至十六为长殇，十五至十二为中殇，十一至八岁为下殇。应服期者，长殇服大功九月，中殇服七月，下殇服小功五月，应服大功以下，各以次降等。不满八岁，为无服之殇，哭之易月。生未三月，则不哭也。男子已娶，女子许嫁，皆不为殇。

为从兄弟，为庶孙，为女、姑姊妹、兄弟之女适人者。女适人者，为伯叔父母兄弟姪，为人后者为其兄弟、姑姊妹。凡男为人后，女适人者，为其私亲，大功以下各降一等，准此。为众子妇，为兄弟子之妇，为夫之祖父母、伯叔父母、兄弟子之妇。

小功五月

为从祖祖父母。祖之兄弟及妻。为兄弟之孙，为从祖父母。父之从父兄弟及妻。为从兄弟之子，为从父兄弟之子，为从祖兄弟、姑姊妹，为从祖祖姑。祖之姊妹。为外祖父母。《服问》曰："母出，则为继母之党服，不为其母之党服。母死则为其母之党服，不为继母之党服。"为舅，为从母。母之姊妹。为甥，为夫兄弟之孙，为夫从父兄弟之子，为夫之姑姊妹。在室、适人等。女为兄弟姪之妻，为娣姒妇，报。为同异父兄弟姊妹，为兄弟妻，为夫之兄弟。

缌麻三月

为三从兄弟，为曾祖之兄弟姊妹服，为祖之从父兄弟姊妹服，为父之再从兄弟姊妹服，为外孙，为曾孙元孙，为从母之子，为姑之子，为舅之子，为曾祖兄弟之妻服，为祖从父兄弟之妻服，为父再从兄弟之妻服，为庶孙之妇，为庶母。父之妾有子者。为乳母，为婿，为妻之父母，为夫之曾祖、高祖父母，为夫之从祖祖兄弟及妻服，为夫之从兄弟之妻，为从父兄弟子之妇，为夫之外祖父母服，为夫之从父兄弟子之妇，为父之从父姊。在室、适人等。为夫之舅及从母，为姊妹子之妇，为甥之妇。

成服

大敛之明日，《曲礼》曰："生与来日，死与往日。"郑曰："与，数也，生数来日，谓成服杖以死来日数也。死数往日，谓殡敛以死日数也。"今人大敛即成服，是无袒、括发也。五服之人，各服其服，入就位，然后朝夕奠。

朝①夕奠

自成服之后，朝夕设奠。朝奠日出，夕奠逮日，阴阳交接，庶几通之。如平日朝铺之食，加酒果。事死如事生。月朔则设馔。古谓之殷奠，然亦不可盛于时祭之馈，遇麦、禾、黍、稻熟荐新，亦如朔奠。皆褰帷幔，《杂记》曰："朝夕哭，不帷。"《注》："缘孝子心欲见殡肂也，既出，则施其扆，鬼神尚幽暗也。"肂，以二切。扆，克盖切。用素器。以主人有哀素之心也。执事者具新馔于阼阶东，无阼阶，则但在灵座东南可也。主人以下，各服其服，入就位，尊长坐哭，卑幼立哭。祝帅执事者盥手，彻旧馔，置座西南，乃设新馔于灵座前，止哭，祝洗盏。斟酒奠之，复位。卑幼皆再拜，哭尽哀，归次。夕奠将至，然后彻朝奠。朝奠之将至，然后彻夕奠，各用罩子。若天暑，恐臭败，则设馔如食，顷去之，止留茶酒果，仍罩之。

---

① 朝，底本原无，据本书前后文补。

司马氏书仪卷第七

丧仪三

卜宅兆葬日。《开元礼》："五品以上卜，六品以下筮。今若不晓卜筮，止用环琫可也，若葬于祖茔，则更不卜筮。"

既殡，以谋葬事。《檀弓》曰："既殡，旬而布材与明器。"今但殡毕则可以谋葬事。既择地，得数处。《孝经》曰："卜其宅兆而安措之。"谓卜地决其吉凶尔，非若今阴阳家相其山岗风水也。国子高曰："葬者，藏也。"又曰："死则择不食之地而葬我焉。"明无地不可葬也。古者天子七月、诸侯五月、大夫三月、士逾月而葬，盖以会葬者远近有差，不得不然也。然礼文多云三月而葬，盖举其中制而言之。今《五服年月敕》："王公已下，皆三月而葬。"按《春秋》："己丑，葬敬嬴，雨，不克葬。庚寅，日中而克葬。丁巳，葬定公，雨，不克葬。壬午，日下昃，乃葬。"何尝择年月日时也？葬于北方，北首，何尝择地也？为其祸福与今不殊，世俗信葬师之说，既择年月日时，又择山水形势，以为子孙贫富、贵贱、贤愚、寿夭尽系于此。又葬师所有之书，人人异同，此以为吉，彼以为凶，争论纷纭，无时可决。其尸枢或寄僧寺，或委远方，至有终身不葬，或累世不葬，或子孙衰替，忘失处所，遂弃捐不葬者。凡人所贵身后有子孙者，正为收藏形骸耳，其子孙所为乃如此，曷若初无子孙，死于道路，犹有仁者见而瘗之邪？且彼阴阳家，谓人所生年月日时，足以定终身禄命，信如此所言，则人之禄命，固已定于初生矣，岂因殡葬而可改邪？是二说者，自相矛盾，而世俗两信之，其愚惑可谓甚矣！使殡葬实能致人祸福，为子孙者岂忍使其亲臭腐暴露，不殡葬而自求其利耶？悖礼伤义，无过于此。然孝子之心，虑患深远，恐浅则为人所汩，深则湿润速朽，故必择土厚水深之地而葬之，所择必数处者，以备卜之不吉故也。或曰，世人久未葬者，非尽以阴阳拘忌之故，亦以家贫未能归葬故也。予应之曰："子路曰伤哉贫也，生无以为养，死无以为礼也。"孔子曰："啜菽饮水尽其欢，斯之谓孝，敛手足形，还葬而无椁，称其财，斯之谓礼。"《注》："还，犹疾也，谓不及其日月。"又子游问丧具，夫子曰："称家之有亡。"子游曰："有亡恶乎齐。"夫子曰："有亡过礼，苟亡矣，敛手足形，还葬，悬棺而窆，人岂有非之者哉？"昔廉范千里负丧，郭原平自卖营墓，岂待丰富然后葬其亲哉？近世河中进士周孟，家贫，改葬其亲，骑驴出城，一仆荷锸随之，取其亲之骨掘深坎埋之而归。此虽不及于礼，比于不能葬者犹贤矣！在礼，未葬不变服，食粥，居倚庐，寝苫枕块，盖闵亲之未有所归，故寝食不安。奈何舍之出游，食稻衣锦，不知其何以为心哉！世人又有游宦没于远方，子孙火焚其柩，收烬归葬者。夫孝子爱亲之肌体，故敛而葬之，残毁他人之尸，在律犹严，况子孙乃悖谬如此！其始盖出于羌戎之俗，浸染世人，行之既久，习以为常，见者恬然，曾莫之怪，岂不哀哉！延陵季子适齐，其子死，葬于嬴博之间，曰："骨肉复于土，命也，魂气则无不之也。"孔子以为合礼，必也不能归葬，葬于所在可也。不犹愈于焚之哉？汩，音骨。恶，音乌。齐，子细切。窆，彼敛切。执事者掘兆四隅，外其壤；兆，茔域也。掘中，南其壤。为葬将北首故也。莅卜或命筮者，择远亲或宾客为之。及祝执事者，皆吉冠素服。《杂记》："大夫卜宅与葬日，有司麻衣、布衰、布带，因丧屦，缁布冠不蕤，占者皮弁，如筮，则史练冠长衣以筮。占者朝服。"《注》曰："麻衣至缁布冠，非纯吉也；皮弁，则纯吉之尤者也；长衣练冠，纯凶服也；朝服，纯吉服也。"今从简易，依《开元礼》，皆非纯吉，亦非纯凶。素服者，但彻去华采珠玉之饰而已。执事者布卜筮席于兆南，北向。

　　主人既朝哭，适兆所，立于席南，当中壤，北向，免首绖，左拥之。莅卜筮者立于主人之右，北向。卜筮者东向，执龟策进，南面受命于主人。莅卜者从旁命之，曰："孤子姓名，为父某官，为母，则称哀子为母某封。度兹幽宅，无有后艰。"度，谋也；宅，居也。言谋此以为幽冥之居，得无将有艰难，谓有非常若崩坏也。卜筮者许诺，右旋就席，北面坐述命，《士丧礼》，"不述命"，既受命而申言之，曰述。不述者，士礼略，今从《开元礼》。指中封而卜筮。中封，中央壤也，占既得吉，则执龟策东向进，告于莅卜筮者及主人。曰："从。"主人绖哭。若不从，更卜筮他所，如初仪。

　　兆既得吉，执事者于其中壤及四隅各立一标，当南门立两标，祝帅执事者入，设后土氏神位于中壤之左，南向。古无此，《开元礼》有之。置倚卓、盥盆、帨架、盏注、脯醢，既不能如此，只常食两三味，皆如常日祭神之仪。但不用纸钱。告者与执事者皆入，卜者不入。序立于神位东南，重行，西向，北上，立定，俱再拜。告者盥手洗盏，斟酒进，跪酹于神座前，俯伏，兴，少退，北向立。搢笏执词，进于神座之右，东面跪念之，曰："维年月朔日，子某官姓名，敢昭告于后土氏之神，今为某官姓名主人也，营建宅兆，神其保佑，俾无后艰。谨以清酌醢醢，祗荐于神，尚飨！"讫，兴，复位。告者再拜出，祝及执事者皆西向再拜。彻馔出，主人归殡前，北面哭，卜筮葬日于三月之初。若墓远，则卜筮于未三月之前，命曰"某月日"。主人先与宾议定可葬日三日，谓可以办具及于事便者，必用三日，备不吉也。执事者布卜筮席于殡门外，阈西，北向。主人既朝哭，与众主人谓亡者诸子。出立于殡门外之东壁下，西向南上，阖东扉，主妇立于其内，主人进立于门南，乃北向。免首绖，左拥之。莅卜筮者立主人东北，乃西向。卜筮者执龟策东向进，受命于莅卜筮者，命之曰："孤子某，将以今月某日，先卜远日，不吉，再卜近日。卜葬其父某官，考降无有近悔？"考，上也；降，下也。言卜此日葬，魂神上下无得近于咎悔者乎。卜筮者许诺，右旋就席，西向坐述。卜筮不吉，则又兴，受命，述命，再卜，占既得吉，兴，告于莅卜者及主人曰："某日从。"主人绖，与众主人皆哭，又使人告于主妇，主妇亦哭。主人与众主人入至殡前，北向哭。遂使人告于亲戚僚友应会葬者。若孙为祖后，则莅卜筮者命之曰："孤孙某，卜葬某祖某官。"夫曰："乃夫某卜葬其妻某氏。"兄弟及他亲为丧主者，各随其所称，曰："某亲某卜，葬某某亲某官。"

穿圹为窆具，谓下棺。

葬有二法，有穿地直下为圹，置柩，以土实之者；有先凿埏道，旁穿土室，撑柩于其中者。临时从宜。凡穿地宜狭而深，圹中宜穿。古之葬者，有折，有抗木，有抗席。折，由扆也，方凿连木为之，如床，而缩者三，横者五，无簀，窆事毕，加之圹上，以承抗席。抗木横三缩二。抗，御也，所以御止土者，其横与缩，各足横掩。席抗所以御尘，然则古者皆直下为圹，而上实以土也。今疏土之乡，亦直下为圹，或以石或以砖为藏，仅令容柩，以石盖之，每布土盈尺，实蹑之，稍增至五尺以上，然后用杵筑之，恐土浅，震动石藏故也。自是布土，每尺筑之，至于地平，乃筑坟于其上。《丧葬令》："葬不得以石为棺椁及石室，谓其侈靡。"如桓司马者，此但以石御土耳，非违令也。其坚土之乡，先凿埏道深若干尺，然后旁穿窀室以为圹，或以砖范之，或但为土室，以砖数重塞其门，然后筑土实其埏道。然恐岁久终不免崩坏，不若直下穿圹之为牢实也。凡旁穿之圹，不宜宽大，宽大则崩破尤速，当仅令容柩。葬时先以竹竿布地，稍在圹中置柩于其上而撑之，既而抽去其竹，其明器、下帐、五谷、牲酒等物，皆于埏道旁别穿窀室为便房以贮之。其直下穿圹者，既实土将半，乃于其旁穿便房以贮之。穿地狭，则役者易上下，但且容下柩则可矣。深则盗难近，乡里土厚水深，太尉尝有遗命，令深葬，自是尝以三丈三尺为准。昔晋文公有大功于周襄，请隧，而王弗许，曰："王章也。"然则古者乃天子得为隧道，自余皆悬棺而窆，今民间往往为隧道，非礼也，宜悬棺以窆。扆，举绮切，合藏食物之名。挽土宜用两辘轳，重物上下，宜用革车，其制用大木四根，交股缚而埋之，谓之夜叉木。架大木于其上为梁，梁须圆直之木。夜叉交为月口，梁之加于月口者，围径须同一篾之细，则诸絙之转，或长或短而偏矣。于梁两端各设十二辐，搭絙于梁一边，其垂絙之地当中央，下则使两人按辐，一一纵之，上则两人攀辐而挽之，匀而无失，胜于鹰架木引索有急缓、敧侧之忠。或用鹰架木。亦用夜叉木，及大木坚而圆滑者为梁，然一定无转，以巨絚系重物，绕梁一匝，遣数人执其末，上则挽，下则纵之。物尤重，则以两絚交于梁上，各遣数人执其末，立于堋之两旁，或挽或纵之。人上下，宜用秋千板。如常日秋千板，絚过人头，则合为一，以革车或鹰架木挽之纵之而已。或用兀子。以二絚襗之，高于人头，系其两端于兀子四脚，合两端于兀子四脚，合两襗，系二巨絚于其上。先以三厚板横于堋口，置兀子于其上，交二絚于梁上，每絚各使数人执其末，立于堋之东西，微引兀子，令去板旁，彻板，乃缓缓纵之令下。若出，则引之令下，上复以板承之。襗，区贵切。下板宜用四绋。绋，大索也，以新麻为之，粗如秋千索，其长比兀子，深加倍之，每尺以墨画之。及窆，以二绋系柩左镮，楼底，结于右镮，二绋系右镮，亦如之。及窆床以大木为之，其制如人家绣床，而仰之，广长出杭于堋口，两旁之杭，皆用坚而圆滑之木。置窆床于堋口，横施三板，置柩其上，左右各三绋，绕杭一匝，每绋数人执之，如下兀子之法。击鼓为节，鼓一声，执绋者左右手互纵一尺，至底，解去绋。杭音光。或用鹰架木下之，亦可也。

碑志

志石刻文云，"某官姓名妇人，云"某姓名妻某封某氏"。某州某县人，考讳某，某官，某氏某封。无官封者，但云姓名或某氏，某年月日生，叙历官迁次。妇人云年若干，适某氏，叙因夫子致封邑，无官封者皆不叙。某年月日终，某年月日葬。丈夫，云"娶某氏某人之女，封某邑"。子男某某官，女适某官某人。"若直下穿圹，则置之便房；若旁穿为圹，则置之圹门。墓前更立小碑，可高二三尺许，大书曰："某姓名某。"更不书官。古人有大勋德，勒铭钟鼎，藏之宗庙，其葬则有丰碑以下棺耳。秦汉以来，始命文士褒赞功德，刻之于石，亦谓之碑。降自南朝，复有铭志，埋之墓中。使其人果大贤邪，则名闻光昭，众所称颂，乃流今古，不可掩蔽，岂待碑志始为人知？若其不贤也，乃以巧言丽辞，强加采饰，功侔吕望，德比仲尼，徒取讥笑，其谁肯信？碑犹立于墓道，人得见之。志乃藏于圹中，自非开发，莫之睹也。隋文帝子秦王俊薨，府僚请立碑，帝曰："欲名，一卷史书足矣，何用碑为，徒与人作镇石耳？"此实语也！今既不能免俗，其志文但可直叙乡里世家，官簿始终而已。季札墓前，有后世称孔子所篆，云："呜呼！有吴延陵季子之墓。"岂在多言，然后人知其贤邪！今但刻姓名于墓前，他日人自知其贤愚耳。《丧葬令》："一品坟高一丈八尺，每品减二尺，六品以下不得过八尺。又五品以上立碑，螭首龟趺，趺上高不得过九尺。七品以上立碣，圭首方趺，趺上高四尺。其石兽，三品以上六，五品以上四。"又曰："诸丧葬不能备礼者，贵得同贱；贱虽富，不得同贵。"世人好为高墓大碑，前列石羊石虎，自夸崇贵，殊不知葬者当为无穷之规，后世见此等物，安知其中不多藏金玉邪？是皆无益于亡者。若能俱不用，尤善也。汉光武作寿陵，裁令陂池流水而已。南唐司徒李建勋且死，戒家人勿封土立碑，听人耕种其上。曰："他日免为开发之标。"及金陵破，王公贵人之家无不被发者，惟建勋冢莫知其处，此皆明哲能深思远虑者也。

明器　下帐　苞筲　祠版

明器。刻木为车马仆从侍女，各执奉养之物，象平生而小，多少之数依官品。《既夕礼》有明器，用器，燕器。孔子曰："之死而致死之，不仁而不可为也；之死而致生之，不智而不可为也。"《注》："之，往也。死之，生之，谓无知与有知也。"又曰："是故竹不成用，瓦不成沫，木不成斫。"《注》："成，善也。沫，靧也。"又曰："其曰明器，神明之也。"又曰："涂车、刍灵，自古有之。"《丧葬令》：五品六品，明器许用三十事；非升朝官者，许用十五事。并用器、碗、楪、瓶、盂之类通数之。沫音末。靧音悔。下帐，为床帐、茵席、倚卓之类，皆象平生所用而小也。苞，《既夕礼》："苞二。"《注》："所以裹奠羊豕之肉。"《檀弓》曰："国君七个，遣车七乘。"《杂记》曰："遣车视牢具。"或问曾子曰："君子既食则裹其余乎？"曾子曰："大飨既飨。卷三牲之俎，归于宾馆，父母而宾客之，所以为哀也。"晋贺循用腐一筐，以代所苞牲体。今遣奠既无牲体，又生肉经宿则臭败，不若用循礼，得事之宜。然遣奠之时，亦当设脯，既奠，苞以蒲筐或箱，或竹掩耳，或席篝之类包之，皆可也。筲，《既夕礼》："筲三，黍、稷、麦。"今但以竹器或小罂，贮五谷各五升，可也。醯醢罂，《既夕礼》：

"瓮三，醯醢屑。"《注》："姜桂之屑也。"今但以小罋二，贮醯醢。以桑木为祠版郑康成以为卿、大夫、士无神主，大夫束帛依神，士结茅为蕝。徐邈以为《公羊》："大夫闻君之丧，摄主而往。"重，主道也。埋重而立主，大夫士有重，亦宜有主。蔡谟以为今世有祠版，乃礼之庙主也。主亦有题，今版书名号，亦是题主之意。安昌公荀氏祠制，神版皆正长尺一寸，博四寸五分，厚五寸八分，大书"某祖考某封之神座"，"夫人某氏之神座"。书讫，蜡油炙令入理，刮拭之。今士大夫家亦有用祠版者，而长及博厚不能尽如荀氏之制，题云"某官府君之神座"，"某封邑夫人郡县君某氏之神座"，续加封赠，则先告贴以黄罗而改题。无官，则题"处士府君之神座"。版下有跌，韬之以囊，藉之以褥。府君、夫人只为一匣。今从之。礼，虞主用桑，练主用栗。祠版，主道也，故于虞亦用桑。将小祥，则更以栗木为之。

启殡

启殡之日，墓近，则于葬前一日启殡；墓远，则于发引前一日启殡。夙兴，执事者纵置席于影堂前阶上，及听事中央，仍帷其听事。席，所以藉柩也，帷之有为妇人在焉。《既夕礼》："迁于祖，用轴。"《注》："盖象平生将出必辞尊者。"《檀弓》曰："丧之朝也，顺死者之孝心也，其哀离其室也，故至于祖考之庙而后行。殷，朝而殡于祖。周，朝而遂葬。"《开元礼》无朝庙礼。今从周制。又《周礼》：既载而朝于庭。今人既载，遂行，无祖于庭，难施哭位，故但祖于听事。丧事有进而无退，无听事者，但向外之屋可置柩者，皆可也。备功布，长三尺。以新布稍细者为之，祝御柩，执此以指麾役者也。五服之亲皆来会，各服其服，入就位哭。《丧服小记》："男子冠而妇人笄，男子免而妇人髽。"又曰："缌小功，虞、卒哭则免。"《注》："棺柩已藏，嫌恩轻可以不免也。言'则免'者，则既殡先启之，间虽有事不免。"又曰："既葬而不报虞，则虽主人皆冠，及虞则皆免。"《注》："有故不得疾虞，虽主人皆冠，不可久无饰也。皆免，自主人至缌麻。"《开元礼》主人及诸子皆去冠绖，以邪巾帕头。按自启殡至于卒哭，日数甚多，今已成服，若使五服之亲皆不冠而袒免，恐其惊俗，故但各服其服而已。

执事者迁灵座及椸于旁侧，为将启殡。祝凶服，无服者，则去华盛之服。执功布，止哭者，北向立于柩前，抗声三，告曰："谨以吉辰启殡。"既告。内外皆哭，尽哀止。《既夕礼》："商祝袒免，执功布入，升自西阶，尽阶不升堂，声三启三，命哭泣。"功布，灰治之布也，执之以接神，为有拂拭也。声三，三有声，存神也。启三，三言启，告神也。旧说以为："声，噫兴也。"《开元礼》："祝三声噫嘻。"今恐惊俗，但用其辞。拂，芳味切。拭，芳丈切。妇人退避于他所，为役者将入。主人及众主人辑杖立，视启殡。《丧大记》："大夫士哭殡，则杖；哭柩，则辑杖。"《注》："哭殡，谓既涂也；哭柩，谓启殡后也。"辑，敛也，谓举之不以柱地也。天子诸侯之子，杖不入公门。祝取铭旌置灵座之侧，役者入，彻殡涂及墼，扫地洁之。祝以功布拂去棺上尘，覆以夹衾。《既夕礼》：祝取铭置于重。今以魂帛代重，故置于灵座侧。役者出，妇人出，就位，立，哭。执事者复设椸及灵座于故处，乃彻宿奠，置新奠，《既夕礼》："迁于祖，正柩于两楹间，席升，设于柩西，奠设如初。"《注》："奠设如初，东面也。不统于柩，神不西面也。不设柩东，东非神位也。"《开元礼》不朝祖，彻殡，设席于柩东。奠之，谓之启奠，如常日朝夕奠之仪。

朝祖

役者入，妇人退避，主人立视。如启殡，役者举柩诣影堂前，祝以箱奉魂帛在前，执事者奉奠及倚卓次之，铭旌次之，柩次之。未明，则柩前后皆用二烛照之。主人以下皆从哭，男子由右，妇人由左，重服在前，轻服在后，各以昭穆、长幼为叙。侍者在末。无服之亲，男居男之右，女居女之左，不与主人、主妇并行。妇人皆盖头。为有役者在前故也。役者出，则去盖头。至影堂前，置柩于席，北首。役者出，祝帅执事者设灵座及奠于柩西，东向。若影堂前迫隘，则置灵座及奠于旁近，从地之宜。主人以下就位，位在柩之左右前后，如在殡宫。立哭，尽哀止。役者入，妇人避退。祝奉魂帛导柩，右旋。主人以下，哭从如前。诣听事，置席上，南首，设灵座及奠于柩前，南向，余如朝祖。主人以下就位，坐于柩侧，藉以荐席，如在殡宫，乃代哭，如未殡之前。

亲宾奠世俗谓之祭。　赗赠

宾客欲致奠于其家者，以饭床设茶果酒馔于其庭。暑，则覆之以幄。将命者入白主人，主人绖杖，降自西阶，待于阼阶下，西向。宾入，家人皆哭。宾叙立于馔南，北向，东上。置卓子于宾北，炷香浇茶，实酒于注，洗盏，斟酒于其上。上宾进烧香，退复位，与众宾皆再拜。上宾进，跪酹茶酒，俯伏，兴。宾祝执祝辞出，于上宾之右，西向读之。曰："维年月日，某官某，谨以清酌庶羞，致祭于某官之灵。中间辞，临时请文士为之。尚飨！"祝兴，凡吉祭，祝出于左，东向；凶祭，出于右，西向。宾再拜，应哭者哭，进诣主人前，东向北上。上宾止主人哭，主人稽颡再拜，宾答拜。主人哭而入，护丧延宾坐于他所，茶汤送出如常仪。祝纳酒馔及祝辞于丧家。若奠于轝所经过者，设酒馔于道左右，或有幄或无幄。附令敕，"诸丧葬之家，只许祭于茔所，不得于街衢致祭"。然亲宾祭于丧家大门之内及郭门之外，亦非街衢也。

望柩将至，宾烧香、酹茶酒，祝拜哭。柩至，少驻，主人诣奠所，拜宾，哭，从柩而行。余如上仪。奠于墓所，皆如在其家之仪。《既夕礼》："殡者出请，若奠，入告，出以宾入，将命如初。士受羊如受马。"然则古者但致奠具而已。汉氏以来，必设酒食沃酹。徐稺每为诸公所辟，虽不就，有死丧，负笈赴吊，常于家豫炙鸡一只，以一两绵絮渍酒中，暴干，以裹鸡，径到所赴冢隧外，以水渍絮，使有酒气，汁米饭白茅为藉，以鸡置前，酹酒毕，留谒则去，不见丧主。然则奠贵哀诚，酒食不必丰腆也。自唐室中叶，藩镇强盛，不遵法度，竞其侈靡，始缚祭幄，至高数丈，广数十步，作鸟兽、花木、舆马、仆从、侍女，衣以缯绮，轜车过，则尽焚之。祭食至百余品，染以红绿，实不可食，流及民间，递相夸尚，有费钱数百缗者。曷若留以遗丧家为赗赠哉？其亲宾赗赠，皆如如始死之仪，而不襚。《士丧礼》始死，有吊有襚；将葬，有赗、有奠、有赙赠。知死者赠，知生者赙，赙赠皆用货财，但将命之辞异耳。《春秋传》讥赠死不及尸。尸，谓未葬时也。然则自始死至葬，赙赠之礼，皆可行也。

司马氏书仪卷第八

丧仪四

陈器

輦夫陈器于门外，方相在前，《丧葬令》："四品以上用方相，七品以上用魌头。"方相四目，魌头两目，载以车。魌，音欺。次志石，次椁，二物已在墓所，则不陈，次明器，次下帐，次上服，有官则公服靴笏，无官则襕衫，皆有幞头腰带。次苞但陈所用之苞，其脯俟遣奠毕，始苞之。次筲，次醯醢，次酒，一斗盛以瓶。以上并以小床舁举之，次铭旌，去跗，使人执之。入圹，则去杠，覆于柩上。次灵舁，葬日，置魂帛于上，炷香其前，藏祠版于箱箧，置其后。返则祠版于前，藏魂帛于箱箧，亦以小舁床举之。《开元礼》灵舆在方相前。今置柩前。次大輴。载柩者也，宜用轻坚木为格，仅能容柩，上施鳖甲盖。轝竿则宜强壮，多用新絙缠束，巨絙数道，撮角楼底，缚于竿上，则可保无虞。《丧大记》："饰棺，君龙帷，三池，振容。黼荒，火三列，黻黼三列。素锦褚，加帷荒，缫戴六，缫披六。"大夫士，以是为差。《注》："饰棺者，以华道路及圹中，不欲众恶其亲也。荒，蒙也。在旁曰帷，在上曰荒。黼荒，缘边为黼文，火黻为列于其中尔。褚，以衬覆棺，乃加帷荒于其上。纽，所以结连帷荒者也。池，竹为之，如小车苓，衣以青布。柳，象宫室，县池于荒之爪端。若承霤然，云君、大夫以铜鱼县于池下。齐，象车盖蕤，缝合杂采为之，形如爪分然，缀贝络其上及旁。戴之言值也，所以连系棺束与柳材使相植，因而结前后披也。"《正义》："振，动也，以绞缯为之，长丈余，如幡。画幡上为雉，县于池下，为容饰。车行则幡动，故曰'振容'。齐者，谓鳖甲上当中央，形圆如车盖，高三尺，径二尺。五贝者，连贝为五行，交络齐上，鱼在振容间。"此等制度，今既难备，略设帷荒、花头等，不必繁华高大。若柩远行，则多以柿单覆籍举之上下四旁，以御雨湿。绕以画布帷，龙虎举，更无它饰。今世俗信举夫之言，多以大木为举，务高盛大其华饰，至不能出入大门。纸为幡花，缤纷塞路，徒欲夸示观者，殊不知举重，大门多触碍，难进退，遇峻临有倾覆。彼举夫但欲用人多，取厚直，岂顾丧家之利害耶。大举旁有翣，贵贱有数。《开元礼》：一品，引四，披六，铎左右各八，黼翣二，黻翣二，画翣二。二品、三品，引二、披四、铎左右各六、黻翣二、画翣二。四品、五品，引二、披二、铎左右各四、黼翣二、画翣二。六品以下，引二、披二、铎画翣各二。凡引者，挽辁车索也。披者，系于旁，执之，以备倾覆也。铎，所以节挽者。翣，以木为筐，广二尺，高二尺四寸，其形方，两角高，衣以白布，柄长五尺。黼翣黻翣，画黼黻文于翣之内，缘画以云气。画翣者，内外四缘皆画云气。庶人皆无之。《丧葬令》：三品以上，六翣、挽歌六行、三十六人；四品至九品，各有差。按今人不以车载柩，而用举，则引、披无所施矣，举夫集众，乃为行止之节，多用钲鼓，可以代铎。《礼》，"望柩不歌"，"里有殡，不巷歌"，岂可身挽柩车而更歌乎？况又歌者复非挽柩之人也。此谓葬日行器之叙，若柩自他所归乡里，则铭旌、灵举、龙虎举之外，皆不用也。

祖奠

执事者具祖奠酒馔，如殷奠。其日铺时礼，祖用日昃，谓日过中时，今宜比夕奠差早，用铺时可也。主人以下，卑幼皆立哭。祝帅执事者设酒馔于灵前，祝奠讫，退，北面跪，告曰："永迁之礼，灵辰不留，谨奉柩车，式遵祖道。"俯伏，兴，余如朝夕奠仪。主人以下复位坐，代哭，以至于发引。

遣奠

厥明，执事者具遣奠，亦如殷奠。举夫纳大举于听事前中庭，执事者彻祖奠，祝奉迁灵座置旁侧，祝北面告曰："今迁柩就舆，敢告。"妇人避退，召轝夫迁柩，乃载。载，谓升柩于轝也。以新絚左右束柩于轝，乃以横木楔柩足两旁，使不动摇。男子从柩哭，降，视载。妇人犹哭于帷中。载毕，祝帅执事迁灵座于柩前，南向，乃设遣奠。惟妇人不在，余如朝夕奠之仪。执事者彻所奠之脯，置异床上。史执赗、赠、历，立于柩左，当肩，西向。祝在史右，南向。哭者相止，跪读赗、赠、历。毕，与祝皆退。《既夕礼》："书赗于方。"《注》："方，版也。"又曰："主人之史请读赗。执算，从柩东，当前束，西面。不命毋哭，哭者相止也。唯主人主妇哭。烛在右，南面读书释算则坐。"《注》："必释算者，荣其多。"执事者彻遣奠，若柩自他所，将归葬乡里，则但设酒果或脯醢，朝哭而行。至葬日之朝，乃行遣奠及读赗礼。祝奉魂帛，升灵轝，焚香。《既夕礼》："祖，还车，不还器。祝取铭，置于茵，二人还重，左还。厥明，奠者出，甸人抗重，出自道，道左倚之。既葬，还，埋重于所倚之处。"《开元礼》："将行，祝以腰舆诣灵座前，昭告。"少顷，腰舆出，诣灵车后。少顷，舆退。掌事者先于宿所，张吉凶二帷，凶帷在西，吉帷在东，南向。设灵座于吉帷下。至宿处，进酒脯之奠于柩东，又进常食于灵座。厥明，又进朝奠，然后行，今兼取二礼。妇人盖头出帷，降阶，立哭。有守家不送葬者，哭于柩前，尽哀而归，卑幼则再拜辞。

在涂

柩行，自方相等皆前导，主人以下，男女哭步从，如从柩朝祖之叙。出门，以白幕夹部之。尊长乘车马在其后，无服之亲又在其后，宾客又在其后，皆乘车马。无服之亲及宾客，或先待于墓及祭所。出郭，不送，至墓者皆辞于柩前。卑幼亦乘车马。若郭门远，则步从三里所，可乘车马。涂中遇哀则哭，无常准。若墓远，经宿以上，则每舍设灵座于柩前，设酒果脯醢，为夕哭之奠。夜必有亲戚宿其旁守卫之。明旦将行，朝奠亦如之。馆舍迫隘，则设灵座于柩之旁侧，随地之宜。

及墓

掌事者先张灵幄于墓道西，设倚卓，又设亲戚宾客之次，男女各异。又于羡道之西设妇人幄，蔽以帘帷。柩将及墓，亲戚皆下车马，步进灵帷前。祝奉祠版箱及魂帛置倚上，设酒果脯醢之奠于其前，巾之。大輁至墓道，輁夫下柩，举之趣圹。主人以下哭步从，掌事者设席于羡道南，輁夫置柩于席上北，乃退。掌事者陈明器，下帐，上服，苞，筲，醢醯，酒，用饭床，于圹东南，北上，铭旌施于柩上。宾客送至墓者，皆拜辞先归。至是，上下可以具食，既食而窆。主人拜宾客，宾客答拜。

下棺

主人及诸丈夫立于埏道东，西向；主妇及诸妇人立于埏道西幄内，东向。皆北上。以服之重轻及尊卑长幼为叙，立哭。輁夫束棺，乃窆。诸子辍哭，视窆。既窆，掌事者置上服，铭旌于柩上，慎勿以金玉珍玩入圹中，为亡者之累。主人赠用制币、元纁束，置柩旁，再拜稽颡。在位者皆哭尽哀。《既夕礼》注："丈八尺曰制，二制合之；束，十制五合。"《疏》："元纁之率，元居三，纁居二。"或家贫不能备玄纁束，则随家所有之帛为赠，币虽一制可也。匠以砖塞圹门，在位者皆还次，掌事者设志石，藏明器、下帐、苞、筲、醢醯、酒于便房，以版塞其门，遂实土。亲戚一人监视之，至于成坟。

祭后土《既夕礼》无之。《檀弓》曰："有司以几筵，舍奠于墓左。"《注》："为父母形体在此，礼其神也。"今从《开元礼》。

掌事者，先于墓左除地为祭所，置倚卓、祭具等，既塞圹门，告者吉服，亦择亲宾为之。与祝及执事者，俱入行事。惟改祝辞"某官姓名营建宅兆"为"某官封谥，亡者也。窆兹幽宅"，余皆如初卜宅兆，祭后土之仪。

题虞主

执事者置卓子，设香炉、酒盏注于灵座前，置盥盆、帨巾于灵座西南。又置卓子于灵座东南，西向，设笔砚墨于其上。主人立于灵座前，北向。祝盥手，出祠版，卧置砚卓子上，藉以褥，使善书者西向立题之。祝奉祠版，立置灵座魂帛前，籍以褥。祝焫香，斟酒酹之。讫，执辞，跪于灵座东南，西向读之，曰："孤子某，姚曰："哀子。"敢昭告于先考某官，姚曰："先姚某封。"形归窀穸，神返室堂，虞主既成，伏惟尊灵，舍旧从新，是凭是依。"怀辞，兴，复位。主人再拜哭，尽哀止。祝藏魂帛于箱箧灵舁上，乃奉祠版，韬藉匣之，置其前，焫香。执事者彻灵座，遂行。

反哭

灵舁发行，亲戚以叙从哭，如来仪。出墓门，尊长乘车马，去墓百步许，卑幼亦乘车马，徐行，勿疾驱。《既夕礼》："卒窆而归，不驱。"《注》："孝子往如慕，返如疑，为亲之在彼。"哀至则哭，及家、望门俱哭。掌事者先设灵座于殡宫，灵轝至，祝奉祠版置匣前，藉以褥。主人以下及门，下车马，哭入，至听事，主人升自西阶，丈夫从升，如柩在听事之位，立哭，尽哀止。《既夕礼》："反哭，入，升自西阶，东面。众主人堂下东面，北上。"《注》："西阶东面，反诸其所作也。反哭者于其祖庙，不于阼阶西面，西方神位。"又曰："妇人入，丈夫踊，升自阼阶。"《注》："辟，主人也。"又曰："主妇入于室，踊，出即位，及丈夫拾踊，三。"《注》："于室，反诸其所养也。出即位，堂上西面也。拾，更也。"古今堂室异制，又祖载不在庙中，故但反哭于听事，如昨日柩在听事之位，反诸其所作也。妇人先入，立哭于堂，如在殡之位，尽哀止。亦反诸其所养也。执事者彻帏帷。妇人已入故也。宾客有吊者，此谓不吊于墓所者。《檀弓》曰："反哭之吊也，哀之至也，反而亡焉，失之矣，于是为甚。殷，既封而吊，周，反哭而吊。"孔子从周。宾客有亲密者，既窆，先归，待反哭而吊，主人拜之，宾客答拜，主人入诣灵座，与亲戚皆立哭，如在殡之位，尽哀止。《开元礼》主人以下到第，从灵轝入，即哭于灵座。今从《既夕礼》。宗族小功以下，可以归；大功异居者，亦可以归。

虞祭虞，安也。骨肉归于土，魂气无所不之，孝子为其彷徨，三祭以安之。《杂记》："士三月而葬，是月也，卒哭。大夫三月而葬，五月而卒哭。诸侯五月而葬，七月而卒哭。士三虞，大夫五，诸侯七。"今《五服年月敕》，自王公以下，皆三月而葬，三虞而卒哭。

柩既入圹，掌事者先归，具虞馈。如朔奠。是日，虞，《檀弓》曰："日中而虞，葬日虞，弗忍一日离也。"《注》："弗忍无所归矣。"或墓远不能及日中，但不出葬日皆可也。

主人以下皆沐浴。或已晚不暇沐浴，但略自澡洁可也。执事者设盥盆帨巾各二于西阶西南，东上。帨，手巾也。东盆有台，帨巾有架，在盆北。主人以下亲戚所盥也。其西无台架，执事者所盥也。设酒一瓶于灵座东南，置开酒刀子、拭布于旁。旁置卓子上。设注子及盏一，别置卓子于灵座前，设蔬果、匕箸、茶酒盏、酱楪香炉，主人及诸子倚杖于堂门外，与有服之亲皆入，尊长坐哭，如反哭位。卑幼立哭于灵座前。斩衰为一列，最在前。齐衰以下，以次各为一列。无服之亲，又为一列。丈夫处左，西上，妇人处右，东上，各以昭穆长、幼为叙，皆北向。婢妾在妇人之后。

顷之，祝止哭者，主人降自西阶，盥手帨手，诣灵座前，焚香再拜，退复位。及执事者皆盥手帨手，执事者一人升，开酒，拭瓶口，实酒于注，取盏斟酒，西向酹之。祝帅余执事者奉馈设于灵座前，主人进诣酒注所，北向。执事者一人，取灵座前酒盏，立于主人之左。主人左执盏，右执注斟酒，授执事者，置灵座前。主人进诣灵座前，执事者取酒盏授主人，主人跪酹，执事者受盏。俯伏，兴，少退，立。祝执辞，出主人之右，西向，跪读之，曰："维年月日朔日，孤子孙曰"孤孙"，为母及祖母，称"哀子""哀孙"。某，敢昭告于先考某官，祖考同。妣则曰"某封某氏"。日月不居，奄及初虞。夙兴夜处，哀慕不宁，谨以洁牲柔毛，豕曰刚鬣。嘉荐、普淖，明齐溲酒，哀荐祫事。尚飨！"《士虞礼》："始虞用柔日，葬用丁亥，是柔日。"

《开元礼》："间日再虞。"然则古人葬皆用柔日乎？今不拘刚柔。葬日即虞，后遇刚日即再虞，不须间日也。《士虞礼》祝曰："哀子某，哀显相，夙兴夜处不宁，敢用洁牲刚鬣，嘉荐普淖，明齐溲酒，哀荐祫事，适尔皇祖某甫，飨。"《注》："丧祭称哀显相，助祭名也。显，明也。相，助也。不宁，悲思不安。嘉荐，菹醢也。普淖，黍稷也。明齐，新水也，言以新水溲酿此酒也。始虞谓之祫事者，主欲其祫先祖也，以与先祖合为安。皇，君也。某甫，皇祖字也。飨，劝强之也。"今参用《开元礼》祝词。淖，女孝切。齐，才计切。溲，所求切。祝兴，主人哭，再拜，退，复位。哭止，主妇亚献，亲戚一人，或男或女终献，不焚香，不读祝，妇人不跪，既醉，四拜，此其异于丈夫。余皆如初献之仪。《士虞礼》："主人洗废爵，酌酳尸。"《注》："爵无足曰废爵。酳，安食也。"又曰："主妇洗足爵，酌，亚献尸，宾长洗繶爵，三献。"《注》："繶爵，口足之间有璩文，弥饰。"《开元礼》止有主人一献，今从古。酳，音胤。繶，于力切。

　　毕，执事者别斟酒满，沥去茶清，以汤斟之。主人以下皆出，祝阖门，主人立于门左，卑幼丈夫在其后，主妇立于门右，卑幼妇人在其后，皆东向。尊长休于他所。卑幼亦可更代休于他所，常留一二人在门左右。如食间，祝立于门外，北向，告启门，三，乃启门。主人以下皆入就位。祝立于主人之右，西向，告利成。敛祠版，韬藉匣之，置灵座，主人以下皆哭。应拜者再拜，尽哀止，出就次。执事者彻馔。《士虞礼》："祝反，入彻，设于西北隅。如其设也，几在南，扉用席。"《注》："改设馔者，不知鬼神之节，改设之，庶几歆飨所以为厌饫也。扉，隐也。于扉隐之处，从其幽暗。"又曰："赞阖牖户。"《注》："鬼神常居幽暗，或者远人乎？赞，佐食者。"又曰："无尸，则礼及荐馔皆如初。主人哭，出复位，祝阖牖户，如食间。祝升，止哭，声三，启户。"《注》："声，噫歆也。将启户，惊觉神也。"又曰："祝出户，西面告利成，皆哭。"《注》："利，犹养也；成，毕也，言养礼毕也。"扉，扶未切。祝取魂帛，帅执事者埋于屏处洁地。《既夕礼》："甸人抗重，出自道之左，倚之。"《杂记》："重，既虞而埋之。"

《注》："所倚处埋之。"今魂帛以代重，故虞有主亦埋之。

　　遇柔日再虞。质明，祝出祠版，置灵座。主人以下行礼，改祝词云："奄及再虞，哀荐虞事。"余皆如初虞之仪。《士虞礼》："再虞，用柔日。三虞、卒哭，用刚日。"《注》："丁日葬，则己日再虞，庚日三虞，壬日卒哭。葬用丁亥，是柔日。"然则古人皆用柔日邪，今葬日既不拘刚柔，但于葬日即虞，后遇柔日再虞，又遇刚日即卒哭。三虞又遇刚日，即甲、丙、戊、庚、壬为刚日，乙、丁、己、辛、癸为柔日。遇刚日，三虞，改祝词云："奄及三虞"，又云"哀荐成事"。余如再虞。

　　卒哭

　　三虞后，遇刚日，设卒哭祭。其日夙兴，执事者具馔，如时祭，陈之于盥帨之东，用卓子，蔬果各五品，胾、今红生。炙、今炙肉。羹、今炒肉。殽、今骨头。轩、今白肉。脯、今干脯。醢、今肉酱。庶羞、谓豕羊及其他异味。面食、如薄饼、油饼、胡饼、蒸饼、枣糕、环饼、捻头、馎饦。米食、谓黍、稷、稻、粱、粟，所谓饭及粢、糕、团粽之类。共不过十五品。若家贫，或乡土异宜，或一时所无，不能办此，则各随所有，蔬果、肉、面、米食，不拘数品，可也。器用平日饮食器。虽有金银无用。设元酒一瓶，以井花水充之。于酒瓶之西。主人既焚香，帅众丈夫降自西阶，众丈夫盥手帨手，以次奉肉食，升设灵座前、蔬果之北。主妇帅众妇女降自西阶，盥手帨手，以次奉面食、米食，设于肉食之北。主人既初献，祝出主人之左，东向，跪读祝词，改虞祭祝词云："奄及卒哭。"又云："哀荐成事，来日跻祔于祖考某官。"妣，云"祖妣某封某氏"。既启门，祝立于西阶上，东向，告利成。余皆如三虞之仪。《既夕礼》："始虞"之下，云"犹朝夕哭，不奠，三虞卒哭"。《注》："卒哭，三虞之后祭名，始朝夕之间，哀至则哭。至此祭止也，朝夕哭而已。"《檀弓》曰："是日也，以虞易奠。"然则既虞斯不奠矣？今人或有犹朝夕馈食者，各从其家法，至小祥止朝夕哭。惟朔望，未除服者馈食会哭。大祥而外无哭者，禫而内无哭者。《檀弓》又曰："卒哭曰成事。是日也，以吉祭易丧祭。"如读祝于主人之左之类，是渐之吉祭也。

祔《檀弓》曰："商人练而祔，周卒哭而祔，孔子善商。"《注》："期而神之，人情。"《开元礼》既禫而祔。按《士虞礼》，始虞祝词云："适尔皇祖某甫。"告之以适皇祖，所以安之，故置于此。

卒哭之来日，祔于曾祖考。此则祔于曾祖。《丧服小记》曰："士大夫不得祔于诸侯，祔于诸祖父之为士大夫者，其妻，祔于诸祖姑，妾祔于妾祖姑，亡，则中一以上而祔之，必以其昭穆。"《注》："中，谓间也。"曾祖考、曾祖姑，皆以主人言之。内外夙兴，掌事者具馔三分，姒则具馔二分。《杂记》曰："男子祔于王父，则配；女子祔于王母，则不配。"《注》："谓若祭王母，不配则不祭王父也。有事于尊者，可以及卑；有事于卑者，不敢援尊。祭馔如一，祝词异，不言'以某妃配某氏'耳。"如时祭，设曾祖考姒坐于影堂，南向；影堂窄，则设坐于他所。姒，则但设祖姒坐。设死者坐于其东南、西向，各有倚卓。设盥盆帨巾于西阶下，设承版卓子于西方，火炉、汤瓶、火箸在其东。其日夙兴，设元酒、酒瓶、盏注卓子于东方，设香卓于中央，置香炉、烓香于其上。质明，主人以下各服其服，哭于灵座前。奉曾祖考、姒祠版匣，置承祠版卓子上，出祠版，置于坐，藉以褥。次诣灵座，奉祠版匣诣影堂，主人以下哭从，如从柩之叙。至影堂前，止哭。祝奉祠版，置于坐，藉以褥。

主人及诸子倚杖于阶下，与有服之亲、尊长卑幼皆立于庭，曾祖考、姒在焉，故尊长不敢坐。前无庭，则立于曾祖考位前。以服重轻为列，丈夫处左，西上；妇人处右，东上，左右皆据曾祖考、姒言之。各以昭穆、长幼为叙，皆北向。婢妾在妇人之后，位定，俱再拜。参曾祖考、姒。其进馔，先诣曾祖考、姒前设之，次诣亡者前设之。主人先诣曾祖考、姒前，北向，跪酹酒，俯伏，兴，少，退立。祝奉辞，出主人之左，东向跪，读曰："惟某年月日，子曾孙某，敢以柔毛、嘉荐、普淖、明齐溲酒，适于曾祖考某官，不言"以某封某氏配"，若姒祔于祖姒则云："适于祖姒某封氏。"隮祔孙某官。姒，云"隮祔孙妇某封某氏"。尚飨！"祝兴，主人再拜，不哭。次诣亡者前，东向，跪酹酒，俯伏，兴，少退，立。祝读曰："惟年月日，孝子某，敢用柔毛嘉荐，普淖明齐溲酒，哀荐祔事于先考某官妣，云"先妣某封"。适祖考某官。尚飨！"祝兴，降位，主人再拜，不哭，降复位。

　　亚献、终献，皆如主人仪，惟不读祝。祝阖门，主人以下出，侍立于门左右，不哭。如食间，祝告启门，三。及启门，主人以下各就位，祝东向告利成。主人以下不哭，皆再拜辞神。祝先纳曾祖考、妣祠版于匣，奉置故处；次纳亡者祠版于匣，奉之还灵座。主人以下哭从，如来仪，至灵座置之，哭，尽哀止。

司马氏书仪卷第九

丧仪五

小祥

将及期年，先以栗木为祠版并趺，皆如桑板之制。考以紫囊、妣以绯囊盛之。各有藉褥，贮于漆匣。于十一月之末，主人设香炉、炷香，卜筮日于影堂外，西向。先择日于来月下旬，卜筮之。不吉，次择中旬；不吉，次择上旬。既得吉日，主人焚香于灵座前，北向立。祝执辞出于主人之左，东向，读曰："孝子某，将以来月某日，祗荐常事于先考某官。妣言"某封"。占既得吉，敢告。"既读，卷词怀之，兴，复位。主人再拜退。或不卜，则从初忌日。

小祥前一日，主人及诸子俱沐浴、栉发、剪爪，众丈夫洒扫涤濯，主妇帅众妇涤金鼎，具祭馔，如时祭。主人、主妇纵不能亲为，亦须监视，务极精洁。丈夫、妇人各设次于别所，置练服于其中。礼，既虞，卒哭，则有受服，《间传》，"期而小祥，男子除乎首，妇人除乎带"。今人无受服及练服。小祥，则男子除首绖及负版、辟领、衰，妇人截长裙不令曳地而已。应服期及小祥，皆改吉服。然犹尽其月，不服金珠锦绣红紫。执事者置卓子，设香炉、酒盏注于灵座前，置盥盆、帨巾于灵座西南，别设座于灵座前卓子之右，东向；别置卓子于灵座东南，西向，置栗版匣及笔、砚、墨于其上。主人立于灵座前，北向，使善书者西向立，题栗版

毕，以蜡涂，炙令入理，刮拭之，复纳于匣。祝盥手，奉桑板，置
于东向之座；次奉栗版，置于灵座旧位。出之，藉以褥。主人盥手
焚香，斟酒酹之，退少立。祝执辞出，读曰："年月日，孝子某，
《开元礼》小祥祝文，犹称"孤哀子"。按《士虞礼》，祔祭已称"孝子"，吉祭而
已。敢昭告于先考某官。妣言"某氏"。来日小祥，栗主既成，伏惟尊
灵，舍旧从新，是凭是依。"祝兴，主人再拜，哭尽哀。

　　明日夙兴，执事者设元酒一瓶、酒一瓶，刀子、拭布、酒盏注
于卓子上，在东阶之上，西向。设香卓子于灵前堂中央，置香炉、
香合、香匙于其上，装灰饼。设火炉、汤瓶、火箸于西阶上，对酒
瓶，设盥盆二于西阶下，一盆有台，供亲戚；一盆供执事者。各有帨，东
上。乃具馔陈于堂门外之东。质明，主人倚杖于门外，《丧服小记》：
"虞，杖不入于室，祔，杖不升于堂。"《注》："然则练杖不入门明矣。"入，
与期亲各服其服，坐立哭于灵前，如虞祭之位，若大功已下，有来预祭
者，释去华盛之服，同叙坐立，亦如虞祭之位。大祥、禫准此。哭尽哀，主人
及期亲出就次，易练服及吉服，复入，就位哭。顷之，祝止哭者。
主人盥手焚香，如虞祭，帅众丈夫设肉食，主妇帅众妇女设面食、
米食，如卒哭。执事者开酒，主人斟、酹酒，如虞祭。祝执辞，读
曰："年月日，孝子某，敢昭告于先考某官。妣云"某封"。日月不
居，奄及小祥，夙兴夜处，小心畏忌，不惰其身，哀慕不宁，敢
用柔毛嘉荐，普淖，明齐溲酒，荐此常事于先考某官。妣如前。尚
飨！"祝兴，主人再拜，退复位，哭止。亚终献、阖门、启门，复
入就位，皆如虞祭。祝东向告利成。如卒哭，祝敛栗版，韬藉匣之
置灵座。主人以下哭拜，出就次。执事者彻馔，如虞祭。祝取桑版
匣，帅执事者彻东向坐，埋桑主匣于屏处洁地。

　　大祥

　　再期而大祥，于二十三月之末，主人卜，如小祥礼。丈夫、妇
人各设次于别所，置禫服其中。今世丈夫禫服，垂脚䤩纱幞头，皂布衫，脂

皮燧铁带或布里角带。未大祥间，出诣人家，亦假而服之。妇人可以冠梳假髻，以鹅黄、青碧、皂白为衣屦，其金银、珠玉、红绣皆不可用。《开元礼》云："备内外受服。禫祭"，云："仍祥服。"又云："著禫服。"按世俗无受服，谓大祥为除服即著禫服，今从众。其日夙兴，执事者设酒馔、香火、盥器，皆如小祥。

质明，主人与未除服者，入就位于灵前，立哭尽哀，已除服者，若来预祭，亦哭于故位，如小祥。出就次，易禫服，复入，就位，哭。顷之，祝止哭者。主人降，盥手焚香，如虞祭。帅众男设肉食，主妇帅众妇女设面、米食，如卒哭。执事者开酒，主人斟、酹酒，如虞祭。改小祥祝词云："奄及大祥。"又曰："荐此祥事"，惟不改题栗主、埋桑主外，其余如小祥之仪。祭毕，迁影堂及祠匣于影堂，彻灵座，断杖，弃之屏处。

禫祭

大祥后间一月，禫祭。《士虞礼》："中月而禫。"郑《注》云："犹间也。禫，祭名也。自丧至此，凡二十七月。"按鲁人有朝祥而暮歌者，子路笑之，夫子曰："逾月则其善也。"孔子既祥五日，弹琴而不成声；十日而成笙歌。《檀弓》曰："祥而缟。"《注》："缟，冠素纰也。"又曰："禫，徙月乐。"《三年问》曰："三年之丧，二十五月而毕"，然则所谓"中月而禫"者，盖禫祭在祥月之中也。历代多从郑说，今律敕三年之丧，皆二十七月而除，不可违也。纰，避支切。是月之中，随便择一日，设亡者一位于中堂，祝奉祠版匣，置于座，出之，藉以褥。主人以下不改服，入就位，俱立哭。祝止哭，主人降，盥手焚香，如虞祭，帅众设食，亦同卒哭礼。执事开酒，主人斟，亦如虞祭礼。拜不哭，改大祥祝词云"奄及禫祭"，又云"祇荐禫事"。亚、终献、阖门、启门，复入就位，皆如虞祭，而不哭。祝东向告利成，主人以下应拜者再拜，哭尽哀。祝匣祠版奉之还于影堂，主人以下从至影堂，不哭，退。执事者彻馔。

居丧杂仪

《檀弓》曰："始死，充充如有穷；既殡，瞿瞿如有求而弗得；既葬，皇皇如有望而弗至。练而慨然，祥而廓然。"又颜丁居丧，"始死，皇皇焉如有求而弗得；及殡，望望焉如有从而弗及；既葬，慨焉如有不及其反而息"。《杂记》："孔子曰：'大连、少连善居丧，三日而不怠，三月不解，期悲哀，三年忧。'"《丧服四制》曰："仁者可以观其爱焉，知者可以观其理焉，强者可以观其志焉。礼以治之，义以正之，孝子、弟弟、正妇，皆可得而察焉。"《曲礼》曰："居丧未葬，读丧礼；既葬，读祭礼；丧复常，读乐章。"《檀弓》："大功废业，或曰大功诵，可也。"居丧但勿读乐章可也。《杂记》："三年之丧，言而勿语，对而不问。"言，言己事也，为人说为语。《丧大记》："父母之丧，非丧事不言。既葬与人立，君言王事，不言国事；大夫、士言公事，不言家事。"《檀弓》："高子皋执亲之丧，未尝见齿。"言笑之微。《杂记》："疏衰之丧，既葬，人请见之，则见；不请见人。小功，请见人可也。"

又凡丧，小功以上，非虞、祔、练、祥，无沐浴。《曲礼》："头有疮则沐，身有疡则浴。"《丧服四制》："百官备，百物具，不言而事行者，扶而起；言而后事行者，杖而起；身自执事而后行者，面垢而已。"凡此皆古礼，今之贤孝君子必有能尽之者，自余相时量力而行之，可也。

讣告书

尊卑长幼，如常日书仪，粗生纸直书其事，勿为文饰。

致赙襚状

具位姓某，某物若干，右谨专送上某人灵筵，聊备赙仪。财物曰"赙仪"，衣服曰"襚仪"，香酒曰"奠仪"。伏惟　歆纳。谨状！年月日，具位，如常式。封皮状上某官灵筵具位某谨封。此是亡者官，尊其仪，乃如此。若干交乃降等，即状内无"年"，封皮用面签，题曰："某人灵筵"，下云"状谨封"。

谢赙襚书今三年之丧，未卒哭，不发书，多令侄孙及其余亲发谢书。

具位某，某物若干，右伏蒙尊慈，以某发书者名。某亲违世，大官云"薨没"。特赐赙仪。襚、奠随事，下诚不任哀感之至。谨具状上谢，谨状。年月日具位某状上某位。某谨封。此与尊仪也，如平交，即改"尊慈"为"仁"，特赐为"贶"，去下"诚"字，后云"谨奉陈谢，谨状"。无"年"，封皮用面签，余如前。

慰大官门状

某位姓某，右某谨诣门屏，祗慰某位，伏听处分，谨状。年月日。具位某状。

慰平交

某位姓某，右某祗慰某官，谨状。

月日。具位。姓某状。

慰人名纸

形如常，但题其阴面。云"某郡姓名慰"。此与平交已下用之。若平交已下期丧，亦用慰状。大功已下，用起居状，相面而见慰。

慰人父母亡疏状郑《仪》书止一纸，云"月日名顿首"，末云"谨奉疏，惨怆不次，姓名顿首"。装《仪》看前人稍尊，即作复书一纸，"月日名顿首"；一纸无月日，末云"谨奉疏，惨怆不次，郡姓名顿首"。封时取月日者向上，如敌体，即此单书。刘《仪》短疏、覆疏、长疏三幅书，凡六纸，考其词理，重复如一。今参取三本，但尊卑之间语言轻重差异耳。若别有情事，自当更作手简别幅述之。若慰嫡孙承重者，如父母法

某顿首再拜言，不意凶变，先某位奄弃荣养，承讣告，惊怛不能已，伏惟孝心纯至，思慕号绝，何以堪居！此上尊官也，平交已下止云"顿首"。亡者官尊，改"不意凶变"为"邦国不幸"。无官，有素契，改"先某位"为"先丈"，无素契，为"先府君"。母亡，云"先太夫人""先太君"。无封邑者，止云"先夫人"。亡者官尊，即改"奄弃侍养"为

"奄捐馆舍"。无官，止云"奄违色养"。平交，云"恭惟"；降等，"缅惟"。下仿此。日月流速，遽逾旬朔。或云"流迈"，或云"不居"，或云"遽及"。孟仲季春，若已葬，则云"遽经安厝"；卒哭，则云"遽及卒哭"。小祥、大祥、禫祭，各随其时。哀痛奈何，罔极奈何，不审自罹荼毒，父在母亡，即云"忧苦"，气力何如。伏乞平交云"伏愿"，降等云"惟冀"强加饘粥，已葬，则云"蔬食"，俯从　礼制。某事役所縻，在官，即云"职业有守"。未由奔　慰，其于忧恋，无任下诚。平交已下，但云"未由奉慰，悲惨增深"。谨奉疏，平交已下，改为"状"。伏惟　鉴察。降等，不用此，不备，谨疏。平交已下，云"不宣"。郑、裴用"不次"。自非有丧，恐不当称。月日，具位姓某疏上平交已下，可称郡望，并改"疏"为"状上"。某位大孝苦前。日月远，云"哀前"。平交已下，云"哀次"。刘岳《书仪》："百日内，'苦前'，百日外，云'服次'，'服前'。"封皮，疏上某位苦前。具位姓某谨封。平交已下，用面签，云"某位苦次"，稍尊用粗衔，平交已下用"郡望、姓名状谨封"。重封疏上某所某位。尊长，以小纸帖姓，平交已下，直书姓某官。具位某谨封。

父母亡答人状于所尊称疏，于平交已下称"状"。

某稽颡再拜言。平交已下，只去"言"字，盖稽颡而后拜，三年之礼也。古者受吊必拜之，不问幼贱。某罪逆深重，不自死灭，祸延先考。母云"先妣"，承重祖父云"先祖考"，祖母云"先祖妣"。攀号擗踊，五内分崩，叩地叫天，无所逮及。日月不居，奄逾旬朔。或云："遽及孟、仲、季"，安厝、卒哭、大小祥、禫、除，随时。酷罚罪苦，父在母亡，即曰"偏罚罪深"；父先亡，则母与父同。无望生全。即日蒙恩，稍尊云"免"，平交去此二字。祗奉几筵，苟存视息，伏承　尊慈，俯赐　慰问，哀感之至，不任下诚。平交，云："仰承仁恩，特垂慰问，哀感之情，言不能尽。"降等，云："远蒙眷私，曲加慰问，哀感之深，非言可论。"凡遭父母丧，知旧不以书来吊问，是无相恤闵之心，于礼不当。先发书，若不得已，须至先发，当删此四句。余亲彼虽无书吊问，已因书亦当言之，但不特发书耳。未由号诉，不胜陨绝，谨扶力奉疏，荒迷不次，谨疏。　月日，孤子姓某，疏上平交已下，云"奉状谨状"。父在母亡，称"哀子"。父先亡，母与父同，承重者称"孤孙"。女，云"孤女"。平交，云"状上"。

某位座前、阁下并如常。谨空平交无此。

封皮疏上某位，孤子姓某谨封。余如前平交者。封皮重封亦如内封皮。

与居忧人启状

某启，日月流迈，奄逾旬朔。安厝、卒哭、大祥、禫、除，随时。伏惟平交已下，同前。孝心追慕，沈痛难居，孟春犹寒，随时。起居支福。支者，言其毁瘠，仅及支梧也。称尊，云"动止支胜"。平交，云"所履"。降等，云"支宜""支福""支和"重；"支祐"，"小重"；"支宜""支适"，小轻；"支立"，大轻。某即日蒙　恩，称尊，云"免"。伏乞平交已下，同前。节哀顺变，俯从　礼制。某事役所縻，在官，如前。未由拜　慰。称尊，云"造"。平交，云"奉"或云"展"。降等，云"叙"。其于忧恋，无任下诚。平交已下，但云"悲惨增深"。谨奉状。伏惟　鉴察。降等，即不用此二句。不备。称尊已下，云"不宣"。谨状。

　　　　　　　月　日，具位姓某状上某位。服前。余皆如前。

居忧中与人疏状

某叩头泣血言。称尊已下，改"言"为"启"。日月流速，屡更晦朔。奄及大小祥、禫，随时。攀慕号绝，不自胜堪。孟春犹寒，伏惟某位尊体起居万福。降等，无"尊体"字，但云"动止"，余如前。某酷罚罪苦，父在母亡，则云"偏罚罪深"。无复生理。即日蒙恩，称尊，云"免"。平交，无此二字。祗奉　几筵，苟存视息，未由号诉，陨咽倍深。谨扶力奉疏。云云，余如前式。

慰人父母在、祖父母亡启状若已慰其父，则更不慰其子，可也。

某启，祸无故常，　尊祖考　某位，无官有契，即云"几丈"。无契，即云"尊祖考府君"。祖母云"尊祖妣某封"；无封，云"尊祖妣夫人"，奄忽违世，亡者官尊，云"奄捐馆舍"。承　讣，惊怛不能已已。伏惟恭、缅，如前。孝心纯至，哀恸摧裂，何可胜任。孟春犹寒，未审　尊体何似？平交已下，云"所履"。伏乞　深自宽抑，以慰慈念。某事役所縻。在官，如前，未由趋慰，其于忧想，无任下诚。平交如前。谨奉状。云云，如前式。若其人父母已亡，则此慰祖父母状，改"痛毒罔极"为"痛苦"，改"荼毒忧苦"为"凶变"，改"强加饘粥"为"深自抑割"，去"大孝""至孝"字，改"苦前"为"座前"，"谨空""苦次"为"足下"。

祖父母亡答人启状

某启，不图凶祸，　先祖考祖母，云"先祖妣"。奄忽弃背。痛苦摧裂，不自胜堪。专介临门，伏蒙　尊慈特赐　书尺慰问，哀感之至，不任下诚。仁恩，眷私，随等孟春犹寒，亦随时。伏惟　某位尊体起居万福。平交，如前。某即日　侍奉，幸免他苦，未由诣左右展泄，徒增哽塞。谨奉状上　谢，不宣。极尊，云"不备"。谨状。

慰人伯叔父母姑亡

某启，不意凶变，　尊伯父某位，伯母、叔父母、姑，随时降等，改"尊"为"贤"。奄忽倾逝。亡者官尊，云"奄捐馆舍"。承　讣，惊怛不能已已。伏惟　亲爱敦隆，哀恸沈痛，何可堪胜。孟春犹寒，　尊体何如？伏乞　深自　宽抑，以慰远诚，某事役云云，如前式。

伯叔父母姑亡答人慰

某启，家门不幸，　几伯父，伯叔母，准此。姑，曰"几家姑"，不言封。奄忽弃背。摧痛酸楚，不自堪忍。伏蒙　尊慈云云，如前式。无父母者，不云"侍奉"。

慰人兄弟姊妹亡

比"慰人伯叔父母亡"启状，但改"尊伯父"为"尊兄"，亦曰"令兄"；弟，曰"令弟"；姊，曰"令姊"；妹，曰"令妹"。平交已下，改为

"贤"。若彼有兄弟姊妹数人，须言行第或官封。姊妹无封者，称其夫姓云"某宅令姊妹"。"亲爱"为"友爱"，余并同。

兄弟姊妹亡答人慰

比伯父母亡答人状，但改"几伯父"为"家兄"，弟，曰"舍弟"；姊，曰"家姊"；妹，曰"小妹"。有数人者，须言行第，不必言封。改"弃背"为"丧逝"，余并同。

慰人妻亡

比"慰人伯叔父母亡"状，但改"尊伯父"为"夫人郡县君"，无封，即云"贤阃"。即改"倾逝"为"薨逝"，改"惊怛"为"惊愕"，改"亲爱敦隆"为"伉俪伉音亢，俪音丽。义重"，改"哀恸"为"悲悼"，余并同。

妻亡答人

比"伯叔父母亡答人"，但改"家门"为"私家"，"几伯父奄忽弃背"为"室人奄忽丧逝"，"摧痛"为"悲悼"。余并同。

慰人子、侄、孙亡

某启，伏承平交已下，为"切承"。令子某位，侄，曰"令侄"；孙，曰"令孙"；平交已下，为"贤"；无官者，称"秀才"。若有数人，须言行第。遽尔夭没，不胜惊怛！伏惟恭、缅，同前。慈爱隆深，悲恸沉痛，何可堪胜！余并同慰人伯叔父母状，改"宽抑"为"抑割"。

子孙亡答人状

比"妻亡答人慰"启，但改"私家"为"私门"，"室人奄忽丧逝"为"小子某亡者，名也。侄，曰"少侄"；孙，曰"幼孙"。遽尔夭折"，改"悲悼"曰"悲念"，余并同。自叔伯父母已下，今人多只用平时往来状，止于小简言之，虽亦可行，但裴、郑有此式，古人风义敦笃，当如此。裴、郑又有慰外祖父母、舅、姨、妻父母、外甥、三殇及僧尼，并亲戚相吊等书，今并删去。

司马氏书仪卷第十

丧仪六

祭

凡祭,用仲月。《王制》:"大夫、士有田则祭,无田则荐。"《注》:"祭以首时,荐以仲月。"今国家惟享太庙孟月,自周六庙、濮王庙皆用仲月,以此私家不敢用孟月。主人即日在此,男家长也。《曲礼》:"支子不祭。"《曾子问》:"宗子为士,庶子为大夫,以上牲祭于宗子之家。"古者诸侯、卿大夫宗族聚于一国,故可以如是,今兄弟仕宦,散之四方,虽支子亦四时念亲,安得不祭也。及弟、子、孙皆盛服,亲临筮日于影堂外。《少牢馈食礼》:"日用丁己。"又主人曰:"来日丁亥。"《注》:"丁未必亥也,直举一日以言之耳。《禘于太庙礼》曰:'日用丁亥,不得丁亥,则己亥、辛亥亦用之。无,则苟有亥焉可也。'"孟说《家祭仪》用二至二分。然今仕宦者职业殊繁,但时至事暇,可以祭,则卜筮,亦不必亥日及分、至也。若不暇卜日,则止依孟《仪》用分、至,于事亦便也。仁宗时,尝有诏听太子少保以上,皆立家庙,而有司终不为之定制度,惟文潞公立庙于西京,佗人皆莫之立,故今但以影堂言之。主人西向立,众男在其后,共为一列,以长幼为叙,皆北上。置卓子于主人之前,设香炉、香合及著于其上,主人擂笏,进焚香熏而命之,曰:"某将以某日,谂此岁事,适其祖考。尚飨!"乃退立,以著授筮者,令西向筮。不吉,则更命日。或无能筮者,则以环珓代之。既得吉日,乃入影堂,主人北向，子孙在其后，如门外之位，西上。

主人搢笏，进焚香，退立。祝怀辞，书辞于纸。出于主人之左，东向，搢笏，出辞，跪读之，曰："孝孙具官无官，则但称名。某，将以某日祗荐岁事于先祖考妣，占既得吉，敢告。"卷辞，怀之，执笏兴，复位。主人再拜，皆出。古者四时之祭习以为常，故筮日、宿尸、宾而不告祖考，今始变时俗，筮日而祭，故不得不告，盖人情当然。

前期三日，主人帅诸丈夫致齐于外，男十岁以上，皆居宿于外。主妇帅诸妇女致齐于内，虽得饮酒而不至乱，乱，谓改其常度。食肉不茹荤，荤，谓葱、韭、蒜之类有臭气之物，不吊丧，不听乐。凡凶秽之事，皆不得预，专致思于祭祀。《祭义》曰："斋之日，思其居处，思其笑语，思其志意，思其所乐，思其所嗜。斋三日，乃见所为斋者。"

前期一日，主人帅众丈夫及执事者，洒扫祭所，影堂迫隘，则择厅堂宽洁之处以为祭所。涤濯祭器，主人纵不亲涤，亦须监视，务令蠲洁。设倚卓，考妣并位，皆南向，西上。古者祭于室中，故神坐东向。自后汉以来，公私庙皆同堂异室，南向西上。所以西上者，神道向右故也。主妇主人之妻也。礼，舅没则姑老，不与于祭，主人、主妇必使长男及妇为之。若或自欲预祭，则特位于主妇之前，参神毕，升立于酒壶之北，监视礼仪。或老疾不能久立，则休于他所，俟受胙复来，受胙辞神而已。帅众妇女涤釜鼎，具祭馔，往岁，士大夫家妇女，皆亲造祭馔，近日，妇女骄倨，鲜肯入庖厨。凡事父母舅姑，虽有使令之人，必身亲之，所以致其孝恭之心。今纵不能亲执刀匕，亦须监视庖厨，务令精洁。未祭之物，勿令人先食之，及为猫犬及鼠所盗污。《开元礼》六品以下，祭亦有省牲、陈祭器等仪。按士大夫家祭其先者，未必皆杀牲，又簠、簋、笾、豆、鼎、俎、罍、洗皆非私家所有，今但能别置碗楪等器，专供祭祀，平时收贮，勿供他用，已善矣。时蔬时果各五品，脍、今红生。炙、今炙肉。羹、今炒肉。骰、今骨头。轩、今白肉，音献。脯、今干脯。醢、今肉酱。庶羞、猪羊之外珍异之味。面食、如薄饼、油饼、胡饼、蒸饼、枣糕、环饼、捻头、馎饦之类是也，米食，谓黍、稷、稻、粱、粟所为饭，及粢、糕、团、粽、饧之类，皆是也，共不过十五品。若家贫或乡土异宜，或一时所无，不能办此，则各随其所有，蔬、果、肉、面、米食各数品，可也。执事者设盥盆，有台于阼阶东南，帨巾有架，在其北。盥，濯手也。帨，手巾也。此主人以下亲戚所盥。无阼阶，则以阶之东偏为阼阶，西偏为西阶。又设盥盆、帨巾无台架者于其东。此执事者所盥。《少牢馈食礼》："设洗于阼阶东南，设罍水于洗东，有枓，设篚于洗西，南肆。"《开元礼》仿此。又云："赞礼者引主人诣罍洗，执罍者酌水，执洗者取盘承水，主人盥手，执篚者受巾，遂进爵。主人诣酒樽所，执樽者举幂。"私家乏人，恐难备，今但设盥盆、帨巾，使自盥手、帨手，以从简易。

明日夙兴，主人以下皆盛服，丈夫有官者，具公服靴笏；无官者，幞头衫带。妇人大袖裙帔，各随其所应服之盛者。主人、主妇帅执事者诣祭所，于每位设蔬果，各于卓子南端，酒盏、匕箸、茶盏托、酱楪，实以酱、盐、醯。于卓子北端。礼，主妇荐笾豆，设黍稷，主人举鼎，设俎。今使主妇帅妇女荐蔬果、粢盛，主人帅众男荐肉，亦仿此。执事者设元酒一瓶，其日取井华水充。酒一瓶，于东阶上，西上，别以卓子设酒注、酒盏、刀子、拭布于其东，设香卓于堂中央，置香炉、香合于其上，装灰瓶，设火炉、汤瓶、香匙、火箸于西方，对瓶实水于盥盆。

质明，庖者告馔具，主人、主妇共诣影堂，二执事者举祠版笥，主人前导主妇，主妇从后，众丈夫在左，众妇女在右，从至祭所，置于西阶上火炉之西向。主人、主妇盥手帨手，各奉祠版，置于其位先考、妣后。主人帅众丈夫共为一列，长幼以叙，立于东阶下，北向西上；主妇帅众妇女，如众丈夫之叙，妇以夫之长幼，不以身之长幼。立于西阶下，北向东上。执事者立于其后，共为一列，亦西上。位定，俱再拜。此参神也。《少牢馈食礼》："将祭，主人朝服即位于阼阶东，西面，祝告利成。主人立于阼阶上，西面。"尸出入，主人降立于阼阶东，西面。此皆主人之正位也。"卒脀，祝盥于洗，升自西阶。主人盥，升自阼阶。祝先入，南面。主人从，户内西面。祝酌奠，主人西面，再拜稽首"，皆为几筵之在西也。"尸升筵，主人西面，立于户内，拜妥尸。尸醋主人、主人西面，奠爵拜"，皆为尸之在西也。《开元礼》赞礼者设主人之位于东阶下，西面，亚献、终献位于主人东南，掌事者位终献东南，俱重行西向北上。设子孙之位于庭，重行北面西上。设赞唱者位于终献西南，西南享日参神皆就此位。按今民间祠祭，必向神位而拜，无神在此而西向拜者，故此皆北向，向神而立及拜。胷，诸应切。醋，音酢。

　　主人升自阼阶，立于香卓之南，摺笏，焚香，古之祭者，不知神之所在，故灌用郁鬯臭阴，达于渊泉，萧合黍稷，臭阳达于墙屋，所以广求其神也。今此礼既难行于士民之家，故但焚香酹酒以代之。再拜，降复位。祝及执事者皆盥手，帨手。执事者一人升，开酒，拭瓶口，实酒于注子。取盏斟酒，西向酹。庖人先用饭床，陈馔于盥帨之东，众丈夫盥手帨手，主人帅之，脱笏，奉肉食。主人升自阼阶，众丈夫升自西阶，以设次于曾祖考妣、祖考妣、考妣神座前，蔬果之北。降，执笏，复位。众妇女盥手帨手，主妇帅之奉面食，升自西阶，以次设于肉食之北；降，奉米食升自西阶，以次设于面食之北，降复位。

　　主人升自阼阶，诣酒注所，西向立。执事者一人左手奉曾祖考酒盏，右手奉曾祖妣酒盏；一人奉祖考妣酒盏，一人奉考妣酒盏。皆如曾祖考妣之次，就主人所。主人摺笏，执注，以次斟酒。执事者奉之徐行，反置故处。主人出笏，诣曾祖考妣神座前，北向。执事者一人，奉曾祖考酒盏，立于主人之左；一人奉曾祖妣酒盏，立于主人之右。主人摺笏，跪取曾祖考酒，酹之，授执事者盏，返故处。主人出笏，俯伏，兴，少退立。祝怀辞，出主人之左，东向，摺笏，出辞，跪读之，曰："维年月日，孝子曾孙具位某，敢用柔毛，牲用羸，则曰"刚鬣"。嘉荐、普淖，用荐岁事于曾祖考某官府君，曾祖妣某封某氏配。尚飨！"祝卷辞怀之，执笏兴。主人再拜，次诣祖考妣、考妣神座，皆如曾祖考妣之仪。祝辞之异者，祖曰："孝孙荐岁事于祖考妣"，父曰："孝子荐岁事于考妣"。献毕，祝及主人皆降位。次亚献、终献以主妇或近亲为之。盥手帨手，若已尝盥手者更不盥，升自西阶，斟酒，醑酒，皆如上仪，惟不读祝。

　　既遍，主人升自东阶，脱笏，执注子，遍就斟酒盏，皆满，执笏退，立于香卓东南，北向。主妇升自西阶，执匕扱黍中，西柄，扱，初洽切，正箸，立于香卓西南，北向。主人再拜，主妇四拜。《少牢馈食礼》：七饭，"尸告饱。祝西面于主人之南，独侑，不拜。侑曰：'皇尸未实。'"侑，劝也。又曰："尸又食，上佐食举肩，尸不饭，告饱。主人不言，拜侑。"《注》："祝言而不拜，主人不言而拜，亲疏之宜。"今主人斟酒、主妇扱匕、正箸而拜，亦不言侑食之意也。执事者一人执器，沥去茶清，一人随以汤斟之，皆自西始。毕，皆出。祝阖门，主人立于门东，西向，众丈夫在其后。主妇立于门西，东向，众妇皆在其后《特牲馈食》曰："尸谡。"《注》："谡，起也。"又曰："佐食彻尸荐俎敦，设于西北隅。几在南，扉用筵，纳一尊，佐食阖牖户，降。"《注》："扉，隐也。不知神之所在，或远诸人乎？尸谡而改馔为幽暗，所以为厌饫，此所谓当室之白为阳厌，尸未入之前为阴厌。"《祭义》曰："祭之日，入室，僾然必有见乎其位，周旋出户，肃然必有闻乎其容声。出户而听，忾然必有闻乎叹息之声。"郑曰："无尸者，阖户若食间"，此则孝子广求其亲，庶或享之，忠爱之至也。今既无尸，故须设此仪，若老弱羸疾，不能久立，则更休他所。当留亲者一两人，侍立于门外，可也。谡，所六切。敦音对。扉，扶未切。僾，音爱。忾，开大切。

　　如食间，祝升，当门外北向，告启门，三。《士虞礼》："祝声三，启户。"《注》："声者，噫歆也，将启户惊觉神也。"乃启门。执事者席于元酒之北，主人入就席，西向立。祝升自西阶，就曾祖位前，搢笏，举酒徐行，诣主人之右，南向授主人。搢笏跪授，祭酒，啐酒。执事者授祝以器，祝受器，取匕抄诸位之黍各少许，置器中。祝执黍行，诣主人之左，北向，嘏于主人。曰："祖考命工祝，承致多福于汝孝孙。来汝孝孙，使汝受禄于天，宜稼于田，眉寿永年，勿替引之。"主人置酒于席前，执笏，俯伏，兴，再拜，搢笏，跪受黍，尝之，实于左袂。执事者一人立于主人之右，主人授执事者器，挂袂于手指，取酒卒饮。执事者一人立于主人之右，受盏，置酒注。旁一人立于主人之左，执盘，置于地。主人写袂中之黍于盘，执事者授以出。主人执笏，俯伏，兴，立于东阶上，西向。于主人之受黍也，祝执笏，退立于西阶上，东向。主人既就位，祝告利成，降复位。于是在位者皆再拜，主人不拜。此受胙也。主人降，与在位者皆再拜。此辞神也。主人、主妇皆升，奉祠版纳于椟笥，妣先考后。执事者二人举之，导从归于影堂，如来仪。主妇还，监彻，酒盏不酹者，及注中余酒，皆入于壶，封之，所谓"福酒"。执事者彻祭馔，返于厨，传于宴器。主妇监涤祭器。藏之。主人监分祭馔，为胙盘。品取少许，同置于合，并福酒皆缄之。贵于神余，不贵丰腆。遣仆执书归胙于亲友之好礼者。书辞在后。执事者设馂席，男女异座，主人与众丈夫坐于堂，主妇与众妇女坐于室，设倚卓、蔬果、醯醢、酱、酒盏、匕箸毕，入酒于注。庖者温祭馔，男尊长就坐，众男献寿，若主人、主妇之上更有尊长，则主人帅众男、主妇帅妇女以献寿。叙立向尊长，如祭所之位，而男女皆以右为上如尊长南向，则以东为上，是也。众丈夫以长者或弟，或子少进。执事者一人执酒注，立于右；一人执酒盏，立于左。长男即众丈夫之长也搢笏，跪，右手执注，左手执盏斟酒。祝曰："祀事既成，祖考嘉飨，伏愿备膺五福，保族宜家。"执注者退，执盏者置酒于尊长之前。长男俯伏，兴，退复位，与众丈夫俱再拜，兴立。尊长命执事者取酒注及长男酒盏置于前，自斟之。祝曰："祀事克成，五福之庆，与汝曹共之。"执事者以盏致于长男，长男搢笏跪受，以授执事者，置其位，俯伏，兴立。

尊者命执事者遍斟众丈夫酒，毕，长男及众丈夫皆再拜。尊者命坐，乃就坐。众女献女尊长于室，女尊长酢众妇女，立斟立授，不跪，余皆如众丈夫之仪。饮毕，执事者献肉食，毕，众妇女诣堂献男尊长寿。妇女执事不能祝者，默斟而已。及尊长酢长女，或妹或女。长女立斟，立受，不跪。妇长，则使执事者就酢。余皆如众丈夫之仪。众丈夫诣室献女尊长寿，如堂上之仪。执事者荐面食，众执事者献男女尊长寿，如妇女，而不酢。执事者荐米食，时候泛行酒，间以祭馔，盏数惟尊长之命。礼，祭事既毕，兄弟及宾迭相献酬，有无算爵，所以因其接会，使之交恩定好，优劝之。今亦取此仪。

凡归胙及馂，若酒不足，则和以他酒；馔不足，则继以他馔。既罢，据所酒馔，主人颁胙于外仆，主妇颁胙于内执事者，遍及微贱，其日皆尽。孔子祭于公，不宿肉，不敢留神惠也。

凡祭，主于尽爱敬之诚而已。疾，则量箸力而行之，少壮者自当如仪。

影堂杂仪

主人以下皆盛服，男女左右叙立，如常仪。主人、主妇亲出祖考，置于位，焚香，主人以下俱再拜。执事者斟祖考前茶酒，以授主人。主人搢笏，跪酹茶酒，执笏，俯伏，兴，帅男女俱再拜。次酹祖妣以下，皆遍。纳祠版，出彻，月望，不设食，不出祠版，余如朔仪。影堂门无事常闭，每旦，子孙诣影堂前唱喏，出外归亦然。出外再宿以上，归则入影堂，每位各再拜。将远适及迁官大事，则盥手焚香，以其事告，退，各再拜。有时新之物，则先荐于影堂。遇水火盗贼，则先救先公遗文，次祠版，次影，然后救家财。

归胙于所尊书

某惶恐启，今月某日，有事于祖考，谨遣归　胙于执事。伏惟尊慈俯赐　容纳。某惶恐再拜。　某人执事。

复书

某咨，吾子孝享祖考，不专有其　福，施及老夫，感慰良深。某咨，　某人。

平交书

某启，今月某日，有事于祖考，谨遣归 胙，伏惟 留纳，某再拜。 某人左右。

复书

某启，伏承某人，孝享祖考，不专有其 福，施及贱交， 不胜感戴！ 某再拜， 某人左右。

降等书

某咨，今月某日，有事于祖考，今遣致 胙，某咨。 某人。

复书

某惶恐启，伏承 某人，孝享祖考，欲广其 福，辱及贱子，过蒙 恩私，不胜感戴之至！ 某惶恐再拜。 某人执事。 封皮如常日启状仪。

（据清雍正二年汪亮采刊本《司马氏书仪》为底本，并参考文渊阁《四库全书》本整理）

家礼

[宋] 朱熹

【导读】

《家礼》五卷，南宋朱熹（1130—1200）撰。

朱熹，字元晦，又字仲晦，号晦庵，别称紫阳，谥号文，世称晦庵先生、朱文公。徽州婺源（今江西婺源）人，南宋著名哲学家、思想家、教育家、文学家，是唯一非孔子亲传弟子而享祀孔庙的人，被后世尊称为朱子。绍兴十八年（1148）进士，后官至焕章阁待制、侍讲。朱熹从事教育五十余年，广注典籍，于经学、史学、文学、乐律以至自然科学，都有不同程度的贡献。朱熹在二程关于理气关系学说的基础上，建立了以"理"为最高范畴、体大思精的哲学体系，为宋代理学集大成者。其学说自宋末直至清代始终被奉为儒学正宗，并广泛传播到朝鲜、日本、越南等海外国家和地区，对东亚、东南亚思想文化产生不同程度的影响。朱熹一生著述颇多，研究其思想的资料主要有《晦庵先生朱文公文集》《朱子语类》等。其事迹载《宋史》卷四百二十九《朱熹传》。

《家礼》是朱熹结合当时社会实际，变通传统古礼编撰而成的一部家庭礼仪著作，分为《通礼》《冠礼》《昏礼》《丧礼》和《祭礼》，共五卷。与汉唐时期相比，宋代儒者探讨与撰述礼制的重心日益从"国礼"向"家礼""乡礼"倾斜。尤其是在司马光、二程、吕大临、朱熹、吕祖谦等道学家的引领下，宋儒礼仪制作与实践旨趣开始转向宗族、家庭内部的日常生活规范以及冠、婚、丧、祭等人生礼仪，朱熹《家礼》可以说是两宋时期最重要的家礼著述，对后世产生了极为深远的影响。

《家礼》首卷为《通礼》。《通礼》下分"祠堂""深衣制度""司马氏居家杂仪"等三章。"通礼"，即通行的礼仪，普遍使用的礼节。用朱熹的话说，通礼即"有家日用之常礼，不可一日而不修者"。"祠堂"为《通礼》卷首章，也是最为重要的一章。"祠堂"是中国古代社会用于家族祭祀的场所，其前身是先秦时期的"宗庙"，因此有着悠久的历史。朱熹将"祠堂"置于"通礼"之首，用意颇深。朱熹非常重视宗法制度，强调通过"敬宗收族"的方法来凝聚人心，因此在《家礼》中设置了一整套"祠堂制度"，主要包括祠堂形制、内部设施、祭田制度、祠堂祭祀与管理等内容。朱熹主张在建造屋室之时，先于正寝（居室）之东营建祠堂。这与《礼记·曲礼》中"君子将营宫室，宗庙为先，厩库为次，居室为后"的要求相一致，意在强调祭祖场所地位之尊崇。在祠堂内部设置上，朱熹以"同室异龛"的方式供奉先祖神主。这种"同室异龛"的设置，使得普通百姓也可便利地建立祭祖场所，为日后明清时期祠堂的兴盛奠定了基础。另外，在借鉴前人经验的基础上，朱熹还设计了"祭田"制度，为祠堂的建造修葺、祭品筹备、日常管理等活动提供了最为重要的物质保障，得到了人们广泛的认可。在祠堂祭祀与管理上，朱熹《家礼》也进行了详细的规定。如祠堂主人每日清晨需入祠堂焚香祭祖；若因事远行以及归家以后也需要入祠堂告祭祖先；朔望以及四时祭祀，则需穿盛服行正式的祭祀礼仪。俗节（如清明、寒食、端午、中元、重阳之类）则荐以新鲜的时令蔬果。朱熹《家礼》要求族人在遇到危机情况时，始终将保护祠堂、祖先神主及遗物放在首位。"祠堂"章后分别为"深衣制度"和"司马氏居家杂仪"。就广义概念而言，所有符合"上下相连，被体深邃"形制的服饰都可以被视为广义上的深衣。朱熹《家礼》中，除"通礼"要求主人着深衣晨谒祠堂外，在"冠礼""祭礼""丧礼"部分场合也需穿着深衣完成相应仪式。"司马氏居家杂仪"则摘自司马光《书仪》，本篇不再赘述。

《家礼》卷二为《冠礼》章。冠礼是古代冠礼和笄礼的合称，是我国古代的男女成年礼，标志着青年男女由少年迈入成年。朱熹《家礼》所载冠礼保留司马光"用时之服"的意图，始加冠巾，服深衣，纳履；再加帽子，服皂衫，革带，系鞋；三加幞头，公服，革带，纳靴，执笏，无官者襕衫，纳靴。"三加"仪式中，除深衣外，均是宋人日常穿着的冠服，且增加冠后入祠堂祭祖的环节，略存古礼遗意，可谓折中古今。

《家礼》卷三为《昏礼》。朱熹将昏礼（婚礼）古礼繁复的仪节简化为纳采、纳币、亲迎、妇见舅姑、庙见、婿见妇之父母等6个大纲，每纲之下又有若干仪节的细目，且以夹注的形式对这些细目进行解释说明。此外，朱熹还对婚礼仪式次第进行了有意调整。

司马光《书仪》为迎合民间"拜先灵"的风俗，规定新妇刚入门就可拜谒影堂（即祠堂）祖先，但在朱熹看来这实际上违背了古礼的本意。新妇须品性贤良淑德，得到舅姑的认可，才有资格入祠堂祭祖。因此在《家礼》中，朱熹规定成婚当日行夫妻之礼，次日则新妇见于舅姑，第三日才得以庙见。如此，通过对婚礼仪式次第的些许调整，使《礼记·昏义》中强调的"妇顺"之道得以重申，妇于夫、舅姑、祖先之间的"名分之守、爱敬之实"更得以彰显。

《家礼》卷四为《丧礼》。朱熹的《家礼》则是在《书仪》的基础上对丧礼仪式程序做了详细规定，计40个细目：初终、沐浴、袭、奠、为位、饭含、灵座、魂帛、铭旌、小敛、大敛、成服、朝夕哭奠、上食、吊、奠、赙、闻丧、奔丧、治葬、迁柩、朝祖、奠、赙、陈器、祖奠、遣奠、发引、及墓、下棺、祠后土、题木主、成坟、反哭、虞祭、卒哭、袝、小祥、大祥、禫。在这些丧礼仪式程序后，朱熹还另外列了"居丧杂仪"，引用古代礼书对居丧期间的言谈、会客等做了规定。此外，《家礼》还设计了丧礼文书的撰写格式，包括"致赙奠状""谢状""慰人父母亡疏""父母亡答人疏""慰人祖父母亡启状""祖父母亡答人启状"等。考虑到南方气候潮湿，棺木下葬后更易受到腐蚀，因此朱熹在"治葬"部分详细介绍了所谓"灰隔法"的筑墓方法，这种方法因利于棺木保存而被后世广泛推广使用。

《家礼》卷五为《祭礼》。根据儒家经典，四时祭是普通士庶阶层通行的祭祖礼仪。但是汉代以来，民间常在一些重要节日，如元旦（正月初一）、端午（五月初五）、重阳（九月初九）、中元（七月十五）等进行祭祀活动，长久以来，习以成俗。对于这种节日祭祀之俗，宋儒看法不一，争论纷纷。朱熹认为四时祭之外于俗节祭祖亦无不可，但是他反对中元节祭祀用佛家的仪式。朱熹此处区分了包括朔望、小祭（节祠）、大祭（正祭）三类规格的祭祀仪式。朔望祭祀时，只用酒、果、茶供奉祖先；俗节小祭只于家庙为每位祖先供奉二味肴馔；如遇四时正祭，则需请出祖先神主，每位祖先以四味肴馔供奉。朱熹在《家礼》中制定的祭祖制度，实际上是以四时祭为主体，兼容俗节祭祀与墓祭的祭礼体系。

明代以后，朱熹的《家礼》被进一步推广刊行，甚至被收入国家礼典。越来越多的学者研究《家礼》，包括对《家礼》成书真伪问题的考证以及对《家礼》文本的注释与删简。关于《家礼》是否为朱熹所作，自元代起就有争议。尤其是清代学者王懋竑撰长文考订此书非朱熹所著的影响最大，四库馆臣因王懋竑笃信朱子学说却也质疑该书，从而认为《家礼》确非朱熹撰著。近年来学者们据朱熹门人李方子和女婿黄幹记述，认为《家礼》为朱熹所作无疑，只不过是一部未定稿。此外，明清时期民间涌现了大量的以朱熹《家礼》为蓝本的注释本与删简本，如冯善《家礼集说》、丘濬《家礼仪节》、朱廷立《家礼节要》、王叔杲《家礼要节》、王复礼《家礼辨定》、李廷机《家礼简要》等。这些注释本与删简本虽是损益朱熹《家礼》而作，但行文间或引经传典故，或记述个人心得，较之《家礼》原本，已然自成体系。

毋庸讳言，朱熹《家礼》作为封建时代的礼学著作，不可避免地存在着一些不合时宜的内容。但我们也要看到，在当今社会朱熹《家礼》仍具有崇化导民、睦亲齐家、道德教化等方面的积极作用，有助于我们建设新型家礼文化，涵养优秀家德家风。就此而言，朱熹《家礼》蕴含着丰富的思想，有待我们进一步挖掘、借鉴。

《朱子家礼》常见版本有《四库全书》本、《西京清麓丛书》本等，此外还有上海古籍出版社与安徽教育出版社2010年共同出版的《朱子全书》本等。

家礼叙

　　凡礼有本有文。自其施于家者言之，则名分之守、爱敬之实，其本也；冠婚丧祭，仪章度数者，其文也。其本者，有家日用之常礼，固不可以一日而不修；其文，又皆所以纪纲人道之始终，虽其行之有时，施之有所，然非讲之素明、习之素熟，则其临事之际，亦无以合宜而应节，是亦不可以一日而不讲且习焉者也。三代之际，礼经备矣，然其存于今者，宫庐器服之制，出入起居之节，皆已不宜于世。世之君子，虽或酌以古今之变，更为一时之法，然亦或详或略，无所折衷。至或遗其本而务其末，缓于实而急于文，自有志好礼之士，犹或不能举其要，而困于贫窭者，尤患其终不能有以及于礼也。熹之愚盖两病焉，是以尝独究观古今之籍，因其大体之不可变者，而少加损益于其间，以为一家之书。大抵谨名分、崇爱敬以为之本。至其施行之际，则又略浮文、务本实，以窃自附于孔子从先进之遗意。诚愿得与同志之士熟讲而勉行之。庶几古人所以修身齐家之道，谨终追远之心，犹可以复见，而于国家所以崇化导民之意，亦或有小补云。

家礼卷一

通礼 此篇所著，皆所谓"有家日用之常礼，不可一日而不修"者。

祠堂 此章本合在《祭礼》篇，今以报本反始之心，尊祖敬宗之意，实有家名分之守，所以开业传世之本也。故特著此冠于篇端，使览者知所以先立乎其大者，而凡后篇所以周旋升降、出入向背之曲折，亦有所据以考焉。然古之庙制不见于经，且今士庶人之贱，亦有所不得为者，故特以祠堂名之，而其制度亦多用俗礼云。

君子将营宫室，先立祠堂于正寝之东。祠堂之制，三间，外为中门，中门外为两阶，皆三级。东曰阼阶，西曰西阶，阶下随地广狭以屋覆之，令可容家众叙立。又为遗书、衣物、祭器库及神厨于其东，缭以周垣，别为外门，常加扃闭。若家贫地狭，则止为一间，不立厨库，而东西壁下置立两柜，西藏遗书、衣物，东藏祭器亦可。正寝谓前堂也。地狭则于厅事之东亦可。凡祠堂所在之宅，宗子世守之，不得分析。凡屋之制，不问何向背，但以前为南、后为北，左为东、右为西。后皆放此。为四龛，以奉先世神主。祠堂之内，以近北一架为四龛，每龛内置一卓，大宗及继高祖之小宗，则高祖居西，曾祖次之，祖次之，父次之。继曾祖之小宗，则不敢祭高祖，而虚其西龛一。继祖之小宗，则不敢祭曾祖，而虚其西龛二。继祢之小宗，则不敢祭祖，而虚其西龛三。若大宗世数未满，则亦虚其西龛，如小宗之制。神主皆藏于椟中，置于卓上，南向。龛外各垂小帘，帘外设香卓于堂中，置香炉、香合于其上。两阶之间又设香卓，亦如之。非嫡长子，则不敢祭其父。若与嫡长同居，则死而后其子孙为立祠堂于私室，且随所继世数为龛，俟其出而异居乃备其制。若生而异居，则预于其地立斋以居，如祠堂之制，死则因以为祠堂。主式见《丧礼·治葬》章。**旁亲之无后者，以其班祔。**伯叔祖父、母，祔于高祖。伯叔父、母，祔于曾祖。妻若兄弟，若兄弟之妻，祔于祖。子侄祔于父。皆西向，主椟并如正位。侄之父自立祠堂，则迁而从之。程子曰："无服之殇不祭。下殇之祭，终父母之身；中殇之祭，终兄弟之身；长殇之祭，终兄弟之子之身。成人而无后者，其祭终兄弟之孙之身，此皆以义起者也。"

置祭田。初立祠堂，则计见田。每龛取其二十之一以为祭田，亲尽则以为墓田。后凡正位、祔者皆放此。宗子主之，以给祭用。上世初未置田，则合墓下子孙之田，计数而割之，皆立约闻官。不得典卖。

具祭器。床、席、倚、卓、盏盆、火炉、酒食之器，随其合用之数，皆具贮于库中而封锁之，不得它用。无库则贮于柜中，不可贮者，列于外门之内。

主人晨谒于大门之内。主人谓宗子，主此堂之祭者。晨谒，深衣，焚香再拜。**出入必告。**主人、主妇近出，则入大门瞻礼，而行归亦如之。经宿而归，则焚香再拜。远出经旬以上，则再拜焚香，告云："某将适某所，敢告。"又再拜。而行归亦如之，但告云："某今日归自某所，敢见。"经月而归，则开中门，立于阶下，再拜，升自阼阶，焚香告毕，再拜降，复位再拜。余人亦然，但不开中门。凡主妇，谓主人之妻，凡升降，惟主人由阼阶，主妇及余人虽尊长亦由西阶。凡拜，男子再拜，则妇人四拜，谓之侠拜。其男女相答拜亦然。**正至、朔望则参。**正至、朔望前一日，洒扫齐宿。厥明，夙兴，开门，轴帘。每龛设新果一大盘于卓上。每位茶盏、托酒盏盘各一，于神主椟前。设束茅聚沙，于香卓前。别设一卓于阼阶上，置酒注盏盘一于其上，酒一瓶于其西，盏盆、帨巾各二于阼阶下东南。有台架者在西，为主人亲属所盥；无者在东，为执事者所盥。巾皆在北。主人以下，盛服入门就位。主人北面于阼阶下，主妇北面于西阶下。主人有母，则特位于主妇之前。主人有诸父、诸兄，则特位于主人之右少前，重行西上。有诸母、姑、嫂、姊，则特位于主妇之左少前，重行东上。诸弟在主人之右少退，子孙、外执事者在主人之后，重行西上。主人弟之妻及诸妹，在主妇之左少退，子孙妇女、内执事者在主妇之后，重行东上。立定，主人盥帨升，搢笏①，启椟，奉诸考神主置于椟前。主妇盥帨升，奉诸妣神主置于考东。次出祔主亦如之。命长子、长妇或长女盥帨升，分出诸祔主之卑者，亦如之。皆毕，主妇以下先降复位。主人诣香卓前，降神，搢笏②焚香再拜。少退立③执事者盥帨升，开瓶实酒于注。一人奉注，诣主人之右，一人执盏盘，诣主人之左。主人跪，执事者皆跪。主人受注，斟酒，反注，取盏盘奉之。左执盘，右执盏，酹于茅上。以盏盘授执事者。出笏④，俯伏，兴，少退再拜，降复位。与在位者皆再拜，参神。主人升，搢笏⑤，执注斟酒，先正位，次祔位。次命长子斟诸祔位之卑者。主妇升，执茶筅，执事者执汤瓶随之，点茶如前。命长妇或长女，亦如之。子妇、执事者先降，复位。主人出笏，与主妇分立于香卓之前，东西再拜，降复位。与在位者皆再拜，辞神而退。冬至，则祭始祖毕，行礼如上仪。望日不设酒，不出主。主人点茶，长子佐之，先降。主人立于香卓之南，再拜乃降，余如上仪。准礼：舅没则姑老不预于祭。又曰，支子不祭。故今专以世嫡宗子夫妇，为主人、主妇，其有母及诸父母兄嫂者，则设特位于前如此。凡言盛服者，有官则幞头、公服、带、靴、笏。进士则幞头、襕衫、带。处士则幞头、皂衫、带。无官者通用帽子、衫、带。又不能具，则或深衣或凉衫。有官者亦通服帽子以下，但不为盛服。妇人则假髻、大衣长裾。女在室者冠子、背子。众妾假髻、背子。俗节则献以时食。节如清明、寒食、重午、中元、重阳之类。凡乡俗所尚者，食如角黍；凡其节之所尚者，荐以大盘，间以蔬果。礼如正至、朔日之仪。

　　有事则告。如正至、朔日之仪，但献茶酒，再拜讫。主妇先降，复位。主人立于香卓之南，祝执版，立于主人之左，跪读之，毕，兴。主人再拜，降复位。余并同。告授官祝版云："维年岁月朔日，子孝某某官某，敢昭告于皇某亲某官封谥府君，皇某亲某封某氏某，以某月某日，蒙恩授某官，奉承先训，获沾禄位，余庆所

---

① 搢笏，此二字原脱，据《集注》本补。
② 搢笏，此二字原脱，据《集注》本补。
③ 少退立，此三字原脱，据《集注》本补。
④ 以盏盘授执事者出笏，此九字原脱，据《集注》本补。
⑤ 搢笏，此二字原脱，据《集注》本补。

及，不胜感慕，谨以酒果，用伸虔告，谨告。"贬降则言："贬某官，荒坠先训，皇恐无地，谨以。"后同。若弟子，则言"某之某某"，余同。告追赠，则止告所赠之龛。别设香卓于龛前，又设一卓于其东，置净水、粉盏、刷子、砚、墨、笔于其上，余并同。但祝版云："奉某月某日制书，赠皇某亲某官，皇某亲某封某，奉承先训，窃位于朝，祗奉恩庆，有此褒赠，禄不及养，摧咽难胜，谨以。"后同。若因事特赠，则别为文以叙其意。告毕，再拜。主人进奉主，置卓上。执事者洗去旧字，别涂以粉。俟干，命善书者改题所赠官封，陷中不改。洗水以洒祠堂之四壁。主人奉主置故处，乃降复位。后同。主人生嫡长子，则满月而见，如上仪。但不用祝，主人立于香卓之前，告曰："某之妇某氏，以某月某日生子，名某，敢见。"告毕，立于香卓东南，西向。主妇抱子进，立于两阶之间，再拜。主人乃降复位，后同。冠昏别见本篇。凡言祝版者，用版长一尺，高五寸，以纸书文，黏于其上，毕，则揭而焚之，其首尾皆如前。但于皇高祖考、皇高祖妣，自称孝元孙；于皇曾祖考、皇曾祖妣，自称孝曾孙；于皇祖考、皇祖妣，自称孝孙；于皇考、皇妣，自称孝子。有官封谥，则皆称之；无则以生时行第称号，加于府君之上。妣曰"某氏夫人"。凡自称，非宗子不言孝。告事之祝，四龛共为一版。自称以其最尊者为主，止告正位，不告祔位，茶酒则并设之。

　　或有水火盗贼，则先救祠堂，迁神主、遗书，次及祭器，然后及家财。易世，则改题主而递迁之。改题递迁礼，见《丧礼·大祥》章。大宗之家，始祖亲尽，则藏其主于墓所。而大宗犹主其墓田，以奉其墓祭，岁率宗人一祭之，百世不改。其第二世以下祖亲尽，及小宗之家高祖亲尽，则迁其主而埋之，其墓田则诸位迭掌，而岁率其子孙一祭之，亦百世不改也。

　　深衣制度此章本在《冠礼》之后，今以前章已有其文，又平日之常服，故次前章。

　　裁用白细布，度用指尺。中指中节为寸。衣全四幅，其长过胁，下属于裳。用布二幅，中屈下垂。前后共为四幅，如今之直领衫，但不裁破腋下。其下过胁而属于裳处，约围七尺二寸，每幅属裳三幅。裳交解十二幅，上属于衣，其长及踝。用布六幅。每幅裁为二幅，一头广，一头狭，狭头当广头之半。以狭头向上，而联其缝以属于衣。其属衣处，约围七尺二寸，每三幅属衣一幅。其下边及踝处，约围丈四尺四寸。圆袂。用布二幅，各中屈之，如衣之长，属于衣之左右，而缝合其下以为袂。其本之广如衣之长，而渐圆杀之，以至袂口，则其径一尺二寸。方领。两襟相掩，衽在腋下，则两领之会自方。曲裾。用布一幅，如裳之长，交解裁之，如裳之制，但以广头向上，布边向外，左掩其右，交映垂之，如燕尾状。又稍裁其内旁大半之下，令渐如鱼腹，而末为鸟喙，内向缀于裳之右旁。黑缘。缘用黑缯。领表里各二寸。袂口、裳边表里各一寸半，袂口布外，别此缘之广。大带。带用白缯，广四寸，夹缝之。其长围腰，而结于前，再缭之为两耳，乃垂其余为绅，下与裳齐。以黑缯饰其绅。复以五采条广三分，约其相结之处，长与绅齐。缁冠。糊纸为之武。高寸许，广三寸，表四寸。上为五梁，广如武之表，而长八寸，跨顶前后，下著于武。屈其两端各半寸，自外向内而黑漆之。武之两旁半寸之上，穹以受笄。笄用齿、骨凡白物。幅巾。用黑缯六尺许，中屈之。右边就屈处为横㡇，左边反屈之，自㡇左四五间斜缝向左，圆曲而下，遂循左边至于两末。复反所缝余缯，使之向里，以㡇当额前，裹之至两耳[1]旁，各缀一带，广二寸，长二尺，自巾外过顶后，相结而垂之。黑履。白绚繶纯綦。

司马氏居家杂仪此章本在《昏礼》之后。今按此乃家居平日之事，所以正伦理、笃恩爱者，其本皆在于此。必能行此，然后其仪章度数有可观焉。不然，则节文虽具，而本实无取，君子所不贵也。故亦列于首篇，使览者知所先焉。

凡为家长，必谨守礼法，以御群子弟及家众。分之以职，谓使之掌仓廪、厩库、庖厨、舍业、田园之类。授之以事，谓朝夕所干及非常之事。而责其成功。制财用之节，量入以为出，称家之有无以给。上下之衣食及吉凶之费，皆有品节，而莫不均壹。裁省冗费，禁止奢华，常须稍存赢余，以备不虞。

凡诸卑幼，事无大小，毋得专行。必咨禀于家长。《易》曰："家

---

① 耳，底本原作"髻"，据《集注》本改。

人有严君焉，父母之谓也。"安有严君在上，而其下敢直行自恣不顾者乎？虽非父母，当时为家长者，亦当咨禀而行之，则号令出于一人，家政始可得而治矣。

凡为子为妇者，毋得蓄私财，俸禄及田宅所入，尽归之父母、舅姑，当用则请而用之，不敢私假，不敢私与。《内则》曰："子妇无私货，无私蓄，无私器，不敢私假，不敢私与。妇，或赐之饮食、衣服、布帛、佩悦、茝兰，则受而献诸舅姑，舅姑受之，则喜，如新受赐。若反赐之，则辞，不得命，如更受赐，藏之以待乏。"郑康成曰："待舅姑之乏也，不得命者，不见许也。"又曰："妇若有私亲兄弟，将与之，则必复请其故赐，而后与之。"夫人子之身，父母之身也，身且不敢自有，况敢有私财乎？若父子异财，互相假借，则是有子富而父母贫者，父母饥而子饱者，贾谊所谓："借父耰锄，虑有德色；母取箕帚，立而谇语。不孝不义，孰甚于此！"茝，昌改切。耰，音忧。谇，音碎。

凡子事父母，孙事祖父母同。妇事舅姑，孙妇亦同。天欲明，咸起，盥音管，洗手也。漱，栉，阻瑟切，梳头也。总，所以束发，今之头绱。具冠带，丈夫，帽子、衫、带；妇人，冠子、背子。昧爽，谓天明暗相交之际。适父母、舅姑之所省问。丈夫唱喏，妇人道万福。仍问侍者夜来安否何如？侍者曰安，乃退。其或不安节，则侍者以告。此即礼之晨省也。父母、舅姑起，子供药物，药物乃关身之切务，人子当亲自检数、调煮、供进，不可但委婢仆，脱若有误，即其祸不测。妇具晨羞。俗谓点心。《易》曰："在中馈。"《诗》云："惟酒食是议。"凡烹调饮膳，妇人之职也。近年妇女骄倨，皆不肯入庖厨，今纵不亲执刀匕，亦当检校监视，务令精洁。供具毕，乃退，各从其事。将食，妇请所欲于家长，谓父母、舅姑或当时家长也。卑幼各不得恣所欲。退具而共之。尊长举箸，子妇乃各退就食。丈夫妇人各设食于他所，依长幼而坐。其饮食必均壹。幼子又食于他所，亦依长幼席地而坐。男坐于左，女坐于右。及夕食，亦如之。既夜，父母、舅姑将寝，则安置而退。丈夫唱喏，妇女道安置。此即礼之昏定也。居闲无事，则侍于父母、舅姑之所。容貌必恭，执事必谨。言语应对必下气怡声，出入起居必谨扶卫之，不敢涕唾、喧呼于父母、舅姑之侧。父母、舅姑不命之坐，不敢坐；不命之退，不敢退。

凡子受父母之命，必籍记而佩之，时省而速行之，事毕则返命焉。或所命有不可行者，则和色柔声，具是非利害而白之，待父母之许，然后改之。若不许，苟于事无大害者，亦当曲从。若以父母之命为非，而直行己志，虽所执皆是，犹为不顺之子，况未必是乎？

凡父母有过，下气怡色，柔声以谏。谏若不入，起敬起孝，悦则复谏；不悦，与其得罪于乡党州闾，宁熟谏。父母怒，不悦，而挞之流血，不敢疾怨，起敬起孝。

凡为人子弟者，不敢以贵富加于父兄宗族。加，谓恃其富贵，不率卑幼之礼。

凡为人子者，出必告，反必面。有宾客，不敢坐于正厅。有宾客，坐于书院。无书院，则坐于厅之旁侧。升降不敢由东阶，上下马不敢当厅，凡事不敢自拟于其父。

凡父母、舅姑有疾，子妇无故不离侧。亲调尝药饵而供之。父母有疾，子色不满容。不戏笑，不宴游，舍置余事，专以迎医、检方、合药为务。疾已，复初。《颜氏家训》曰：父母有疾，子拜医以求药。盖以医者亲之存亡所系，岂可傲忽也？

凡子事父母，父母所爱，亦当爱之；所敬，亦当敬之。至于犬马尽然，而况于人乎？

凡子事父母，乐其心，不违其志，乐其耳目，安其寝处，以其饮食忠养之。幼事长，贱事贵，皆仿此。

凡子妇未敬未孝，不可遽有憎疾，姑教之；若不可教，然后怒之；若不可怒，然后笞之；屡笞而终不改，子放妇出，然亦不明言其犯礼也。子甚宜其妻，父母不悦，出；子不宜其妻，父母曰"是善事我"，子行夫妇之礼焉，没身不衰。

凡为宫室，必辨内外。深宫固门，内外不共井，不共浴室，不共厕。男治外事，女治内事。男子昼无故不处私室，妇人无故不窥中门。男子夜行以烛，妇人有故出中门，必拥蔽其面。如盖头、面帽之类。男仆非有缮修及有大故，谓水火、盗贼之类。不入中门，入中门，妇人必避之，不可避，亦谓如水火、盗贼之类。亦必以袖遮其面。女仆无故不出中门，有故出中门，亦必拥蔽其面。虽小婢亦然。铃下苍头，但主通内外之言，传致内外之物，毋得辄升堂室，入庖厨。

凡卑幼于尊长，晨亦省问，夜亦安置。丈夫唱喏，妇人道万福、安置。坐而尊长过之，则起；出遇尊长于途，则下马。不见尊长经再宿以上，则再拜；五宿以上，则四拜。贺冬至、正旦，六拜；朔望，四拜。凡拜数，或尊长临时减而止之，则从尊长之命。吾家同居宗族众多，冬正、朔望聚于堂上。此假设南面之堂，若宅舍异制临时从宜。丈夫处左西上，妇人处右，东上。左右，谓家长之左右。皆北向，共为一列，各以长幼为序。妇以夫之长幼为序，不以身之长幼为序。共拜家长毕，长兄立于门之左，长姊立于门之右，皆南向。诸弟妹以次拜讫，各就列。丈夫西上，妇人东上，共受卑幼拜。以宗族多，若人人致拜，则不胜烦劳，故同列共受之。受拜讫，先退。后辈立，受拜于门东西，如前辈之仪。若卑幼自远方至，见尊长。遇尊长三人以上同处者，先共再拜，叙寒暄、问起居讫，又三再拜而止。晨夜唱喏、万福、安置。若尊长三人以上同处，亦三而止，皆所以避烦也。

凡受女婿及外甥拜，立而扶之。扶，谓挡策。外孙，则立而受之可也。

凡节序及非时家宴，上寿于家长，卑幼盛服序立，如朔望之仪。先再拜，子弟之最长者一人，进立于家长之前。幼者一人搢笏执酒盏，立于其左；一人搢笏执酒注，立于其右。长者搢笏，跪斟酒，祝曰："伏愿某官备膺五福，保族宜家。"尊长饮毕，授幼者盏注，反其故处。长者出笏，俯伏，兴，退。与卑幼皆再拜。家长命诸卑幼坐，皆再拜而坐。家长命侍者遍酹诸卑幼，诸卑幼皆起，序立如前，俱再拜。就坐，饮讫。家长命易服，皆退易便服，还复就坐。

凡子始生，若为之求乳母，必择良家妇人稍温谨者。乳母不良，非惟败乱家法，兼令所饲之子性行亦类之。子能食，饲之，教以右手。子能言，教之自名及唱喏、万福、安置。稍有知，则教之以恭敬尊长。有不识尊卑长幼者，则严诃禁之。古有胎教，况于已生？子始生未有知，固举以礼，况于已有知？孔子曰："幼成若天性，习惯如自然。"《颜氏家训》曰："教妇初来，教子婴孩。"故于其始有知，不可不使之知尊卑长幼之礼。若侮詈父母、殴击兄姊，父母不加诃禁，反笑而奖之，彼既未辨好恶，谓礼当然。及其既长，习已成性，乃怒而禁之，不可复制。于是父疾其子，子怨其父，残忍悖逆无所不至。盖父母无深识远虑，不能防微杜渐，溺于小慈，养成其恶故也。六岁，教之数。谓一、十、百、千、万。与方名。谓东、西、南、北。男子始习书字，女始习女工之小者。七岁，男女不同席、不共食。始诵《孝经》《论语》，虽女子亦宜诵之。自七岁以下，谓之孺子，早寝晏起，食无时。八岁，出入门户，及即席饮食，必后长者。始教之以廉让。男子诵《尚书》，女子不出中门。九岁，男子诵《春秋》及诸史，始为之讲解，使晓义理；女子亦为之讲解《论语》《孝经》及《列女传》《女戒》之类，略晓大意。古之贤女，无不观图史以自鉴。如曹大家之徒，皆精通经术，议论明正。今人或教女子以作歌诗，执俗乐，殊非所宜也。十岁，男子出就外傅，居宿于外，诵《诗》《礼》《传》，为之讲解，使知仁、义、礼、知、信。自是以往，可以读《孟》《荀》《杨子》，博观群书。凡所读书，必择其精要者而读之。如《礼记》《学记》《大学》《中庸》《乐记》之类。它书仿此。其异端非圣贤之书传，宜禁之，勿使妄观，以惑乱其志。观书皆通，始可学文辞。女子则教以婉娩，音晚。婉娩，柔顺貌。听从，及女工之大者。女工谓蚕桑、织绩、裁缝及为饮膳。不惟正是妇人之职，兼欲使之知衣食所来之艰难，不敢恣为奢丽。至于纂组华巧之物，亦不必习也。未冠笄者，质明而起，总角、靧面，音悔，洗面也。面，以见尊长。佐长者供养，祭祀则佐执酒食。若既冠笄，则皆责以成人之礼，不得复言童幼矣。

凡内外仆妾，鸡初鸣咸起，栉、总、盥漱、衣服。男仆洒扫厅事及庭。铃下苍头洒扫中庭。女仆洒扫堂室，设倚卓，陈盥漱、栉、靧之具，主父主母既起，则拂床襞衾，襞，音璧，叠衣也。衾，侍立左右，以备使令。退而具饮食，得间则浣濯、纫缝，先公后私。及夜，则复拂床展衾。当昼，内外仆妾，惟主人之命，各从其事，以供百役。

凡女仆，同辈谓兄弟所使。谓长者为姊，后辈谓诸子舍所使。谓前辈为姨，《内则》云："虽婢妾，衣服饮食，必后长者。"郑康成曰："人，贵贱不可以无礼，故使之序长幼。"务相雍睦。其有斗争者，主父主母闻之，即诃禁之。不止，即杖之。理曲者杖多。一止一不止，独杖不止者。

凡男仆，有忠信可任者，重其禄，能干家事次之。其专务欺诈，背公徇私，屡为盗窃，弄权犯上者，逐之。

凡女仆年满不愿留者，纵之；勤奋①少过者，资而嫁之。其两面二舌，饰虚造诐，离间骨肉者，逐之。屡为盗窃者，逐之。放荡不谨者，逐之。有离叛之志者，逐之。

① 奋，底本作"旧（舊）"，因"奋（奮）"与"旧（舊）"形近而误，据元刻本杨复、刘垓孙《家礼集注》改。

家礼卷二

冠礼

冠

男子年十五至二十，皆可冠。司马公曰：古者二十而冠，所以责成人之礼。盖将责为人子、为人弟、为人臣、为人少者之行于其人，故其礼不可以不重也。近世以来，人情轻薄，过十岁而总角者少矣。彼责以四者之行，岂知之哉？往往自幼至长，愚骏若一，由不知成人之道故也！今虽未能遽革，且自十五以上，俟其能通《孝经》《论语》，粗知礼义，然后冠之，其亦可也。必父母无期以上丧，始可行之。大功未葬，亦不可行。

前期三日，主人告于祠堂。古礼筮日，今不能然，但正月内择一日可也。主人，谓冠者之祖父，自为继高祖之宗子者，若非宗子，则必继高祖之宗子主之。有故，则命其次宗子。若其父自主之，告礼、见《祠堂》章，祝版前同，但云："某之子某，若某之某亲之子某，年渐长成，将以某月某日，加冠于其首，谨以。"后同。若族人以宗子之命自冠其子，其祝版亦以宗子为主，曰："使介子某。"若宗子已孤而自冠，则亦自为主人，祝版前同，但云："某将以某月某日，加冠于首，谨以。"后同。

戒宾。古礼筮宾，今不能然，但择朋友贤而有礼者一人可也。是日，主人深衣诣其门，所戒者出见，如常仪。啜茶毕，戒者起，言曰："某有子某，若某之某亲有子某，将加冠于其首，愿吾子之教之也。"对曰："某不敏，恐不能供事，以病吾子，敢辞。"戒者曰："愿吾子之终教之也。"对曰："吾子重有命，某敢不从？"地远，则书初请之辞为书，遣子弟致之。所戒者辞，使者固请乃许，而复书曰："吾子有命，某敢不从？"若宗子自冠，则戒辞但曰"某将加冠于首"，后同。

前一日，宿宾。遣子弟以书致辞曰："来日，某将加冠于子某，若某亲某子某之首。吾子将莅之，敢宿。某上某人。"答书曰："某敢不夙兴？某上某人。"若宗子自冠，则辞之，所改如其戒宾。**陈设。**设盥帨于厅事，如祠堂之仪。以帟幕为房于厅事东北，或厅事无两阶，则以垩画而分之，后放此。

厥明夙兴，陈冠服。有官者公服、带、靴、笏；无官者襕衫、带、靴，通用皂衫、深衣、大带、履、栉、总、掠，皆以卓子陈于房中，东领北上。酒注、盏盘亦以卓子陈于服北。幞头、帽子、冠并巾，各以一盘盛之，蒙以帕，以卓子陈于西阶下，执事者一人守之。长子则布席于阼阶上之东，少北西向；众子则少西南向。宗子自冠，则如长子之席少南 。**主人以下序立。**主人以下，盛服就位。主人阼阶下，少东西向。子弟、亲戚、童仆在其后，重行西向北上。择子弟、亲戚习礼者一人为傧，立于门外，西向。将冠者双紒，四襟衫、勒帛、采履，在房中南向。若非宗子之子，则其父立于主人之右，尊则少进，卑则少退。宗子自冠，则服如将冠者，而就主人之位。**宾至，主人迎入，升堂。**宾自择其子弟、亲戚习礼者为赞。冠者俱盛服至门外，东面立。赞者在右，少退。傧者入告主人，主人出门左，西向再拜。宾答拜。主人揖赞者，赞者报揖。主人遂揖而行，宾、赞从之。入门，分庭而行，揖让而至阶，又揖让而升。主人由阼阶先升，少东西向。宾由西阶继升，少西东向。赞者盥帨，由西阶升，立于房中，西向。傧者筵于东序，少北西面。将冠者出房，南面。若非宗子之子，则其父从出，迎宾入，从主人后宾而升，立于主人之右，如前。**宾揖。将冠者就席，为加冠巾。冠者适房，服深衣，纳履，出。**宾揖。将冠者出房立于席右，向席。赞者取栉、总、掠，置于席左，兴，立于将冠者之左。宾揖。将冠者即席西向跪。赞者即席，如其向跪。进为之栉，合紒，施掠。宾乃降，主人亦降。宾盥毕，主人揖，升复位。执事者以冠巾盘进，宾降一等受冠笄，执之，正容徐诣将冠者前，向之祝曰："吉月令日，始加元服，弃尔幼志，顺尔成德，寿考维祺，以介景福。"乃跪加之。赞者以巾跪进，宾受，加之，兴，复位，揖。冠者适房，释四襆衫，服深衣，加大带，纳履出房，正容南向，立良久。若宗子自冠，则宾揖之，就席，宾降盥毕，主人不降，余并同。

再加帽子，服皂衫，革带，系鞋。宾揖。冠者即席，跪。执事者以帽子盘进，宾降二等受之，执以诣冠者前，祝之曰："吉月令辰，乃申尔服，谨尔威仪，淑顺尔德，眉寿永年，享受胡福。"乃跪加之，兴，复位，揖。冠者适房，释深衣，服皂衫，革带，系鞋，出房立。三加襆头，公服，革带，纳靴，执笏。若襕衫，纳靴。礼如再加，惟执事者以襆头盘进，宾降没阶受之，祝辞曰："以岁之正，以月之令，咸加尔服。兄弟具在，以成厥德，黄耇无疆，授天之庆。"赞者彻帽，宾乃加襆头。执事者受帽彻栉，入于房，余并同。乃醮。长子，则宾者改席于堂中间，少西南向。众子则仍故席。赞者酌酒于房中，出房立于冠者之左。宾揖。冠者就席右南向。乃取酒诣席前，北向，祝之曰："旨酒既清，嘉荐令芳。拜受祭之，以定尔祥。承天之休，寿考不忘。"冠者再拜，升席，南向，受盏。宾复位，东向答拜。冠者进席前，跪祭酒，兴，就席末，跪，啐酒，兴，降席，授赞者盏，南向再拜。宾东向答拜。冠者遂拜赞者，赞者宾左，东向，少退答拜。宾字冠者。宾降阶，东向；主人降阶，西向。冠者降自西阶，少东南向。宾字之曰："礼仪既备，令月吉日，昭告尔字。爰字孔嘉，髦士攸宜，宜之于嘏，永受保之，曰伯某父。"仲、叔、季唯所当。冠者对曰："某虽不敏，敢不夙夜祗奉。"宾或别作辞命以字之之意亦可。出就次。宾请退。主人请礼宾，宾出就次。主人以冠者见于祠堂。如《祠堂》章内生子而见之仪，但改告辞曰："某之子某，若某亲某之子某，今日冠毕，敢见。"冠者进立于两阶间，再拜，余并同。若宗子自冠，则改辞曰："某今日冠毕，敢见。"遂再拜，降复位，余并同。若冠者私室有曾祖、祖以下祠堂，则各因其宗子而见，自为继曾祖以下之宗则自见。

冠者见于尊长。父母堂中南面坐，诸叔父兄在东序，诸叔父南向，诸兄西向。诸妇女在西序，诸叔母姑南向，诸姊嫂东向。冠者北向拜父母，父母为之起。同居有尊长，则父母以冠者诣其室拜之，尊长为之起。还就东西序。每列再拜，应答拜者答拜。若非宗子之子，则先见宗子，及诸尊于父者于堂，乃就私室见于父母及余亲。若宗子自冠，有母则见于母如仪。族人宗之者，皆来见于堂上。宗子西向拜其尊长，每列再拜，受卑幼者拜。乃礼宾。主人以酒馔延宾及宾赞者，酬之以币而拜谢之。币多少随宜，宾赞有差。冠者遂出，见于乡先生及父之执友。冠者拜，先生、执友皆答拜。若有诲之，则对如对宾之辞，且拜之，先生、执友不答拜。

笄

女子许嫁，笄。年十五，虽未许嫁，亦笄。母为主。宗子主妇，则其中堂。非宗子，而与宗子同居，则于私室。与宗子不同居，则如上仪。

前期三日戒宾，一日宿宾。宾，亦择亲姻妇女之贤而有礼者为之。以笺纸书其辞，使人致之。辞如冠礼，但"子"作"女"，"冠"作"笄"，"吾子"作"某亲"或"某封"。凡妇人自称于己之尊长则曰"儿"，卑幼则以属于夫党尊长则曰"新妇"，卑幼则曰"老妇"。非亲戚而往来者各以其党为称。后放此。陈设。如《冠礼》，但于中堂布席，如众子之位。

厥明，陈服。如《冠礼》，但用背子、冠笄。序立。主妇如主人之位，将笄者双紒，衫子，房中南面。宾至，主妇迎入，升堂。如《冠礼》，但不用赞者，主妇升自阼阶。宾为将笄者加冠笄。适房，服背子。略如冠礼，但祝用始加之辞，不能则省。乃醮。如《冠礼》，辞亦同。乃字。如《冠礼》，但改祝辞"髦士"为"女士"。乃礼宾，皆如冠仪。

家礼卷三

昏礼

议昏

男子年十六至三十，女子年十四至二十。司马公曰："古者，男三十而娶，女二十而嫁。今令文，男年十五，女年十三以上，并听昏嫁。今为此说，所以参古今之道，酌礼令之中，顺天地之理，合人情之宜也。"身及主昏者，无期以上丧，乃可成昏。大功未葬，亦不可主昏。凡主昏，如《冠礼》主人之法。但宗子自昏，则以族人之长为主。必先使媒氏往来通言，俟女氏许之，然后纳采。司马公曰："凡议昏姻，当先察其婿与妇之性行，及家法何如，勿苟慕其富贵。婿苟贤矣，今虽贫贱，安知异时不富贵乎？苟为不肖，今虽富盛，安知异时不贫贱乎？妇者，家之所由盛衰也，苟慕其一时之富贵而娶之，彼挟其富贵，鲜有不轻其夫而傲其舅姑，养成骄妒之性，异日为患，庸有极乎？借使因妇财以致富，依妇势以取贵，苟有丈夫之志气者，能无愧乎？又世俗好于襁褓童幼之时轻许为昏，亦有指腹为昏者，及其既长，或不肖无赖，或身有恶疾，或家贫冻馁，或丧服相仍，或从宦远方，遂至弃信负约，速狱至讼者多矣。是以先祖太尉尝曰：吾家男女，必俟既长，然后议昏。既通书，不数月必成昏，故终身无此悔。乃子孙所当法也。"

纳采纳其采择之礼，即今世俗所谓"言定"也。

主人具书。主人即主昏者。书用笺纸，如世俗之礼。若族人之子，则其父具书告于宗子。

夙兴，奉以告于祠堂。如告冠仪。其祝版前同，但云："某之子某，若某之某亲之子某，年已长成，未有伉俪，已议娶某官某郡姓名之女，今日纳采，不胜感怆，谨以。"后同。若宗子自昏，则自告。乃使子弟为使者如女氏，女氏主人出见使者。使者盛服如女氏。女氏，亦宗子为主人，盛服出见使者。非宗子之女，则其父位于主人之右，尊则少进，卑则少退。啜茶毕，使者起，致辞曰："吾子有惠，贶室某也，某之某亲某官，有先人之礼，使某请纳采。"从者以书进，使者以书授主人。主人对曰："某之子若妹、侄、孙蠢愚，又弗能教。吾子命之，某不敢辞。"北向再拜。使者避，不答拜。使者请退，俟命出就次。若许嫁者于主人为姑姊，则不云"蠢愚，又弗能教"，余辞并同。遂奉书以告于祠堂。如婿家之仪。祝版前同，但云"某之第几女，若某亲之第几女，年渐长成，已许嫁某官某郡姓名之子若某亲某，今日纳采，不胜感怆，谨以"，后同。出，以复书授使者，遂礼之。主人出，延使者升堂，授以复书。使者受之，请退。主人请礼宾，乃以酒馔礼使者。使者至是始与主人交拜揖如常日宾客之礼，其从者亦礼之别室，皆酬以币。使者复命婿氏，主人复以告于祠堂。不用祝。

纳币古礼有问名、纳吉，今不能尽用，止用纳采、纳币，以从简便。

纳币，币用色缯，贫富随宜，少不过两，多不逾十。今人更用钗钏、羊酒、果实之属，亦可。具书，遣使如女氏。女氏受书，复书，礼宾。使者复命。并同纳采之仪。礼如纳采，但不告庙。使者致辞，改"采"为"币"，从者以书、币进。使者以书授主人，主人对曰："吾子顺先典，贶某重礼，某不敢辞，敢不承命？"乃受书，执事者受币。主人再拜，使者避之，复进请命，主人授以复书。余并同。

亲迎

前期一日，女氏使人张陈其婿之室。世俗谓之"铺房"，然所张陈者，但毡褥、帐幔、帷幕应用之物，其衣服镞之箧笥，不必陈也。司马公曰："文中子曰：'昏娶而论财，夷虏之道也。'夫昏姻者，所以合二姓之好，上以事宗庙，下以继后世也。今世俗之贪鄙者，将娶妇，先问资装之厚薄；将嫁女，先问聘财之多少。至于立契约云某物若干、某物若干，以求售其女者。亦有既嫁而复欺绐负约者。是乃驵①侩卖婢鬻奴之法，岂得谓之士大夫昏姻哉？其舅姑既被欺绐，则残虐其妇，以摅其忿。由是爱其女者，务厚其资装，以悦其舅姑，殊不知彼贪鄙之人，不可盈厌，资装既竭，则安用汝女哉？于是质其女以责货于女氏，货有尽而责无穷，故昏姻之家往往终为仇雠矣。是以世俗生男则喜，生女则戚，至有不举其女者，用此故也。然则，议昏姻有及于财者，皆勿与为昏姻可也。"

厥明，婿家设位于室中。设倚、卓子两位，东西相向，蔬果、盘盏、匕箸如宾客之礼，酒壶在东位之后，又以卓子置合卺一于其南。又南北设二盥盆勺于室东隅，又设酒壶盏注于室外或别室，以饮从者。卺音谨，以小匏一判而两之。女家设次于外。初昏，婿盛服。世俗新婿带花胜，以拥蔽其面，殊失丈夫之容体，勿用可也。主人告于祠堂。如纳采仪。祝版前同，但云"某之子某，若某亲之子某，将以今日亲迎于某官某郡某氏，不胜感怆，谨以"，后同。若宗子自昏，则自告。遂醮其子，而命之迎。先以卓子设酒注盘盏于堂上。主人盛服坐于堂之东序，西向。设婿席于其西北，南向。婿升自西阶，立于席西，南向。赞者取盏斟酒，执之诣婿席前。婿再拜，升席，南向受盏，跪祭酒，兴，就席末跪，啐酒，兴，降，西授赞者盏，又再拜，进诣父坐前，东向跪。父命之曰："往迎尔相，承我宗事，勉率以敬，若则有常。"婿曰："诺，惟恐不堪，不敢忘命。"俯伏，兴，出。非宗子之子，则宗子告于祠堂，而其父醮于私室，如仪，但改"宗事"为"家事"。若宗子已孤而自昏，则不用此礼。

婿出，乘马以二烛前导。至女家，俟于次。婿下马于大门外，入俟于次。女家主人告于祠堂。如纳采仪，祝版前同，但云"某之第几女，若某亲某之第几女，将以今日归于某官某郡姓名，不胜感怆，谨以"，后同。遂醮其女而命之。女盛饰，姆相之，立于室外，南向。父坐东序，西向；母坐西序，东向。设女席于母之东北，南向。赞者醮以酒，如婿礼。姆导女出于母左。父起命之曰："敬

---

① 驵，底本作"狙"，"驵""狙"形近而误，据元刻本杨复、刘垓孙《家礼集注》及《朱子全书》本《家礼》改。

之，戒之，凤夜无违尔舅姑之命。"母送至西阶上，为之整冠敛帔，命之曰："勉之，敬之，凤夜无违尔闺门之礼。"诸母、姑、嫂、姊送至于中门之内，为之整裙衫，申以父母之命曰："谨听尔父母之言，凤夜无愆。"非宗子之女，则宗子告于祠堂，而其父醮于私室如仪。

主人出迎，婿入奠雁。 主人迎婿于门外，揖让以入，婿执雁以从，至于厅事。主人升自阼阶立，西向。婿升自西阶，北向跪，置雁于地。主人侍者受之。婿俯伏，兴，再拜。主人不答拜。若族人之女，则其父从主人出迎，立于其右，尊则少进，卑则少退。凡赞用生雁，左首以生色缯交络之，无则刻木为之，取其顺阴阳往来之义。程子曰："取其不再偶也。"

姆奉女出，登车。 姆奉女出中门，婿揖之，降自西阶，主人不降。婿遂出，女从之。婿举轿帘以俟。姆辞曰："未教，不足与为礼也。"女乃登车。**婿乘马，先妇车。** 妇车亦以二烛前导。**至其家，导妇以入。** 婿至家，立于厅事，俟妇下车，揖之，导以入。

婿妇交拜。 妇从者布婿席于东方，婿从者布妇席于西方。婿盥于南，妇从者沃之，进帨；妇盥于北，婿从者沃之，进帨。婿揖，妇就席。妇拜，婿答拜。**就坐饮食。毕，婿出。** 婿揖，妇就坐，婿东妇西。从者斟酒，设馔。婿、妇祭酒，举殽，又斟酒。婿揖，妇举饮，不祭，无殽。又取卺分置婿、妇之前，斟酒。婿揖，妇举饮不祭，无殽。婿出，就他室，姆与妇留室中。撤馔，置室外，设席。婿从者馂妇之余，妇从者馂婿之余。**复入，脱服，烛出。** 婿脱服，妇从者受之；妇脱服，婿从者受之。司马公曰："古诗云'结发为夫妇'，言自少年束发即为夫妇。犹李广言'结发与匈奴战也'。今世俗昏姻，乃有结法之礼，谬误可笑，勿用可也。"**主人礼宾。** 男宾于外厅，女宾于中堂。

妇见舅姑

明日凤兴，妇见于舅姑。 妇凤兴，盛服俟见。舅姑坐于堂上，东西相向，各置卓子于前。家人男女少于舅姑者，立于两序，如冠礼之叙。妇进立于阼阶下，北面拜舅，升，奠赞币于卓上，舅抚之，侍者以入。妇降，又拜。毕，诣西阶下，北面拜姑，升，奠赞币，姑举以授侍者，妇降，又拜。若非宗子之子，而与宗子同居，则先行此礼于舅姑之私室。与宗子不同居，则如上仪。**舅姑礼之。** 如父母醮女之仪。**妇见于诸尊长。** 妇既受礼，降自西阶。同居有尊于舅姑者，则舅姑以妇见于其室，如见舅姑之礼。还拜诸尊长于两序，如冠礼，无赞。小郎小姑皆相拜。非宗子之子，而与宗子同居，则既受礼，诣其堂上拜之，如舅姑礼，而还见于两序。其宗子及尊长不同居，则庙见而后往。**若冢妇，则馈于舅姑。** 是日食时，妇家具盛馔、酒壶，妇从者设蔬果卓子于堂上舅姑之前，设盥盆于阼阶东南，帨架在东。舅姑就坐。妇盥，升自西阶，洗盏斟酒，置舅卓子上，降，俟舅饮毕，又拜，遂献姑进酒，姑受，饮毕，妇降，拜，遂执馔升，荐于舅姑之前，侍立姑后，以俟卒食，彻饭。侍者彻余馔，分置别室，妇就馂姑之余，妇从者馂舅之余，婿从者又馂妇之余。非宗子之子，则于私室，如仪。**舅姑飨之。** 如礼妇之仪。礼毕，舅姑先降自西阶，妇降自阼阶。

庙见

三日，主人以妇见于祠堂。 古者三月而庙见，今以其太远，改用三日，如子冠而见之仪，但告辞曰："子某之妇某氏，敢见。"余并同。

婿见妇之父母

明日，婿往见妇之父母。 妇父迎送揖让，如客礼。拜，即跪而扶之。入见妇母，妇母阖门左扉，立于门内，婿拜于门外，皆有币。妇父非宗子，即先见宗子夫妇，不用币，如上仪，然后见妇之父母。**次见妇党诸亲。** 不用币，妇女相见如上仪。**妇家礼婿如常仪。** 亲迎之夕，不当见妇母及诸亲，及设酒馔，以妇未见舅姑故也。

家礼卷四

丧礼

初终

疾病，迁居正寝。凡疾病，迁居正寝，内外安静，以俟气绝。男子不绝于妇人之手，妇人不绝于男子之手。既绝乃哭。复。侍者一人，以死者之上服，尝经衣者，左执领，右执要，升屋中霤，北面招以衣，三呼曰："某人复。"毕，卷衣，降，覆尸上。男女哭擗无数。上服，谓有官则公服，无官则襕衫、皂衫、深衣。妇人大袖、背子。呼某人者，从生时之号。立丧主。凡主人谓长子，无则长孙承重，以奉馈奠。其与宾客为礼，则同居之亲且尊者主之。主妇，谓亡者之妻，无则主丧者之妻。护丧，以子弟知礼能干者为之。凡丧事皆禀之。司书，司货，以子弟或吏仆为之。乃易服不食。妻子妇妾，皆去冠及上服，被发。男子扱上衽，徒跣。余有服者，皆去华饰。为人后者，为本生父母及女子已嫁者，皆不被发徒跣。诸子三日不食，期九月之丧，三不食；五月、三月之丧，再不食。亲戚邻里，为糜粥以食之，尊长强之，少食可也。扱上衽，谓插衣前襟之带。华饰，谓锦绣红紫、金玉、珠翠之类。治棺。护丧命匠择木为棺，油杉为上，柏次之，土杉为下。其制方直，头大足小。仅取容身，勿令高大及为虚檐高足。内外皆用灰漆，内仍用沥清溶泻，厚半寸以上。炼熟秫米灰铺其底，厚四寸许，加七星版，底四隅各钉大铁环，动则以大索贯而举之。司马公曰："棺欲厚，然太厚则重而难以致远，又不必高大占地，使圹中宽，易致摧毁，宜深戒之！椁虽圣人所制，自古用之，然板木岁久，终归腐烂，徒使圹中宽大，不能牢固，不若不用之为愈也。孔子葬鲤，有棺而无椁，又许贫者还葬而无椁。今不欲用，非为贫也，乃欲保安亡者耳。"程子曰："杂书有松脂入地，千年为茯苓，万年为琥珀之说。"盖物莫久于此，故以涂棺，古人已有用之者。讣告于亲戚僚友。护丧、司书为之发书。若无，则主人自讣亲戚，不讣僚友。自余书问悉停，以书来吊者，并须卒哭，后答之。

沐浴　袭　奠　为位　饭含

执事者设帏及床，迁尸掘坎。执事者以帏幛卧内，侍者设床于尸床前，纵置之，施箦去荐，设席枕，迁尸其上，南首，覆以衾，掘坎于屏处洁地。陈袭衣、以卓子陈于堂前东壁下，西领，南上。幅巾一。充耳二，用白纩，如枣核大，所以塞耳者也。幎目，帛方尺二寸，所以覆面者也。握手用帛，长尺二寸，广五寸，所以裹手者也。深衣一。大带一。履二。袍、袄、汗衫、裤袜、勒帛、裹肚之类，随所用之多少。沐浴、饭含之具，以卓子陈于堂前西壁下，南上。钱三，实于小箱。米二升，以新水淅，令精，实于碗。栉一，沐巾一，浴巾二，上下体各用其一也。乃沐浴。侍者以汤入，主人以下皆出帏外，北面。侍者沐发，栉之，晞以巾，撮为髻，抗衾而浴，拭以巾，剪爪。其沐浴余水、巾栉，弃于坎而埋之。袭。侍者设袭床于帏外。施荐席褥枕。先置大带、深衣、袍、袄、汗衫、裤袜、勒帛、裹肚之类于其上，遂举以入。置浴床之西，迁尸其上。悉去病时衣及复衣，易以新衣，但未着幅巾、深衣、履。徙尸床，置堂中间，卑幼则各于室中间，余言堂者放此。乃设奠。执事者以卓子置脯醢，升自阼阶。祝盥手，洗盏，斟酒，奠于尸东，当肩巾之。祝以亲戚为之。主人以下为位而哭。主人坐于床东，奠北。众男应服三年者，坐其下，皆藉以藁。同姓期功以下，各以服次坐于其后，皆西面南上。尊行以长幼坐于床东北壁下，南向西上，藉以席荐。主妇、众妇女，坐于床西，藉以藁。同姓妇女以服为次，坐于其后，皆东向南上，尊行以长幼坐于床西北壁下，南向东上，藉以席荐。妾婢立于妇女之后，别设帏以障内外。异姓之亲，丈夫坐于帏外之东，北向西上，妇人坐于帏外之西，北向东上，皆藉以席，以服为行，无服在后。若内丧，则同姓丈夫尊卑坐于帏外之东，北向西上，异姓丈夫坐于帏外之西，北向东上。三年之丧，夜则寝于尸旁，藉槁枕块。病羸者，藉以草荐可也。期以下，寝于侧近，男女异室，外亲归家可也。**乃饭含。**主人哭尽哀，左袒，自前扱于腰之右，盥手，执箱以入。侍者一人，插匙于米碗，执以从，置于尸西，以帱巾入。彻枕、覆面。主人就尸东，由足而西，床上坐，东面举巾，以匙抄米实于尸口之右，并实一钱又于左，于中亦如之。主人袭所袒衣，复位。**侍者卒袭，覆以衾。**加幅巾、充耳，设幎目，纳履，乃袭深衣，结大带，设握手，乃覆以衾。

灵座 魂帛 铭旌

置灵座，设魂帛。设椸于尸南，覆以帕，置倚卓其前。结白绢为魂帛，置倚上。设香炉、香合、玢杯、注、酒、果于卓子上。侍者朝夕设栉颒，奉养之具，皆如平生。司马公曰："古者凿木为重，以主其神。今令式亦有之，然士民之家未尝识也。故用束帛依神，谓之魂帛，亦古礼之遗意也。世俗皆画影置于魂帛之后。男子生时有画像，用之犹无所谓。至于妇人，生时深居闺门，出则乘辎軿，拥蔽其面，既死，岂可使画工直入深室，揭掩面之帛，执笔訾相，画其容貌？此殊为非礼。又世俗或用冠帽、衣履装饰如人状，此尤鄙俚，不可从也。"**立铭旌。**以绛帛为铭旌，广终幅，三品以上九尺，五品以下八尺，六品以下七尺。书曰："某官某公之柩"，无官即随其生时所称。以竹为杠，如其长，倚于灵座之右。**不作佛事。**司马公曰："世俗信浮屠诳诱，于始死及七七日、百日、期年、再期、除丧饭僧，设道场，或作水陆大会，写经造像，修建塔庙，云为此者灭弥天罪恶，必生天堂，受种种快乐，不为者必入地狱，锉烧舂磨，受无边波吒之苦。殊不知人生含气血，知痛痒，或剪爪剃发，从而烧斫之，已不知苦，况于死者，形神相离，形则入于黄壤，朽腐消灭与木石等。神则飘若风火，不知何之。借使锉烧舂磨，岂复知之？且浮屠所谓天堂地狱者，计亦以劝善而惩恶也。苟不以至公行之，虽鬼何得而治乎？是以唐庐州刺史李丹与妹书曰：'天堂无则已，有则君子登；地狱无则已，有则小人入。'世人亲死而祷浮屠，是不以其亲为君子，而为积恶有罪之小人也。何待其亲之不厚哉！就使其亲实积恶有罪，岂赂浮屠所能免乎？此则中智所共知，而举世滔滔信奉之，何其易惑而难晓也？甚者至有倾家破产然后已，与其如此，曷若早卖田营墓而葬之乎？彼天堂地狱若果有之，当与天地俱生。自佛法未入中国之前，人死而复生者亦有之矣，何故无一人误入地狱，见阎罗等十王者耶？不学者固不足言，读书知古者亦可以少悟矣！"**执友亲厚之人，至是入哭可也。**主人未成服而来哭者，当服深衣，临尸哭尽哀，出拜灵座，上香再拜，遂吊主人，相向哭尽哀。主人以哭对，无辞。

小敛袒　括发　免　髽　奠　代哭

厥明，谓死之明日。**执事者陈小敛衣衾，**以卓陈于堂东北壁下，据死者所有之衣，随宜用之，若多则不必尽用也。衾用复者。绞，横者三，纵者一，皆以细布或彩一幅而析其两端为三，横者取足以周身相结，纵者取足以掩首至足，而结于身中。**设奠。**设卓子于阼阶东南，置奠馔及杯注于其上，巾之。设盥盆、帨巾各二于馔东。其东有台者，祝所盥也。其西无台者，执事者所盥也。别以卓子设洁涤盆、新拭巾于其东，所以洗杯拭杯也。此一节至遣同。**具括发麻，免布，髽麻。**括发，谓麻绳撮髻，又以布为头𢄼也。免，谓裂布或缝绢广寸，自项向前交于额上，却绕髻如著掠头也。髽，亦用麻绳撮髻，竹木为簪也。设之，皆于别室。**设小敛床，布绞衾衣，**设小敛床，施荐席褥于西阶之西。铺绞衾衣，举之升自西阶，置于尸南。先布绞之横者三于下，以备周身相结。乃布纵者一于上，以备掩首及足也。衣或颠或倒，但取正方，唯上衣不倒。**乃迁袭奠，**执事者迁置灵座西南，俟设新奠乃去之。后凡奠，皆放此。**遂小敛。**侍者盥手，举尸，男女共扶助之，迁于小敛床上。先去枕，而舒绢叠衣，以藉其首，仍卷两端以补两肩空处，又卷衣夹其两胫，取其正方，然后以余衣掩尸。左衽不纽，裹之以衾而未结以绞，未掩其面，盖孝子犹俟其复生，欲时见其面故也。敛毕，则覆以衾。**主人、主妇凭尸哭擗。**主人西向凭尸哭擗，主妇东向亦如之。凡子于父母，凭。父母于子、夫于妻，执之。妇于舅姑，奉之。舅于妇抚之，于昆弟执之。凡凭尸，父母先，妻子后。**祖，括发，免，髽于别室。**男子斩衰者，袒，括发。齐衰以下至同五世祖者，皆袒、免于别室。妇人髽于别室。**还迁尸床于堂中。**执事者彻袭床，迁尸其处。哭者复位，尊长坐，卑幼立。**乃奠。**祝帅执事者，盥手，举馔，升自阼阶。至灵座前，祝焚香，洗盏斟酒奠之。卑幼者皆再拜，侍者巾之。**主人以下哭尽哀，乃代哭不**

绝声。

大敛

厥明，小敛之明日，死之第三日也。司马公曰："《礼》曰：'三日而敛者，俟其复生也。三日而不生，则亦不生矣。故以三日为之礼也。'今贫者丧具或未办，或漆棺未干，虽过三日，亦无伤也。世俗以阴阳拘忌，择日而敛，盛暑之际，至有汁出虫流，岂不悖哉！"执事者陈大敛衣衾，以卓子陈于堂东壁下，衣无常数，衾用有绵者。设奠具，如小敛之仪。举棺入，置于堂中少西，执事者先迁灵座及小敛奠于旁侧。役者举棺以入，置于床西，承以两凳。若卑幼，则于别室。役者出。侍者先置衾于棺中，垂其裔于四外。司马公曰："周人殡于西阶之上，今堂室异制，或狭小，故但于堂中少西而已。今世俗多殡于僧舍，无人守视，往往以年月未利，逾数十年不葬，或为盗贼所发，或为僧所弃，不孝之罪，孰大于此？"乃大敛。侍者与子孙、妇女俱盥手，掩首，结绞，共举尸，纳于棺中，实生时所落发齿及所剪爪于棺角，又揣其空缺处，卷衣塞之，务令充实，不可摇动。谨勿以金玉珍玩置棺中，启盗贼心。收衾先掩足，次掩首，次掩左，次掩右，令棺中平满。主人、主妇凭哭尽哀，妇人退入幕中。乃召匠加盖，下钉，彻床，覆柩以衣。祝取铭旌，设附于柩东，复设灵座于故处，留妇人两人守之。司马公曰："凡动尸举柩，哭擗无算。然敛殡之际，亦当辍哭临视，务令安固，不可但哭而已。"按古者大敛而殡，既大敛则累墼涂之，今或漆棺未干，又南方土多蝼蚁，不可涂殡，故从其便。设灵床于柩东，床帐、荐席、屏枕、衣被之属，皆如平生时。乃设奠。如小敛之仪。主人以下，各归丧次。中门之外，择朴陋之室为丈夫丧次。斩衰，寝苫枕块，不脱绖带，不与人坐焉，非时见乎母也，不及中门。齐衰，寝席。大功以下异居者，既殡而归，居宿于外，三月而复寝。妇人次于中门之内别室，或居殡侧，去帷帐衾褥之华丽者，不得辄至男子丧次。止代哭者。

成服

厥明。大敛之明日，死之第四日也。五服之人，各服其服，入就位，然后朝哭，相吊如仪。

　　其服之制：一曰斩衰三年。斩，不缉也。衣裳皆用极粗生布，旁及下际皆不缉也。裳，前三幅，后四幅，缝内向，前后不连，每幅作三㡇。㡇，谓屈其两边相著而空其中也。衣长过腰，足以掩裳上际，缝外向。背有负版，用布方尺八寸，缀于领下垂之。前当心有衰，用布长六寸、广四寸，缀于左衿之前。左右有辟领，各用布方八寸，屈其两头，相著为广四寸，缀于领下，在负版两旁，各掩负版一寸。两腋下有衽，各用布三尺五寸，上下各留一尺。正方一尺之外，上于左旁裁入六寸，下于右旁裁入六寸，便于尽处相望斜裁，却以两方左右相沓，缀于衣两旁，垂之向下，状如燕尾，以掩裳旁际也。冠比衣裳用布稍细，纸糊为材，广三寸，长足跨顶，前后裹以布，为三㡇，皆向右纵缝之。用麻绳一条，从额上约之，至顶后交过前，各至耳结之以为武。屈冠两头入武内，向外反屈之，缝于武。武之余绳垂下为缨，结于颐下。首绖以有子麻为之，其围九寸，麻本在左，从额前向右围之，从顶过后，以其末加于本上，又以绳为缨以固之，如冠之制。腰绖大七寸有余，两股相交，两头结之，各存麻本，散垂三尺，其交结处两旁各缀细绳系之。绞带用有子麻绳一条，大半腰绖，中屈之为两股，各一尺余，乃合之，其大如绖围腰，从左过后至前，乃以其右端穿两股间，而反插于右，在绖之下。苴杖用竹，高齐心，本在下。屦亦粗麻为之。妇人则用极粗生布为大袖长裙、盖头，皆不缉，布头𢄼，竹钗，麻屦。众妾则以背子代大袖。凡妇人皆不杖。其正服，则子为父也。其加服，则嫡孙父卒为祖，若曾高祖承重者也，父为嫡子，当为后者也。其义服，则妇为舅也。夫承重，则从服也。为人后者，为所后父也，为所后祖承重也。夫为人后，则妻从服也，妾为夫也，妾为君也。二曰齐衰三年。齐，缉也。其衣裳冠制，并如斩衰。但用次等粗生布，缉其旁及下际。冠以下为武及缨。首绖以无子麻为之，大七寸余，本在右，末系本下，布缨。腰绖大五寸余。绞带以布为之，而屈其右端尺余。杖以桐为之，上圆下方。妇人服同斩衰，但布用次等为异。后皆放此。其正服，则子为母也，士之庶子为其母同，而为父后则降也。其加服则嫡孙父卒为祖母，若曾高祖母承重者也。母为嫡子，当为后者也。其义服，则妇为姑也。夫承重则从服也，为继母也，为慈母，谓庶子无母而父命他妾之无子者慈己也，继母为长子也，妾为君之长子也。杖期、服制同上，但又用次等生布。其正服，则嫡孙父卒祖在为祖母也。其服降，则为嫁母出母也。其义服，则为父卒、继母嫁而已从之者也。夫为妻也，子为父后则为出母嫁母。无服，继母出则无服也。**不杖期**、服制同上，但不杖，又用次等生布。其正服，则为祖父母，女虽适人不降也。庶子之子为父之母，而为祖后则不服。为伯叔父也，为兄弟也，为众子男女也，为兄弟之子也，为姑姊妹女在室及适人而无夫与子者也，妇人无夫与子者为其兄弟姊妹及兄弟之子也，妾为其子也。其加服，则为嫡孙，若曾元孙当为后者也。女适人者为兄弟之为父后者也。其降服，则嫁母出母为其子，子虽为父后犹服也，妾为其父母也。其义服，则继母嫁母为前夫之子从己者也，为伯叔母也，为夫兄弟之子也，继父同居父子皆无大功之亲者也，妾为女君也，妾为君之众子也，舅姑为嫡妇也。**五月**、服制同上。其正服，则为曾祖父母，女适人者不降也。**三月**。服制同上。其正服，则为高祖父母，女适人者不降也。其义服，则继父不同居者，谓先同今异或虽同居而继父有子，己有大功以上亲者也，其元不同居者则不服。**三曰大功九月**。服制同上，但用稍粗熟布，无负版、衰、辟领，首经五寸余，腰经四寸余。其正服，则为从父兄弟姊妹，谓伯叔父之子也，为众孙男女也。其义服，则为众子妇也，为兄弟子之妇也，为夫之祖父母、伯叔父母、兄弟子之妇也，夫为人后者，其妻为本生舅姑也。**四曰小功五月**。服制同上，但用稍熟细布，冠左缝，首经四寸余，腰经三寸余。其正服，则为从祖祖父、从祖祖姑，谓祖之兄弟姊妹也，为兄弟之孙，为从祖父、从祖姑，谓从祖祖父之子、父之从父兄弟姊妹也，为从父兄弟之子也，为从祖兄弟姊妹，谓从祖父之子，所谓再从兄弟姊妹者也，为外祖父母，谓母之父母也。为舅，谓母之兄弟也，为甥也，为从母，谓母之姊妹也，为姊妹之子也，为同母异父之兄弟姊妹也。其义服，则为从祖祖母也，为夫兄弟之孙也，为从祖母也，为夫从兄弟之子也，为夫之姑姊妹适人者不降也，女为兄弟侄之妻，已适人亦不降也。为娣姒妇，谓兄弟之妻相名，长妇谓次妇曰娣妇，娣妇谓长妇曰姒妇也。庶子为嫡母之父母兄弟姊妹，嫡母死则不服也，母出则为继母之父母兄弟姊妹也。为庶母慈己者，谓庶母之乳养己者也。为嫡孙，若曾元孙之当为后者之妇，其姑在则否也，为兄弟之妻也，为夫之兄弟也。**五曰缌麻三月**。服制同上，但用极细熟布，首经三寸，腰绖二寸，并用熟麻，缨亦如之。其正服，则为族曾祖父、族曾祖姑，谓曾祖之兄弟姊妹也，为兄弟之曾孙也，为族祖父、族祖姑，谓族曾祖父之子也，为从父兄弟之孙也，为族父、族姑，谓族祖父之子也，为从祖兄弟之子也，为族兄弟姊妹，谓族父之子所谓三从兄弟姊妹也，为曾孙、元孙也，为外孙也，为从母兄弟姊妹，谓从母之子也，为外兄弟，谓姑之子也，为内兄弟，谓舅之子也。其降服，则庶子为父后者为其母，而为其母之父母、兄弟、姊妹则无服也。其义服，则为族曾祖母也，为夫兄弟之曾孙也，为族祖母也，为夫从兄弟之孙也，为族母也，为夫从祖兄弟之子也，为庶孙之妇也，士为庶母，谓父妾之有子者也，为乳母也，为婿也，为妻之父母，妻亡而别娶亦同，即妻之亲母虽嫁出犹服也，为夫之曾祖、高祖也，为夫之从祖祖父母也，为兄弟孙之妇也，为夫兄弟孙之妇也，为夫之从祖父母也，为从父兄弟子之妇也，为夫从兄弟子之妇也，为夫从父兄弟之妻也，为夫之从父姊妹适人者不降也，为夫之外祖父母也，为夫之从母及舅也，为外孙妇也，女为姊妹之子妇也，为甥妇也。

凡为殇服，以次降一等。凡年十九至十六为长殇，十五至十二为中殇，十一至八岁为下殇。应服期者，长殇降服大功九月，中殇七月，下殇小功五月。应服大功以下，以次降等。不满八岁为无服之殇，哭之以日易月，生未三月则不哭也。男子已娶、女子许嫁皆不为殇。凡男为人后，女适人者，为其私亲皆降一等，私亲之为之也亦然。女适人者降服，未满被出则服其本服，已除则不复服也。凡妇服夫党，当丧而出，则除之。凡妾为其私亲，则如众人。成服之日，主人及兄弟始食粥。诸子食粥，妻妾及期、九月疏食水饮，不食菜果，五月、三月者饮酒食肉，不与宴乐。自是无故不出，若以丧事及不得已而出入，则乘朴马布鞍、素轿布帘。凡重丧未除而遭轻丧，则制其服而哭之，月朔设位，服其服而哭之。既毕，返重服。其除之也，亦服轻服。若除重丧，而轻服未除，则服轻服以终其余日。

朝夕哭奠　上食

朝奠，每日晨起，主人以下皆服其服入就位。尊长坐哭，卑者立哭。侍者设盥栉之具于灵床侧，奉魂帛出就灵座，然后朝奠。执事者设蔬果、脯醢。祝盥手、焚香、斟酒。主人以下再拜，哭尽哀。食时上食；如朝奠仪。夕奠，如朝奠仪。毕，主人以下奉魂帛入就灵床，哭尽哀。哭无时。朝夕之间，哀至则哭于丧次。朔日则于朝奠设馔，馔用肉鱼面米，食羹饭各一器，礼如朝奠之仪。有新物则荐之。如上食仪。

吊　奠　赙

凡吊皆素服，幞头、衫带，皆以白生绢为之。奠用香茶、烛、酒果，有状，或用食物，即别为文。赙用钱帛，有状，惟亲友分厚者有之。具刺通名，宾主皆有官，则具门状，否则名纸，题其阴面，先使人通之，与礼物俱入。入哭奠讫，乃吊而退。既通名，丧家炷火然烛，布席皆哭以俟。护丧出迎宾，入至厅事，进揖曰："窃闻某人倾背，不胜惊怛，敢请入酹，并伸慰礼。"护丧引宾入，至灵座前，哭尽哀，再拜，焚香、跪，酹茶酒，俯伏，兴。护丧止哭者，祝跪读祭文，奠赙状于宾之右，毕，兴。宾主皆哭尽哀。宾再拜。主人哭，出西向，稽颡再拜。宾亦哭，东向答拜，进曰："不意凶变，某亲某官，奄忽倾背，伏惟哀慕，何以堪处！"主人对曰："某罪逆深重，祸延某亲，伏蒙奠酹，并赐临慰，不胜哀感！"又再拜。宾答拜，又相向哭尽哀。宾先止，宽譬主人曰："修短有数，痛毒奈何。愿抑孝思，俯从礼制。"乃揖而出。主人哭而入。护丧送至厅事，茶汤而退。主人以下止哭。若亡者官尊即云"薨逝"，稍尊即云"捐馆"，生者官尊则云"奄弃荣养"，存亡俱无官即云"色养"。若尊长拜宾，礼亦同此，惟其辞各如启状之式，见卷末。

闻丧　奔丧

始闻亲丧，哭，亲，谓父母也。以哭答使者，又哭尽哀，问故。易服，裂布为四脚白布衫，绳带麻屦。遂行。日行百里，不以夜行，虽哀戚，犹辟害也。道中，哀至则哭。哭避市邑喧繁之处。司马公曰："今人奔丧及从柩行者，遇城邑则哭，过则止，是饰诈之道也。"望其州境、其县境、其城、其家，皆哭。家不在城，则望其乡哭。入门诣柩前，再拜，再变服，就位哭。初变服如初丧，柩东西面坐，哭尽哀。又变服如小敛大敛[①]，亦如之。后四日成服，

[①]　大敛，原字脱，据《集注》本补上。

与家人相吊。宾至，拜之如初。**若未得行，则为位不奠。**设椅子一枚，以代尸柩，左右前后设位，哭如仪，但不设奠。若丧侧无子孙，则此中设奠如仪。**变服，**亦以闻后之第四日。**在道至家，皆如上仪。**若丧侧无子孙，则在道朝夕为位设奠，至家但不变服，其相吊、拜宾如仪。**若既葬，则先之墓哭拜。**之墓者，望墓哭，至墓哭拜，如在家之仪。未成服者，变服于墓，归家，诣灵座前哭拜。四日成服如仪。已成服者亦然，但不变服。**齐衰以下闻丧，为位而哭。**尊长于正堂，卑幼于别室。司马公曰："今人皆择日举哀。凡悲哀之至，在初闻丧即当哭之，何暇择日？但法令有不得于州县公廨举哀之文，则在官者当哭于僧舍，其它皆哭于本家可也。"**若奔丧，则至家成服。**奔丧者释去华盛之服，装办即行。既至，齐衰，望乡而哭。大功望门而哭，小功以下至门而哭。入门诣柩前哭，再拜，成服就位，哭吊如仪。**若不奔丧，则四日成服。**不奔丧者，齐衰，三日中朝夕为位会哭。四日之朝成服，亦如之。大功以下始闻丧为位会哭，四日成服，亦如之。皆每月朔为位会哭，月数既满，次月之朔乃为位会哭而除之，其间哀至则哭可也。

治葬

三月而葬，前期择地之可葬者。司马公曰："古者天子七月，诸侯五月，大夫三月，士逾月而葬。今五服年月，敕王公以下皆三月而葬。然世俗信葬师之说，既择年月日时，又择山水形势，以为子孙贫富、贵贱、贤愚、寿夭尽系于此，而其为术又多不同，争论纷纭无时可决，至有终身不葬，或累世不葬，或子孙衰替，忘失处所，遂弃捐不葬者，正使殡葬实能致人祸福，为子孙者亦岂忍使其亲臭腐暴露，而自求其利耶？悖礼伤义无过于此！然孝子之心，虑患深远，恐浅则为人所扣，深则湿润速朽，故必求土厚水①深之地而葬之，所以不可不择也。"或问："家贫乡远不能归葬，则如之何？"公曰："子游问丧具，夫子曰：'称家之有亡。'子游曰：'有亡鸟乎齐？'夫子曰：'有，无过礼。苟亡矣，敛手足形，还葬，悬棺而窆，人岂有非之者哉？'昔廉范千里负丧，郭平自卖营墓，岂待丰富然后葬其亲哉？在礼，

---

① 水，底本作"小"，因"水""小"形近而误，据清雍正二年（1724）汪亮采研香书屋仿宋刊本《司马氏书仪》改。

未葬不变服，食粥，居庐，寝苫枕块，盖闵亲之未有所归，故寝食不安，奈何舍之出游，食稻衣锦，不知其何以为心哉？世人又有游宦没于远方，子孙火焚其柩，收烬归葬者。夫孝子爱亲之肌体，故敛而藏之，残毁它人之尸，在律犹严，况子孙乃悖谬如此！其始盖出于羌胡之俗，浸染中华，行之既久，习以为常。见者恬然曾莫之怪，岂不哀哉！延陵季子适齐，其子死，葬于嬴博之间，孔子以为合礼，必也不能归葬，葬于其地可也，岂不犹愈于焚之哉？"扣音骨。恶音乌。齐，子细切。窆，彼敛反。程子曰："卜其宅兆，卜其地之美恶也，非阴阳家所谓祸福者也。地之美则其神灵安，其子孙盛。若培壅其根而枝叶茂，理固然矣。地之恶者则反是。然则曷谓地之美者？土色之光润，草木之茂盛，乃其验也。父祖子孙同气，彼安则此安，彼危则此危，亦其理也。而拘忌者惑以择地之方位，决日之凶吉，不亦泥乎？甚者不以奉先为计，而专以利后为虑，尤非孝子安厝之用心也！惟五患者不得不谨，须使它日不为道路，不为城郭，不为沟池，不为贵势所夺，不为耕犁所及也。"一本云，"所谓五患者，沟、渠、道路、避村落、远井窖"。愚按，古者葬地葬日皆决于卜筮。今人不晓占法，且从俗择之可也。

择日开茔域，祠后土。主人既朝哭，帅执事者于所得地掘兆，四隅外其壤，掘中南其壤，各立一标，当南门立两标。择远亲或宾客一人，告后土氏。祝帅执事者，设位于中标之左，南向，设盏注、酒果、脯醢于其前，又设盥盆、帨巾二于其东南，其东有台架，告者所盥，其西无者，执事者所盥也。告者吉服，入立于神位之前，北向，执事者在其后，东上，皆再拜。告者与执事者皆盥帨。执事者一人取酒注，西向跪，一人取盏，东向跪。告者斟酒，反注，取盏，酹于神位前，俯伏，兴，少退，立。祝执版立于告者之左，东向跪，读之曰："维某年岁月朔日，子某官姓名，敢告于后土氏之神，今为某官姓名，营建宅兆，神其保佑，俾无后艰，谨以清酌脯醢，祗荐于神，尚飨。"讫，复位。告者再拜。祝及执事者皆再拜，彻出。主人若归，则灵座前哭，再拜，后放此。遂穿圹，司马公曰："今人葬有二法，有穿地直下为圹而悬棺以窆者，有凿隧道旁穿土室而攒柩于其中者。按：古者唯天子得为隧道，其它皆直下为圹，而悬棺以窆。今当以此为法，其穿地宜狭而深。狭则不崩损，深则盗难近也。"**作灰隔**，穿圹既毕，先布炭末于圹底，筑实，厚二三寸，然后布石灰、细沙、黄土拌匀者于其上，灰三分，二者各一可也，筑实，厚二三寸。别用薄板为灰隔，如椁之状，内以沥清涂之，厚三寸许，中取容棺。墙高于棺四寸许，置于灰上。乃于四旁旋下四物，亦以薄板隔之，炭末居外，三物居内，如底之厚。筑之既实，则旋抽其板，近上复下炭灰等而筑之，及墙之平而止。盖既不用椁，则无以容沥清，故为此制。又炭御木根，辟水蚁，石灰得沙而实，得土而黏，岁久结为全石，蝼蚁盗贼皆不能进也。程子曰："古人之葬，欲比化不使土亲肤。今奇玩之物，尚保藏固密，以防损污，况亲之遗骨，当如何哉？世俗浅识惟欲不见而已，又有求速化之说者，是岂知必诚必信之义？且非欲求其不化也，未化之间，保藏当如是耳。"**刻志石**，用石二片，其一为盖，刻云"有宋某官某公之墓"，无官者则书其字曰："某君某甫。"其一为底，刻云："有宋某官某公讳某字某，某州某县人。考讳某官，母氏某封某。某年月日生，叙历官迁次，某年月日终，某年月日葬于某乡某里某处。娶某氏某人之女。子男某某官，女适某官某人。"妇人夫在则盖云："有宋某官姓名某封某氏之墓。"无封则云"妻"。夫无官则书夫之姓名，夫亡则云"某官某公某封某氏"，夫无官则云"某君某甫妻某氏"。其底叙年若干适某氏，因夫子致封号，无则否。葬之日，以二石字而相向，而以铁束束之，埋之圹前，近地面三四尺间。盖虑异时陵谷变迁或误为人所动，而此石先见，则人有知其姓名者，庶能为掩之也。**造明器**，刻木为车马、仆从、侍女，各执奉养之物，象平生而小。准令五品、六品三十事，七品、八品二十事，非升朝官十五事。**下帐**，谓床帐、茵席、倚卓之类，亦象平生而小。**苞**，竹掩一，以盛遣奠余脯。**筲**，竹器五，以盛五谷。**罂**，瓷器三，以盛酒、脯、醯。司马公曰："自明器以下，俟实土及半，乃于其旁穿便房以贮之。"愚按：此虽古人不忍死其亲之意，然实非有用之物，且脯肉腐败，生虫聚蚁，尤为非便，虽不用可也。**大轝**，古者柳车制度甚详，今不能然，但从俗为之，取其牢固平稳而已。其法用两长杠，杠上加伏兔，附杠处为圆凿，别作小方床以载柩，足高二寸，旁立两柱，柱外施圆枘，令入凿中，长出其外，枘凿之间须极圆滑，以膏涂之，使其上下之际柩常适平，两柱近上，更为方凿，加横局，扃两头出柱外者更加小扃，杠两头施横杠，横杠上施短杠，短杠上或更加小杠，仍多作新麻大索以备札缚。此皆切要实用，不可阙者。但如此制而以衣覆棺，亦足以少华道路。或更欲加饰，则以竹为之格，以彩结之上，如攒蕉亭，施帷幔，四角垂流苏而已。然亦不可太高，恐多罣碍，不须太华，徒为观美。若道路远，决不可为此虚饰，但多用油单裹柩，以防雨水而已。翣，以木为筐，如扇而方两角，高广二尺，高二尺四寸，衣以白布，柄长五尺。黼翣，画黼。黻翣，画黻。画翣，画云气。其缘皆为云气，皆画以紫准格。

作主。 程子曰："作主用栗，趺方四寸，厚寸二分，凿之洞底，以受主身。身高尺二寸，博三寸，厚寸二分，剡上五分为圆首，寸之下勒前为领而判之，四分居前，八分居后。领下陷中，长六寸，广一寸，深四分。合之，植于趺下，齐窍，其旁以通中，圆径四分，居三寸六分之下，下距趺面七寸二分。以粉涂其前面。"司马公曰："府君夫人共为一椟。"愚按：古者虞主用桑将练，而后易之以栗。今于此便作栗主，以从简便，或无栗，止用木之坚者。椟用黑漆，且容一主，夫妇俱入祠堂，乃如司马氏之制。

迁柩 朝祖 奠 赗 陈器 祖奠

发引前一日，因朝奠以迁柩告。 设馔如朝奠。祝斟酒讫，北面跪，告曰："今以吉辰迁柩，敢告。"俯伏，兴。主人以下哭尽哀，再拜。盖古有启殡之奠，今既不涂殡，则其礼无所施，然又不可全无节文，故为此礼也。**奉柩朝于祖，** 将迁柩，役者入，妇人退避。主人及众主人辑杖立视。祝以箱奉魂帛前行，诣祠堂前。执事者奉奠及倚卓次之，铭旌次之，役者举柩次之。主人以下从哭。男子由右，妇人由左，重服在前，轻服在后，服各为叙，侍者在末。无服之亲，男居男右，女居女左，皆次主人主妇之后。妇人皆盖头。至祠堂前，执事者先布席，役者致柩于其上，北首而出。妇人去盖头。祝帅执事者设灵座及奠于柩西，东向。主人以下就位立，哭尽哀，止。此礼盖象平生将出，必辞尊者也。**遂迁于厅事，** 执事者设帷于厅事。役者入，妇人退避。祝奉魂帛导柩，右旋。主人以下男女哭从如前。诣厅事，执事者布席，役者置柩于席上，南首而出。祝设灵座及奠于柩前，南向。主人以下就位坐哭，藉以荐席。**乃代哭。** 如未殓之前，以至发引。亲宾致奠赗，如初丧仪。陈器。方相在前，狂夫为之，冠服如道士，执戈扬盾。四品以上，四目为方相；以下，两目为魌头。次明器、下帐、苞、筲、罂，以床异之，次铭旌，去跗执之，次灵车，以奉魂帛香火，次大轝，轝旁有翣，使人执之。日晡时，设祖奠。馔如朝奠。祝斟酒讫，北向跪，告曰"永迁之礼，灵辰不留，今奉柩车，式遵祖道"，俯伏，兴，余如朝夕奠仪。司马公曰："若柩自它所归葬，则行日但设朝奠，哭而行，至葬乃备此，及下遣奠礼。"

遣奠

厥明，迁柩就轝，轝夫纳大轝于中庭，脱柱上横扃。执事者彻祖奠。祝北向跪告曰："今迁柩就轝，敢告。"遂迁灵座置旁侧。妇人退避。召役夫迁柩就轝，乃施扃加楔，以索维之，令极牢实。主人从柩哭降视载。妇人哭于帷中。载毕，祝帅执事者迁灵座于柩前，南向。乃设遣奠。馔如朝奠，有脯。惟妇人不在。奠毕，执事者彻脯纳苞中，置异床上，遂彻奠。祝奉魂帛升车，焚香。别以箱盛主，置帛后。至是，妇人乃盖头出帷，降阶立哭。守舍者哭，辞尽哀，再拜而归。尊长则不拜。

发引

柩行，方相等前导，如陈器之叙。主人以下男女哭步从。如朝祖之叙。出门则以白幕夹障之。尊长次之，无服之亲又次之，宾客又次之。皆乘车马。亲宾或先待于墓所，或出郭哭拜辞归。亲宾设幄于郭外道旁，驻柩而奠。如在家之仪。途中遇哀则哭。若墓远，则每舍设灵座于柩前，朝夕哭奠。食时上食。夜则主人兄弟皆宿柩旁，亲戚共守卫之。

及墓　下棺　祠后土　题木主　成坟

未至，执事者先设灵幄，在墓道西，南向，有倚卓。亲宾次，在灵幄前十数步，男东女西，女次北，与灵幄相直，皆南向。妇人幄。在灵幄后，圹西。方相至，以戈系圹四隅。明器等至，陈于圹东南，北上。灵车至，祝奉魂帛就幄座，主箱亦置帛后。遂设奠而退。酒果脯醢。柩至，执事者先布席于圹南，柩至，脱载置席上，北首。执事者取铭旌，去杠，置其上。主人男女各就位哭，主人、诸丈夫立于圹东，西向；主妇、诸妇女立于圹西幄内，东向。皆北上，如在途之仪。**宾客拜辞而归。主人拜之，宾答拜。乃窆。** 先用木杠横于灰隔之上，乃用索四条穿柩底镮，不结而下之，至杠上，则抽索去之。别折细布，若生绢兜柩底而下之，更不抽出，但截其余弃之。若柩无镮，即用索兜柩底两头放下，至杠上，乃去索、用布如前。大凡下柩最须详审，用力不可误有倾坠动摇，主人兄弟宜辍哭，亲临视之。已下，再整柩，衣铭旌，令平正。**主人赠。** 玄六纁四，各长丈八尺，主人奉置柩旁，再拜稽颡。在位者皆哭尽哀。家贫或不能具此数，则玄、纁各一可也。其余金玉宝玩，并不得入圹，以为亡者之累。**加灰隔内外盖，** 先度灰隔大小，制薄板一片，旁距四墙，取令吻合。至是加于柩上，更以油灰弥之。然后旋旋少灌沥青于其上，令其速凝，即不透板，约以厚三寸许，乃加外盖。**实以灰，** 三物拌匀者居下，炭末居上，各倍于底及四旁之厚，以酒洒而蹑实之。恐震柩中，故未敢筑，但多用之，以俟其实尔。**乃实土而渐筑之。** 下土每尺许，即轻手筑之，勿令震动柩中。**祠后土于墓左。** 如前仪，祝板前同，但云"今为某官封谥，窆兹幽宅，神其"，后同。**藏明器等，** 实土及半，乃藏明器、下帐、苞、筲、罂于便房，以版塞其门。**下志石，** 墓在平地，则于圹内近南，先布砖一重，置石其上。又以砖四围之，而覆其上。若墓在山侧峻处，则于圹南数尺间，掘地深四五尺，依此法埋之。**复实以土而坚筑之。** 下土亦以尺许为准，但须密杵坚筑。**题主，** 执事者设卓子于灵座东南，西向。置砚笔墨，对卓置盥盆帨巾如前。主人立于其前，北向。祝盥手，出主，卧置卓上，使善书者盥手，西向立，先题陷中。父则曰"宋故某官某公讳某字某第几神主"，粉面曰"皇考某官封谥府君神主"，其下左旁曰"孝子某奉祀"；母则曰"宋故某封某氏讳某字某第几神主"，粉面曰"皇妣某封某氏神主"旁亦如之。无官封则以生时所称为号。题毕，祝奉置灵座而藏魂帛于箱中，以置其后。炷香，斟酒，执板出，于主人之右跪读之，曰子同前，但云："孤子某敢昭告于皇考某官封谥府君，形归窀穸，神返室堂。神主既成，伏惟尊灵，舍旧从新，是凭是依。"毕，怀之，兴，复位。主人再拜，哭尽哀，止。母丧称"哀子"，后放此，凡有封谥皆称之，后皆放此。**祝奉神主升车，** 魂帛箱在其后。**执事者彻灵座，遂行。** 主人以下哭从，如来仪。至墓门，尊长乘车马，去墓百步许，卑幼亦乘车马。但留子弟一人监视实土，以至成坟。坟高四尺，立小石碑于其前，亦高四尺，趺高尺许。司马公曰："按令式，坟碑石兽大小多寡，虽各有品数，然葬者当为无穷之规。后世见此等物，安知其中不多藏金玉邪？是皆无益于亡者，而反有害。故令式又有贵得同贱，贱不得同贵之文。然则不若不用之为愈也。"今按孔子防墓之封，其崇四尺，故取以为法。用司马公说，别立小碑，但石须阔尺以上，其厚居三之二，圭首而刻其面，如志之盖。乃略述其世系名字行实，而刻于其左，转及后右而周焉。妇人则俟夫葬，乃立，面如夫之志盖之刻云。

反哭

主人以下，奉灵车在途徐行，哭。其反，如疑为亲在彼，哀至则哭。至家，哭。望门即哭。祝奉神主入，置于灵座，执事者先设灵座于故处。祝奉神主入就位，出椟之，并魂帛箱置主后。主人以下，哭于厅事，主人以下及门哭，入，升自西阶，哭于厅事。妇人先入，哭于堂。遂诣灵座前哭。尽哀，止。有吊者，拜之如初。谓宾客之亲密者，既归，待反哭而复吊。《檀弓》曰："反哭之吊也，哀之至也。反而亡焉，失之矣，于是为甚。"期九月之丧者，饮酒食肉，不与宴乐。小功以下，大功异居者，可以归。

虞祭葬之日，日中而虞。或墓远，则但不出是日可也。若去家经宿以上，则初虞于所馆行之。郑氏曰："骨肉归于土，魂气则无所不之。孝子为其彷徨，三祭以安之。"

主人以下皆沐浴，或已晚不暇，即略自澡洁可也。执事者陈器，具馔。盥盆、帨巾各二，于西阶西，东南上。东盆有台、巾，有架，西者无之。凡丧礼皆放此。酒瓶并架一于灵座东南，置卓子于其东，设注子及盘盏于其上，火炉、汤瓶于灵座西南。置卓子于其西，设祝版于其上，设蔬果盘盏于灵座前卓上，匕箸居内当中，酒盏在其西，醋楪居其东，果居外，蔬居果内，实酒于瓶。设香案于堂中，炷火于香炉，束茅聚沙于香案前。具馔如朝奠，陈于堂门外之东。祝出神主于座，主人以下皆入哭。主人及兄弟倚杖于室外，及与祭者皆入，哭于灵座前。其位皆北面，以服为列，重者居前，轻者居后。尊长坐，卑幼立。丈夫处东，西上，妇人处西，东上。逐行各以长幼为序，侍者在后。降神，祝止哭者。主人降自西阶，盥手，帨手，诣灵座前，焚香，再拜。执事者皆盥帨，一人开酒，实于注，西面跪，以注授主人，主人跪受。一人奉卓上盘盏，东面，跪于主人之左。主人斟酒于盏，以注授执事者，左手取盘盏，右手执盏，酹之茅上，以盘盏授执事者，俯伏，兴，少退，再拜，复位。祝进馔，执事者佐之。其设之叙如朝奠。初献，主人进诣注子卓前，执注北向立。执事者一人取灵座前盘盏，立于主人之左。主人斟酒，反注于卓子上，与执事者俱诣灵座前，北向立。主人跪，执事者亦跪，进盘盏，主人受盏，三祭于茅束上，俯伏，兴。执事者受盏，奉诣灵座前，奠于故处。祝执版出，于主人之右，西向跪读之，前同，但云："日月不居，奄及初虞，夙兴夜处，哀慕不宁，谨以洁牲柔毛，粢盛醴齐，哀荐祫事，尚飨。"祝兴。主人哭，再拜，复位止。牲用豕，则曰"刚鬣"，不用牲，则曰"清酌庶羞"。祫，合也，欲其合于先祖也。亚献，主妇为之，礼如初，但不读祝，四拜。终献，亲宾一人，或男或女为之，礼如亚献。侑食。执事者执注，就添盏中酒。主人以下皆出，祝阖门。主人立于门东，西向。卑幼丈夫在其后，重行，北上。主妇立于门西，东向。卑幼妇女亦如之。尊长休于它所，如食间。祝启门，主人以下入哭辞神，祝进当门北向，噫歆告启门三，乃启门。主人以下入就位。执事者点茶。祝立于主人之右，西向，告利成。敛主匣之，置故处。主人以下哭，再拜，尽哀止，出就次。执事者彻。祝埋魂帛，祝取魂帛，帅执事者埋于屏处洁地。罢朝夕奠。朝夕哭，哀至，哭如初。

遇柔日再虞，乙、丁、巳、辛、癸为柔日，其礼如初虞，惟前期一日陈器具馔，厥明夙兴，设蔬果酒馔，质明行事。祝出神主于座，祝辞改"初虞"为"再虞"，"祫事"为"虞事"为异。若墓远，途中遇柔日，则亦于所馆行之。遇刚日三虞。甲、丙、戊、庚、壬为刚日，其礼如再虞，惟改"再虞"为"三虞"，"虞事"为"成事"。若墓远，亦途中遇刚日，且阙之，须至家乃可行此祭。

卒哭《檀弓》曰："卒哭曰成事。是日也，以吉祭易丧祭。"故此祭渐用吉礼。

三虞后，遇刚日卒哭。

前期一日，陈器，具馔。并同虞祭，惟更设玄酒瓶一于酒瓶之西。

厥明夙兴，设蔬果酒馔。并同虞祭，唯更取井花水充玄酒。质明，祝出主，同再虞。主人以下皆入哭，降神，并同虞祭。主人主妇进馔，主人奉鱼肉，主妇盥帨，奉面米食。主人奉羹，主妇奉饭以进，如虞祭之设。初献，并同虞祭。惟祝执版出于主人之左，东向，跪读为异，词并同虞祭。但改"三虞"为"卒哭"，"哀荐成事"下云："来日隮祔于祖考某官府君，尚飨。"按：此云祖考，谓亡者之祖考也。亚献，终献，侑食，阖门，启门，辞神，并同虞祭。唯祝西阶上东面，告利成。自是朝夕之间，哀至不哭，犹朝夕哭。主人兄弟，蔬食水饮，不食菜果，寝席枕木。

祔《檀弓》曰："商既练而祔，周卒哭而祔。孔子善商。"注曰："期而神之人情，然商礼既亡，其本末不可考，今三虞卒哭，皆用周礼次第，则此不得独从商礼。"

卒哭明日而祔。卒哭之祭既彻，即陈器、具馔。器如卒哭，唯陈之于祠堂。堂狭，即于厅事随便设亡者祖考妣位于中，南向西上，设亡者位于其东南，西向。母丧则不设祖考位。酒瓶、玄酒瓶于阼阶上，火炉、汤瓶于西阶上。具馔如卒哭而三分，母丧则两分。祖妣二人以上，则以亲者。《杂记》曰："男子祔于王父则配，女子祔于王母则不配。"《注》云："有事于尊者，可以及卑。有事于卑者，不敢援尊也。"

厥明夙兴，设蔬果酒馔。并同卒哭。质明，主人以下哭于灵座前。主人兄弟皆倚杖于阶下，入哭尽哀止。按：此谓继祖宗子之丧，其世嫡当为后者主丧，乃用此礼。若丧主非宗子，则皆以亡者继祖之宗主此祔祭。《礼注》云：祔于祖庙，宜使尊者主之。诣祠堂，奉神主出，置于座。祝轴帘，启椟，奉所祔祖考之主置于座内。执事者奉祖妣之主置于座，西上。若在它所，则置于西阶上卓子上，然后启椟。若丧主非宗子而与继祖之宗异居，则宗子为告于祖，而设虚位以祭。祭讫，除之。还，奉新主入祠堂，置于座。主人以下，还诣灵座所，哭。祝奉主椟，诣祠堂西阶上卓子上。主人以下哭从，如从柩之叙，至门止哭。祝启椟出主，如前仪。若丧主非宗子，则唯丧主、主妇以下还迎。叙立，若宗子自为丧主，则叙立如虞祭之仪。若丧主非宗子，则宗子、主妇分立两阶之下，丧主在宗子之右，丧主妇在宗子妇之左，长则居前，少则居后，余亦如虞祭之仪。**参神**，在位者皆再拜，参祖考妣。**降神**。若宗子自为丧主，则丧主行之。若丧主非宗子，则宗子行之。并同卒哭。**祝进馔**，并同虞祭。**初献**，若宗子自为丧主，则丧主行之。若丧主非宗子，则宗子行之。并同卒哭，但酳献先诣祖考妣前。日子前同卒哭，祝版但云："孝子某，谨以洁牲柔毛，粢盛醴齐，适于皇某考某官府君祔祔孙妇某官，尚飨。"皆不哭。内丧则云："皇某妣某封某氏祔祔孙妇某封某氏。"次诣亡者前。若宗子自为丧主，则祝版同前，但云："荐祔事于先考某官府君，适于皇某考某官府君，尚飨。"若丧主非宗子，则随宗子所称。若亡者于宗子为卑幼，则宗子不拜。**亚献**，**终献**，若宗子自为丧主，则主妇为亚献，亲宾为终献。若丧主非宗子，则丧主为亚献，主妇为终献。并同卒哭及初献仪，惟不读祝。**侑食**，**阖门**，**启门**，**辞神**，并同卒哭，但不哭。**祝奉主各还故处**。祝先纳祖考妣神主于匮中匣之，次纳亡者神主西阶卓子上匣之，奉之反于灵座。**出门**，**主人以下哭从**，如来仪，尽哀止。若丧主非宗子，则哭而先行，宗子亦哭送之，尽哀止。若祭于它所，则祖考妣之主亦如新主纳之。

小祥郑氏云："祥，吉也。"

期而小祥。自丧至此，不计闰，凡十三月。古者卜日而祭，今止用初忌，以从简易。大祥放此。

前期一日，主人以下沐浴，陈器，具馔，主人帅众丈夫洒扫，涤濯。主妇帅众妇女涤釜鼎，具祭馔。它皆如卒哭之礼。**设次，陈练服**。丈夫、妇人各设次于别所，置练服于其中。男子以练服为冠，去首绖、负版、辟领、衰。妇人截长裙，不令曳地。应服期者改吉服，然犹尽其月，不服金珠锦绣红紫。唯为妻者犹服禫，尽十五月而除。

厥明夙兴，设蔬果、酒馔。并同卒哭。**质明，祝出主，主人以下入哭**。皆如卒哭。但主人倚杖于门外，与期亲各服其服而入。若已除服者来预祭，亦释去华盛之服，皆哭尽哀止。**乃出就次，易服复入，哭**。祝止之。**降神**，如卒哭。三献，如卒哭之仪。祝版同前，但云："日月不居，奄及小祥，夙兴夜处，小心畏忌，不惰其身，哀慕不宁，敢用洁牲柔毛、粢盛醴齐，荐此常事，尚飨。"侑食，阖门，启门，辞神，皆如卒哭之仪。止朝夕哭，惟朔望，未除服者会哭。其遭丧以来，亲戚之未尝相见者相见，虽已除服，犹哭尽哀，然后许拜。始食菜果。

大祥

再期而大祥。自丧至此，不计闰，凡二十五月，亦止用第二忌日祭。

前期一日，沐浴，陈器，具馔，皆如小祥。设次陈禫服，司马公曰："丈夫垂脚幞纱幞头，幞布衫，布裹角带，未大祥间假以出谒者。妇人冠，梳假髻，以鹅黄、青碧、皂白、为衣履，其金珠红绣皆不可用。"告迁于祠堂。以酒果告，如朔望之仪。无亲尽之祖，则祝版云云，使其主祭告讫，改题神主，如加赠之仪。递迁而西，虚东一龛以俟新主。若有亲尽之祖而其别子也，则祝版云云，告毕而迁于墓所，不埋。其支子也，而族人有亲未尽者，则祝版云云，告毕，迁于最长之房，使主其祭，其余改题递迁如前。若亲皆已尽，则祝版云云，告毕，埋于两阶之间，其余改题递迁如前。厥明行事，皆如小祥之仪。惟祝版改"小祥"曰"大祥"，"常事"曰"祥事"。毕，祝奉神主入于祠堂，主人以下哭从，如祔之叙。至祠堂前，哭止。彻灵座，断杖弃之屏处，奉迁主埋于墓侧，始饮酒食肉而复寝。

禫郑氏曰："澹澹然，平安之意。"

大祥之后，中月而禫。间一月也。自丧至此，不计闰凡二十七月。

前一月下旬卜日。下旬之首，择来月三旬各一日，或丁或亥，设卓子于祠堂门外，置香炉、香合、珓玦、盘子于其上，西向。主人禫服，西向。众主人次之，少退，北上。子孙在其后，重行，北上。执事者北向，东上。主人焫香熏珓玦，命以上旬之日，曰："某将以来月某日，祗荐禫事于先考某官府君，尚飨。"即以珓玦掷于盘，以一俯一仰为吉，不吉更命中旬之日，又不吉则用下旬之日。主人乃入祠堂本龛前，再拜。在位者皆再拜。主人焚香。祝执辞立于主人之左，跪告曰："孝子某将以来月某日，祗荐禫事于先考某官府君，卜既得吉，敢告。"主人再拜，降，与在位者皆再拜。祝阖门，退。若不得吉，则不用"卜既得吉"一句。

前期一日，沐浴设位，陈器具馔。设神位于灵座故处，它如大祥之仪。厥明行事，皆如大祥之仪。但主人以下诣祠堂。祝奉主椟置于西阶卓子上，出主于座。主人以下皆哭尽哀。三献不哭，改祝版"大祥"为"禫祭"，"祥事"为"禫事"。至辞神乃哭，尽哀。送神主至祠堂，不哭。

居丧杂仪

《檀弓》曰："始死，充充如有穷；既殡，瞿瞿如有求而弗得；既葬，皇皇如有望而弗至。练而慨然，祥而廓然。""颜丁善居丧，始死，皇皇如有求而弗得。及殡，望望焉如有从而弗及。既葬，慨焉如不及其反而息。"《杂记》："孔子曰：少连、大连善居丧，三日不怠，三月不解，期悲哀，三年忧。"《丧服四制》曰："仁者可以观其爱焉，知者可以观其礼焉，强者可以观其志焉。礼以治之，义以正之。孝子、弟弟、贞妇，皆可得而察焉。"《曲礼》曰："居丧未葬，读《丧礼》；既葬，读《祭礼》；丧复常，读《乐章》。"《檀弓》曰："大功废业。"或曰："大功诵可也。"今居丧但勿读《乐章》可也。

《杂记》："三年之丧，言而不语，对而不问。"言，言己事也，为人说为语。

《丧大记》："父母之丧，非丧事不言。既葬，与人立，君言王事，不言国事。大夫、士言公事，不言家事。"《檀弓》："高子皋执亲之丧，未尝见齿。"言笑之微。

《杂记》："疏衰之丧，既葬，人请见之则见，不请见人。小功，请见人可也。"又："凡丧，小功以上，非虞、祔、练、祥，无沐浴。"《曲礼》："头有创则沐。身有疡则浴。"《丧服四制》："百官备，百物具，不言而事行者，杖而起。言而后事行者，杖而起。身自执事而后行者，面垢而已。"凡此，皆古礼，今之贤孝君子，必有能尽之者，自余相时量力而行之可也。

致赙奠状

具位姓某。

某物若干。

右谨专送上某人灵筵，聊备赙仪，香茶酒食，云"奠仪"。伏惟歆纳！谨状。年月日，具位姓某状。降等，不用"年"。

封皮：状上某官灵筵。具位姓某，谨封。降等，即用面签，云"某人灵筵。具位姓某状谨封。"

谢状三年之丧，未卒哭，只令子侄发谢书。

某郡姓名。

某物若干。

右伏蒙尊慈，降等，云"仁私"。以某　某亲违世，大官，云："薨没。"特赐平交，云"赗"。赙仪，奠即云"奠"。下诚平交，不用此二字。不任哀感之至，谨具平交，作"奉"。状上平交云"陈"。谢。谨状。余并同前，但封皮不用"灵筵"字。

慰人父母亡疏慰嫡孙承重者同。

某顿首再拜言：降等，云"顿首"。不意凶变，亡者官尊，即云"邦国不幸"。后皆放此。先某位无官，即云"先府君"。有契，即加"几丈"于"某位府君"之上。母云"先某封"，无封，即云"先夫人"。承重，则云"尊祖考某位""尊祖妣某封"。余并同。奄弃荣养。亡者官尊，即云"奄捐馆舍"，或云"奄忽薨逝"。母封至夫人者，亦云"薨逝"。若生者无官，即云"奄违色养"。承讣惊怛，不能已已。伏惟平交，云"恭惟"，降等，"缅惟"。孝心纯至，思慕号绝，何可堪居？日月流迈，遽逾旬朔，经时，即云"已忽经时"，已葬，即云"遽经襄奉"。卒哭、小祥、大祥、禫除，各随其时。哀痛奈何，罔极奈何，不审自罹荼毒，父在母亡，即云"忧苦"。气力何如？伏乞平交，云"伏愿"，降等，云"惟冀"。强加餐粥，已葬，则云"疏食"。

俯从礼制。某役事所縻，在官，即云"职业有守"。未由奔慰，其于忧恋，无任下诚。平交已下，但云"某未由奉慰，悲系增深"。谨奉疏，平交，云"状"。伏惟鉴察！平交以下，去此四字。不备。谨疏。平交，云"不宣，谨状"。月日，具位降等，用"郡望"。姓某疏上平交，云"状"。某官大孝。苫前。母亡，即云"至孝"，平交以下，云"苫次"。

封皮：疏上某官大孝。苫前。具位姓某谨封。降等，即用面签，云"某官大孝苫次。郡望姓名状谨封"。若慰人母亡，即云"至孝"。重封：疏上平交，云"状"。某官。具位姓某谨封。

父母亡答人疏嫡孙承重者同。

某稽颡再拜言：降等，去"言"①。某罪逆深重，不自死灭，祸延先考。母云"先妣"。承重，则祖父云"先祖考"，祖母云"先祖妣"。攀号擗踊，五内分崩，叩地叫天，无所逮及。日月不居，奄逾旬朔，随时。同前。酷罚罪苦，父在母亡，即云"偏罚罪深"。祖父亡亦如之。无望生全。即日蒙恩，平交以下，去此四字。祗奉几筵，苟存视息。伏蒙尊慈，俯赐慰问，哀感之至，无任下诚。平交，云"承仰仁恩，俯垂慰问，其为哀感，但切下怀"。降等，云"特承慰问，哀感良深"。司马公曰："凡遭父母丧，知旧不以书来吊问，是无相恤之心，于礼不当先发书。不得已，须至先发，即删此四句。"未由号诉，不胜陨绝。谨奉疏，降等，云"状"。荒迷不次。谨疏。降等，云"状"。月日，孤子母丧，称"哀子"，俱亡，即称"孤哀子"。承重者，称"孤孙""哀孙""孤哀孙"。姓名疏上某位。座前谨空。平交以下，去此二字。

封皮、重封并同前。

慰人祖父母亡启状谓非承重者。伯叔父母、姑、兄姊弟妹、妻、子、侄孙同。

某启：不意凶变，子、孙，不用此句。尊祖考某位，奄忽违世。祖

---

① 去"言"，此句《集注》本作"去'言'字，云'叩首'"。

母，曰"尊祖妣某封"，无官封有契，已见上。伯叔父母姑，即加"尊"字。兄姊弟妹，加"令"字降等，皆加"贤"字。若彼一等之亲有数人，即加行第，云"几某位"，无官云"几府君"。有契，即加"几丈""几兄"于"某位府君"之上。姑姊妹，则称以夫姓，云"某宅尊姑令姊妹"。妻，则云"贤阁某封"，无封，则但云"贤阁"。子，即云"伏承令子几某位"。侄、孙并同。降等，则曰"贤"。无官者，称"秀才"。承讣惊悸，不能已已。妻，改"悸"为"愕"。子、孙，但云"不胜惊悸"。伏惟"恭缅"，见前。孝心纯至，哀恸摧裂，何可胜任？伯叔父母姑，云"亲爱加隆，哀恸沉痛，何可堪胜"。兄姊弟妹，则云"友爱加隆"。妻，则云"伉俪义重，悲悼沉痛"。子、侄、孙，则云"慈爱隆深，悲恸沉痛"。余与伯叔父母姑同。孟春犹寒，随时。不审尊体何似？降等，云"所履"。伏乞平交以下，如前。深自宽抑，以慰慈念。其人无父母，即但云"远诚，连书不上平。某事役所縻，在官，如前。未由趋慰，其于忧想，无任下诚。平交以下，如前。谨奉状，伏惟鉴察！平交，如前。不备。平交，如前。谨状。月日，具位姓名状。上某位服前。平交，云"服次"。

封皮、重封同前。

祖父母亡答人启状谓非承重者。伯叔父母、姑、兄姊弟妹、妻、子、侄、孙同。

某启：家门凶祸，伯、叔、父、母、姑、兄、姊、弟、妹，云"家门不幸"。妻，云"私家不幸"。子、侄、孙，云"私门不幸"。先祖考祖母云"先祖妣"。伯叔父母云"几伯叔父母"。姑云"几家姑"。兄、姊云"几家兄""几家姊"。弟、妹云"几舍弟""几舍妹"。妻云"室人"。子云"小子某"。侄云"从子某"。孙曰"幼孙某"。奄忽弃背，兄、弟以下，云"丧逝"。子、侄、孙，云"遽尔夭折"。痛苦摧裂，不自胜堪。伯叔父母姑、兄姊弟妹，云"措痛酸苦，不自堪忍"。妻，改"摧痛"为"悲悼"。子、侄、孙，改"悲悼"为"悲念"。伏蒙尊慈，特赐慰问，哀感之至，不任下诚。平交、降等如前。孟春犹寒，随时。伏作恭怍"缅惟"，如前。某位尊体起居万福。平交，不

家礼 151

云"起居"。降等，但云"动止万福"。某即日侍奉，无父母，即不用此句。幸免他苦，未由面诉，徒增哽塞。谨奉状上平交，云"陈"。谢！不备。平交，如前。谨状。月日，某郡姓名状上某位。座前谨空。平交，如前。

　　封皮、重封如前。

家礼卷五

祭礼

四时祭

时祭用仲月，前旬卜日。孟春下旬之首，择仲月三旬各一日，或丁或亥。主人盛服，立于祠堂中门外，西向。兄弟立于主人之南，少退，北上。子孙立于主人之后，重行，西向，北上。置卓子于主人之前，设香炉、香合、珓珓及盘于其上。主人搢笏，焚香，薰珓，而命以上旬之日，曰："某将以来月某日，谋此岁事，适其祖考，尚飨！"即以珓掷于盘，以一俯一仰为吉。不吉更卜中旬之日，又不吉则不复卜，而直用下旬之日。既得日，祝开中门，主人以下，北向立，如朔望之位，皆再拜。主人升，焚香，再拜。祝执辞，跪于主人之左，读曰："孝孙某，将以来月某日，祗荐岁事于祖考，卜既得吉，敢告。"用下旬日，则不言"卜既得吉"，主人拜，降，复位，与在位者皆再拜。祝阖门。主人以下复西向位。执事者立于门西，皆东面，北上。祝立于主人之右，命执事者曰："孝孙某，将以来月某日，祗荐岁事于祖考，有司具修。"执事者应曰："诺。"乃退。

前期三日斋戒。前期三日，主人帅众丈夫致斋于外；主妇帅众妇女致斋于内。沐浴更衣。饮酒不得至乱，食肉不得茹荤。不吊丧，不听乐，凡凶秽之事，皆不得预。

前一日，设位陈器。主人帅众丈夫深衣，及执事洒扫正寝，洗拭倚卓，务令蠲洁。设高祖考妣位于堂西北壁下，南向。考西妣东，各用一倚一卓而合之。曾祖考妣、祖考妣、考妣以次而东，皆如高祖之位。世各为位，不属祔位，皆于东序，西向北上或两序相向，其尊者居西。妻以下则于阶下。设香案于堂中，置香炉、香合于其上。束茅聚沙于香案前，及逐位前地上。设酒架于东阶上，别置卓子于其东，设酒注一、醋酒盏一、盘一、受胙盘一、匕一、巾一、茶合、茶筅、茶盏托、盐碟、醋瓶于其上。火炉、汤瓶、香匙、火箸于西阶上，别置卓子于其西，设祝版于其上。设盥盆、帨巾各二于阼阶下之东，其西者有台架，又设陈馔大床于其东。**省牲，涤器，具馔。** 主人帅众丈夫深衣，省牲，莅杀。主妇帅众妇女背子涤濯祭器，洁釜鼎，具祭馔。每位果六品，菜蔬及脯醢各三品，肉、鱼、馒头、糕各一盘，羹、饭各一碗，肝各一串，肉各二串，务令精洁。未祭之前，勿令人先食及为猫犬虫鼠所污。

　　厥明夙兴，设蔬果酒馔。 主人以下深衣，及执事者俱诣祭所，盥手。设果楪于逐位卓子南端，蔬菜、脯醢相间次之。设盏盘、醋楪于北端，盏西，楪东，匙箸居中。设玄酒及酒各一瓶于架上。玄酒，其日取井花水充。在酒之西，炽炭于炉，实水于瓶。主妇背子炊暖祭馔，皆令极热，以合盛出，置东阶下大床上。**质明，奉主就位。** 主人以下各盛服，盥手，帨手，诣祠堂前。众丈夫叙立，如告日之仪。主妇西阶下，北向立。主人有母，则特位于主妇之前。诸伯叔母、诸姑继之，嫂及弟妇姊妹在主妇之左，其长于主母主妇者，皆少进，子孙妇女内执事者在主妇之后，重行，皆北向东上。立定。主人升自阼阶，搢笏，焚香，出笏，告曰："孝孙某，今以仲春之月，有事于皇高祖考某官府君，皇高祖妣某封某氏，皇曾祖考某官府君，皇曾祖妣某封某氏，皇祖考某官府君，皇祖妣某封某氏，皇考某官府君，皇妣某封某氏，以某亲某官府君，某亲某封某氏祔食。敢请神主出就正寝，恭伸奠献。"告辞，仲夏秋冬各随其时。祖考有无官爵封谥，皆如题主之文。祔食，谓旁亲无后者及卑幼先亡者，无即不言。告讫，搢笏，敛椟。正位祔位，各置一笥，各以执事者一人捧之。主人出笏前导，主妇从后，卑幼在后，至正寝，置于西阶卓子上。主人搢笏，启椟，奉诸考神主出就位。主妇盥，帨，升，奉诸妣神主亦如之。其祔位则子弟一人奉之。既毕，主人以下，皆降复位。**参神。** 主人以下叙立，如祠堂之仪，立定，再拜。若尊长老疾者，休于它所。**降神。** 主人升，搢笏，焚香，出笏，少退立。执事者一人开酒，取巾拭瓶口，实酒于注。一人取东阶卓上盘盏，立于主人之左。一人执注，立于主人之右。主人搢笏，跪。奉盘盏者亦跪，进盘盏，主人受之。执注者亦跪，斟酒于盏，主人左手执盘，右手执盏，灌于茅上。以盘盏授执事者，出笏，俯伏，兴，再拜，降，复位。**进馔**。主人升，主妇从之。执事者一人以盘奉鱼肉，一人以盘奉米面食，一人以盘奉羹饭，从升。至高祖位前，主人搢笏，奉肉，奠于盘盏之南；主妇奉面食，奠于肉西。主人奉鱼，奠于醋碟之南。主妇奉米食，奠于鱼东。主人奉羹，奠于醋碟之东。主妇奉饭，奠于盘盏之西。主人出笏，以次设诸正位，使诸子弟妇女各设祔位。皆毕，主人以下皆降，复位。**初献**。主人升，诣高祖位前。执事者一人，执酒注立于其右，冬月即先暖之。主人搢笏，奉高祖考盘盏位前，东向立。执事者西向，斟酒于盏，主人奉之，奠于故处。次奉高祖妣盘盏，亦如之。出笏位前，北向立。执事者二人，奉高祖考妣盘盏，立于主人之左右。主人搢笏，跪，执事者亦跪。主人受高祖考盘盏，右手取盏，祭之茅上，以盘盏授执事者，反之故处。受高祖妣盘盏，亦如之。出笏，俯伏，兴，少退，立。执事者炙肝于炉，以碟盛之。兄弟之长一人奉之，奠于高祖考妣前，匙箸之南。祝取版立于主人之左，跪读曰："维年岁月朔日，子孝元孙某官某，敢昭告于皇高祖考某官府君、皇高祖妣某封某氏，气序流易，时维仲春，追感岁时，不胜永慕，敢以洁牲柔毛、粢盛醴齐，祗荐岁事，以某亲某官府君、某亲某封某氏祔食，尚飨！"毕，兴。曾祖前称"孝曾孙"，祖前称"孝孙"，考前称"孝子"，改"不胜永慕"为"昊天罔极"。凡祔者，伯叔祖父祔于高祖，伯叔父祔于曾祖，兄弟祔于祖，子孙祔于考。余皆放此。如本位无，即不言"以某亲祔食"。祖考无官，及改夏秋冬字，皆已见上。主人再拜，退，诣诸位，献祝如初。每逐位读祝毕，即兄弟众男之不为亚、终献者，以次分诣本位所祔之位，酹献如仪，但不读祝。献毕，皆降复位。执事者以它器彻酒及肝，置盏故处。**亚献**。主妇为之，诸妇女奉炙肉及分献，如初献仪，但不读祝。**终献**，兄弟之长或长男或亲宾为之。众子弟奉炙肉及分献，如亚献仪。**侑食**。主人升，搢笏，执注就斟诸位之酒，皆满，立于香案之东南。主妇升，扱匙饭中，西柄，正箸，立于香案之西南。皆北向，再拜，降复位。**阖门**。主人以下皆出。祝阖门，无门处即降帘可也。主人立于门东西向，众丈夫在其后。主妇立于门西东向，众妇女在其后。如有尊长，则少休于它所。此所谓厌也。**启门**。祝声三噫歆，乃启门。主人以下皆入。其尊长先休于它所者，亦入就位。主人主妇奉茶，分进于考妣之前，祔位使诸子弟妇女进之。**受胙**。执事者设席于香案前，主人就席，北面。祝诣高祖考前，举酒盘盏，诣主人之右。主人跪，祝亦跪。主人搢笏，受盘盏，祭酒，啐酒。祝取匙并盘，抄取诸位之饭各少许，奉以诣主人之左，嘏于主人曰："祖考命工祝，承致多福于汝孝孙，使汝受禄于天，宜稼于田，眉寿永年，勿替引之。"主人置酒于席前，出笏，俯伏，兴，再拜，搢笏，跪，受饭尝之，实于左袂，挂袂于季指，取酒卒饮。执事者受盏，自右置注旁。受饮自左，亦如之。主人执笏，俯伏，兴，立于东阶上，西向。祝立于西阶上，东向。告利成，降复位，与在位者皆再拜。主人不拜，降复位。**辞神**。主人以下皆再拜。**纳主**。主人、主妇皆升，各奉主纳于椟。主人以笥敛椟，奉归祠堂，如来仪。**彻**，主妇还监，彻酒之在盏、注、它器中者，皆入于瓶，缄封之，所谓福酒。果蔬、肉食并传于燕器，主妇监涤祭器藏之。**馂**。是日，主人监分祭胙品，取少许置于合，并酒皆封之，遣仆执书归胙于亲友。遂设席，男女异处，尊行自为一列，南面。自堂中东西分首。若止一人，则当中而坐，其余以次相对，分东西向。尊者一人先就坐，众男叙立，世为一行，以东为上，皆再拜。子弟之长者一人少进立，执事者一人执注立于其右，一人执盘盏立于其左。献者搢笏，跪。弟献，则尊者起立，子侄则坐。受注斟酒，反注受盏。祝曰："祀事既成，祖考嘉飨，伏愿某亲，备膺五福，保族宜家。"授执盏者，置于尊者之前。长者出笏，尊者举酒，毕。长者俯伏，兴，退复位，与众男皆再拜。尊者命取注及长者之盏置于前，自斟之。祝曰："祀事既成，五福之庆，与汝曹共之。"命执事者以次就位，斟酒皆遍。长者进，跪受，饮毕，俯伏，兴，退立。众男进揖，退立饮。长者与众男皆再拜。诸妇女献女尊长于内，如众男之仪，但不跪。既毕，乃就坐，荐肉食。诸妇女诣堂前，献男尊长寿。男尊长酢之如仪。众男诣中堂，献女尊长寿，女尊长酢之如仪。乃就坐，荐面食。内外执事者各献内外尊长寿如仪，而不酢，遂就斟在坐者遍，俟皆举，乃再拜退。遂荐米食，然后泛行酒，间以祭馔酒馔，不足，则以它酒它馔益之。将罢，主人颁胙于外仆。主妇颁胙于内执事者，遍及微贱。其日皆尽，受者皆再拜，乃彻席。

凡祭，主于尽爱敬之诚而已。贫则称家之有无，疾则量筋力而行之。财力可及者，自当如仪。

初祖惟继始祖之宗得祭。

冬至，祭始祖。程子曰："此厥初生民之祖也。冬至一阳之始，故象其类而祭之。"

前期三日斋戒。如时祭之仪。

前期一日设位，主人、众丈夫深衣，帅执事者洒扫祠堂，涤濯器具，设神位于堂中间，北壁下，设屏风于其后，食床于其前。**陈器，**设火炉于堂中，设炊烹之具于东阶下，盎东，炙具在其南，束茅以下，并同时祭。主妇、众妇女背子，帅执事者涤濯祭器，洁釜鼎，具果楪六，盘三，杅六，小盘三，盏盘匙箸各二，脂盘一，酒注、醊酒盘盖一，受胙盘匙一。 按：此本合用古祭器，今恐私家或不能办，且用今器以从简便。神位用蒲荐，加草席，皆有缘，或用紫褥，皆长五尺、阔二尺有半。屏风如枕屏之制，足以围席三面。食床以版为面，长五尺、阔三尺余，四围亦以版，高一尺二寸，二寸之下乃施版，面皆黑漆。**具馔。**脯时杀牲，主人亲割，毛、血为一盘，首、心、肝、肺为一盘，脂杂以蒿为一盘，皆腥之。左胖不用，右胖前足为三段，脊为三段，胁为三条，后足为三段，去近窍一节不用，凡十一体。饭米一杅，置于一盘。蔬果各六品。切肝一小盘。切肉一小盘。

厥明夙兴，设蔬果酒馔。主人深衣，帅执事者设玄酒瓶及酒瓶于架上，酒注、醊酒盘盖、受胙盘盖各一于东阶卓子上。祝版及脂盘于西阶卓子上，匙箸各一于食床北端之东西，相去二尺五寸，盘盏各一于箸西，果子在食床南端，蔬在其北，毛血腥盘切肝肉，皆陈于阶下馔床上。米实阶下炊具中。十一体实烹具中，以火爨而熟之。盘一，杅六，置馔床上。**质明，盛服就位。**如时祭仪。**降神，参神，**主人盥，升，奉脂盘诣堂中炉前，跪告曰："孝孙某，今以冬至，有事于皇始祖考、皇始祖妣，敢请尊灵降居神位，恭伸奠献。"遂燎脂于炉炭上，俯伏，兴，少退立，再拜。执事者开酒，主人跪，酹，如时祭之仪。**进馔，**主人升，诣神位前。

执事者奉毛血腥肉以进，主人受，设之于蔬北，西上。执事者出熟肉，置于盘，奉以进。主人受，设之腥盘之东。执事者以杅二盛饭，杅二盛肉，湆不和者，又以杅二盛肉，湆以菜者，奉以进。主人受，设之饭在盏西，大羹在盏东，铏羹在大羹东。皆降，复位。**初献**，如时祭之仪。但主人既俯伏，兴，兄弟炙肝加盐、实于小盘以从。祝辞曰："维年岁月朔日，子孝孙姓名，敢昭告于皇初祖考、皇初祖妣，今以中冬阳至之始，追惟报本，礼不敢忘。谨以洁牲柔毛、粢盛醴齐，祗荐岁事。尚飨！"**亚献**，如时祭之仪，但众妇炙肉加盐以从。**终献**。如时祭及上仪。**侑食，阖门，启门，受胙，辞神，彻馔。**并如时祭之仪。

先祖继始祖、高祖之宗得祭。继始祖之宗，则自初祖而下；继高祖之宗，则自先祖而下。

立春祭先祖。程子曰："初祖以下，高祖以上之祖也。立春生物之始，故象其类而祭之。"

前三日，斋戒。如祭初祖之仪。

前一日，设位陈器，如祭初祖之仪，但设祖考神位于堂中之西，祖妣神位于堂中之东。蔬果碟各十二，大盘六，小盘六，余并同。**具馔。**如祭初祖之仪，但毛血为一盘，首心为一盘，肝肺为一盘，脂萹为一盘，切肝两小盘，切肉四小盘，余并同。

厥明夙兴，设蔬果酒馔。如祭初祖之仪，但每位匙箸各一，盘盏各二，置阶下馔床上，余并同。**质明，盛服就位，降神，参神**，如祭初祖之仪，但告辞改"始"为"先"，余并同。**进馔。**如祭初祖之仪，但先诣祖考位，奉毛血、首心、前足上二节、脊三节、后足上一节；次诣祖妣位，奉肝肺、前足一节、胁三节、后足下一节。余并同。**初献**，如祭初祖之仪，但献两位，各俯伏，兴，当中少立。兄弟炙肝两小盘以从。祝词改"初"为"先"，"中冬阳至"为"立春生物"。余并同。**亚献，终献。**如祭初祖之仪，但从炙肉各二小盘。**侑食，阖门，启门，受胙，辞神，彻馔。**并如祭初祖仪。

祢继祢之宗以上皆得祭，惟支子不祭。

季秋祭祢。程子曰："季秋，成物之始，亦象其类而祭之。"

前一月下旬卜日。如时祭之仪，惟告辞改"孝孙"为"孝子"，又改"祖考妣"为"考妣"。若母在，则止云"皇考"，告于本龛之前。余并同。

前三日斋戒。

前一日，设位陈器。如时祭之仪，但止于正寝，合设两位于堂中，西上，香案以下并同。具馔。如时祭之仪，二分。

厥明夙兴，设蔬果酒馔。如时祭之仪。质明，盛服，诣祠堂，奉神主出就正寝。如时祭于正寝之仪，但告辞云："孝子某，今以季秋成物之始，有事于皇考某官府君，皇妣某封某氏。"参神，降神，进馔，初献，如时祭之仪，但祝辞曰："孝子某官某，敢昭告于皇考某官府君、皇妣某封某氏。[1]今以季秋成物之始，感时追慕，昊天罔极。"余并同。亚献，终献，侑食，阖门，启门，受胙，辞神，纳主，彻馔。并如时祭之仪。

忌日

前一日斋戒。如祭祢之仪。设位，如祭祢之仪，但止设一位。陈器，如祭祢之仪。具馔。如祭祢之仪，一分。

厥明夙兴，设蔬果酒馔。如祭祢之仪。质明，主人以下变服。祢，则主人兄弟黪纱幞头，黪布衫，布里角带。祖以上则黪纱衫。旁亲则皂纱衫。主妇特髻去饰，白大衣，淡黄帔。余人皆去华盛之服。诣祠堂，奉神主出就正寝。如祭祢之仪，但告辞云"今以某亲某官府君远讳之辰，敢请神主出就正寝，恭伸追慕"，余并同。参神，降神，进馔，初献。如祭祢之仪，但祝辞云："岁序流易，讳日复临，追远感时，不胜永慕。"考妣改"不胜永慕"为"昊天罔极"。旁亲云："讳日复临，不胜感怆。"若考妣，则祝兴，主人以下哭尽哀，余并同。亚献，终献，侑食，阖门，启门。并如祭祢之仪，但不受胙。辞神，纳主，彻。并如祭祢之仪，但不馂。是日不饮酒，不食肉，不听乐，黪布、素

---

① "孝子某官云云"此句原脱，据《集注》本补。

服，素带以居，夕寝于外。

墓祭

三日上旬择日。

前一日，斋戒，如家祭之仪。具馔。墓上每分如时祭之品，更设鱼肉、米面食各一大盘，以祀后土。

厥明洒扫。主人深衣，帅执事者诣墓所，再拜。奉行茔域，内外环绕，哀省三周。其有草棘，即用刀斧锄斩芟夷洒扫。讫，复位，再拜。又除地于墓左，以祭后土。布席，陈馔。用新洁席陈于墓前，设馔，如家祭之仪。参神，降神，初献，如家祭之仪，但祝辞云"某亲某官府君之墓，气序流易，雨露既濡，瞻扫封茔，不胜感慕"，余并同。亚献，终献，并以子弟亲宾为之。辞神，乃彻。遂祭后土，布席，陈馔，四盘于席南端，设盘盏匙箸于其北，余并同上。降神，参神，三献。同上，但祝辞云："某官姓名，敢昭告于后土氏之神，某恭修岁事，于某亲某官府君之墓，惟时保佑，实赖神休，敢以酒馔，敬伸奠献，尚飨！"辞神，乃彻而退。

（据文渊阁《四库全书》本《家礼》为底本，并参考上海古籍出版社、安徽教育出版社2010年版《朱子全书》整理）

家范

〔宋〕吕祖谦

【导读】

《家范》六卷，南宋吕祖谦（1137—1181）撰。

吕祖谦，字伯恭，世称"东莱先生"，为与伯祖吕本中相区别，亦称"小东莱"。婺州（今浙江金华）人，出身"东莱吕氏"，为吕夷简六世孙、吕大器之子。初以祖荫补官，隆兴元年（1163）举进士，官至著作郎，死谥曰"成"。南宋时期著名理学家，著有《春秋左氏传说》《春秋左氏续说》《东莱左氏博议》《历代制度详说》《家范》和《辨志录》等。事迹载《宋史》卷四百三十四《吕祖谦传》。

《家范》是吕祖谦为家人制定的家庭规范、家族礼仪制度的汇编，全书共分《宗法》《昏礼》《葬仪》《祭礼》《学规》《官箴》六卷。其中的第一卷《宗法》部分，中心是借《礼记·大传》论述宗法关系。《礼记·大传》："上治祖祢，尊尊也。下治子孙，亲亲也。

旁治昆弟，合族以食，序以昭缪，别之以礼义，人道竭矣。"在吕祖谦看来，"上治祖祢""下治子孙""旁治昆弟"三句讲的正是宗法，前面总论禘礼，此节以后则专言"睦族""治子弟"之事。吕祖谦认为宗法的根本目的在于"尊祖敬宗收族"，他指出《礼记·大传》所言"亲亲故尊祖，尊祖故敬宗"一语可以视为本篇纲目所在。《礼记·大传》云："人道亲亲也。""亲亲"在最一般的意义上指的是亲近自己的亲人，尤其是父母双亲。"亲"首先指基于血缘、婚姻形成的各种亲属关系，其中父母双亲是最重要的亲人，指向的是一种基于血缘关系的情感沟通与凝聚。"尊尊"指的是对特定对象持尊敬态度，就家族宗族内部而言，主要体现于子孙对父祖长辈的尊敬以及族人对宗子的尊敬。在儒家思想体系中，祖先既具有生物学、谱系学上的意义，反映了人们对自己来自何处的根源性追溯；更是一种价值象征，使宗族成员在对血脉和亲情溯流过程中，找到人生的归宿和生存的意义。在宗族之内，所有成员都具有天然的血缘联系，应该相互关爱、相互扶持。因此吕祖谦认为宗族有义务对族内穷困者和未受教育者予以救济和帮助，不应该抛弃和放弃任何一个族人。吕祖谦将宗族成员与宗族之间的关系比喻为草木枝叶与木根的关系，颇为生动形象，意在强调二者之间是相辅相成、互为依赖的关系。

　　第二、三、四卷分别为《昏礼》《葬仪》《祭礼》，重点论述婚礼、葬礼、祭礼等家礼理念与相应的礼仪规范。作者旁征博引，又参以己意，加以变通酌定，以求合于礼法，切于实用。相较于司马光《书仪》，吕祖谦在《家范》中对复杂的婚、葬、祭三礼的主要仪节进行了大量的简化。以婚礼为例，司马光《书仪·婚仪》包括"纳采""问名""纳吉""纳币""请期""亲迎""妇见舅姑""婿见妇之父母"等八个主要仪节，最后附以"居家杂仪"细论子妇、卑幼事奉尊长之常仪。而吕祖谦《家范·昏礼》仅设"陈设""亲迎""妇见尊长"三礼，其条目虽简，但取舍有道，行文之间多引郑玄、文中子（王通）、司马光等学者的见解，并参以《仪礼》《开元礼》《政和五礼新仪》《三礼图》等礼书对具体仪节予以调整修正。如《昏礼·陈设》据司马光之语，告诫子弟婚嫁之事不可炫富竞奢；《葬仪·筮宅》引程颐之语，告诫子弟选择坟地应以土色光润、草木茂盛为上，不要受阴阳方术人士的蛊惑。在《祭礼·庙制》中，吕祖谦综合杜衍、韩琦、司马光、张载、程颐等学者的祭礼实践，结合《礼记》《政和五礼新仪》等礼书，创造性地提出了"存家庙之名，以名祠堂"的构想，这对朱熹《家礼》"祠堂制度"的创建有着直接的启发意义。值得一提的是，《家范》对唐代范传式《寝堂时飨仪》、郑正则《祠享仪》、孟诜《家祭礼》等佚书亦有提及，对我们了解唐代家礼编撰和施行情况有极大的帮助，具有很大的参考价值。

第五卷《学规》，内容为告诫家族子弟为人治学之道。其中《乾道四年九月规约》，告诫子弟为人当以孝悌、忠信为本。如果有子弟为人不孝不悌、不忠不信而屡教不改，则会被除去家塾学籍。在关注子弟学业之余，《学规》还教育子弟要与族人友善相处，患难相恤，以达"收族"之功效。譬如，《学规》内《乾道九年直日须知》规定，若逢在籍子弟父母、兄弟身故，则遣人前往子弟家中吊慰，体现了宗族对年轻子弟的人文关怀。青年人是宗族未来的希望，在关心他们的学业之余，宗族也要帮助他们的身心发展，这样才可巩固宗族根基，真正达到"敬宗收族"的效果。这些学规，非常注重可操作性，譬如，《乾道四年九月规约》中对参加会讲和共同居住的规定是"会讲之容，端而肃；群居之容，和而庄"。同时，作者从反面分别解释了"不肃"和"不庄"的行为，即"箕踞、跛倚、喧哗、拥并谓之不肃；狎侮、戏谑谓之不庄"。在宋代家礼著述中，像《家范》这样单列《学规》一卷用来教育家族子弟为人治学之道的极为少见，这应当与"东莱吕氏"世代以诗书传家密切相关。

卷六《官箴》内容主要是告诫子弟为官理政的基本原则和官德规范。《官箴》前面记述了吕祖谦在门人戴衍新官上任时给予的一些建议和告诫，其中一些观点颇能体现吕祖谦为人之道。他认为，为官治事当以"理"为重，不可存畏祸自保之心。处理与豪强权贵有关事宜，只须秉公处理即可，不可为博得不畏豪强的名声而大张旗鼓，否则自己的出发点就偏离正道了。后附吕希哲《荥阳公家塾广记》、吕本中《舍人官箴》等书的观点节录，以及史书所载为官者应该师法的典范。吕祖谦编纂《官箴》的本意是给即将走上仕途的族人和门生讲解为官之道，然而即便是在时过境迁的今日社会，这些官箴依然有其可借鉴之处，值得广大施政者认真品读和恪守。

《宋史·吕祖谦传》称其："居家之政，皆可为后世法。"可见吕氏《家范》等著作对弘扬儒家家礼文化，教化民俗所起的重要作用。

《家范》一书收录在吕祖谦《东莱吕太史别集》卷一至卷六中，该书未见单行本，浙江古籍出版社2008年《吕祖谦全集》第一册整理收录。

家范一

宗法

礼，不王不禘。王者禘其祖之所自出，以其祖配之。诸侯及其太祖。大夫、士有大事省于其君，干祫及其高祖。

赵子《春秋纂例》曰："《大传》云'礼，不王不禘。明诸侯不得有也。王者禘其祖之所自出，所出，谓所系之帝。以其祖配之。诸侯及其太祖。诸侯存五庙，唯太庙百世不迁。及者，言远祀之所及也。不言禘者，不王不禘，无所疑也。不言祫者，四时皆祭，故不言祫也。大夫、士有大事省于其君，干祫及其高祖。'有省，谓有功往见省记者也。干者，逆上之意，言逆上及高祖也。予据此事体势相连，皆说宗庙之事，不得谓之祭天。已上注义，并赵子义，非郑玄旧释。下《祭法》亦然。《礼记·丧服小记》曰：'王者禘其祖之所自出。'又下云：'礼，不王不禘。'正与《大传》同。则诸侯不得①禘礼明矣。是以《祭法》曰：'有虞氏禘黄帝舜祖颛顼，出于黄帝，则所谓禘其祖之所自出也。而郊喾，帝王郊天，当以始祖配天，即舜合以颛顼配天也。为身继尧绪，不可舍唐之祖，故推喾以配天，而以颛顼为始祖。情礼之至也。祖颛顼，舜之世系出自颛顼，故以为始祖。而宗尧。当禹身亦宗舜，凡祖者，创业传世之所出也。宗者，德高而可尊，其庙不迁也。夏后氏亦禘黄帝义

---

① "得"字后有"行"字，据清同治七年(1868)王儒行等印经苑本唐陆淳《春秋集传纂例》及《吕祖谦全集》本补。

同舜也。而郊鲧，禹尊父，且已有水土之功，故以配天也。祖颛顼禹世系亦出于颛顼也。而宗禹。当禹身亦宗舜。子孙乃宗禹也。殷人禘喾殷祖契，出自喾。而郊冥，有水功，故推以配天。祖契汤出契后。而宗汤。当汤身未有宗。周人禘喾义与殷同。而郊稷，有播殖之功，且为始祖也。祖文王而宗武王。'当武王身亦未有宗。赵子曰：'予谓禘、郊、祖、宗并叙，永世追祀而不废绝者也。禘者，帝王立始祖之庙，犹谓未尽其追远尊先之义，故又推寻始祖所出之帝而追祀之。以其祖配之者，谓于始祖庙祭之，便以始祖配祭也。此祭不兼群庙之主，为其疏远，不敢亵狎故也。其年数，或每年，或数年，未可知也。'郑玄注《祭法》云：'禘为配祭昊天上帝于圜丘也。'盖见《祭法》所说，文在郊上，谓为郊之最大者，故为此说耳。《祭法》所论禘、郊、祖、宗者，谓六庙之外，永世不绝者有四种耳，非关配[1]祭也。禘之所及最远，故先言之耳，岂关圜丘哉？若实[2]圜丘，《五经》之中何得无一字说处？又云：'祖之所自出，谓感生帝灵威仰也。'此何妖妄之甚！此文出自谶纬，始于汉哀、平间伪书也，故桓谭、贾逵、蔡邕、王肃之徒疾之如仇。而郑玄通之于《五经》，其为诬蠹甚矣！"

　　牧之野，武王之大事也。既事而退，柴于上帝，祈于社，设奠于牧室。遂率天下诸侯执豆笾，逡奔走，追王大王亶父、王季历、文王昌，不以卑临尊也。

　　谓不以卑临尊，此出于后来汉儒之说无疑，而非追王之本意也。《仪礼·丧服传》曰："父，至尊也。天子，至尊也。君，至尊也。"则父与天子、人君，其尊等耳。大王与文王乃武王之祖、父，其尊孰大于是？曷为待追王而后尊哉！然则追王者何意？曰：

① 配，底本作"祭"，据清同治七年（1868）王儒行等印经苑本唐陆淳《春秋集传纂例》及《吕祖谦全集》本改。

② 实，底本、民国十三年（1924）永康胡氏梦选楼刻《续金华丛书》本《东莱吕太史别集·家范》同作"是"，清同治七年（1868）王儒行等印经苑本唐陆淳《春秋集传纂例》、元至正七年（1347）福州路儒学刻明修本、《吕祖谦全集》本皆作"实"，据后者改。

考之《武成》曰："大王肇基王迹，王季其勤[1]王家，我文考文王克成厥勋，诞膺天命。"盖三王皆肇基之主，所以追王之也。

上治祖祢，尊尊也。下治子孙，亲亲也。旁治昆弟，合族以食，序以昭穆，别之以礼义，人道竭矣。

"上治祖祢"，"下治子孙"，"旁治昆弟"，此三句正是宗法。《大传》一篇，主说宗法。盖尊祖然后能敬宗，故此篇之首，先说禘祭。到此一节，便说睦族、治子弟之事。"治"是整齐，不必作"正"。

异姓主名，治际会，名著而男女有别。

大抵妇人尊卑本无定位，随其夫之尊卑耳，故所主者在名。

五世祖免，杀同姓也。六世，亲属竭矣。

五世比之六世，尚有可得降杀，到得六世，只但同姓而已。其庶姓别于上，而戚单于下。

《礼记》"庶姓"，即《左传》所谓"氏族"。如襄二十五年，崔武子欲娶东郭偃之姊，偃曰："男女辨姓，今君出自丁，臣出自桓，不可。"盖崔与东郭皆是氏，其姓同出于姜。自姜姓中分别出来，便有所谓崔氏，所谓东郭氏。此便是"庶姓别于上"也。"戚单于下"，盖亲尽也。

系之以姓而弗别。

即上所谓姜姓之类。郑氏曰："周之礼，所建者长也。姓，正姓也，始祖为正姓，高祖为庶姓。系之弗别，谓若今宗室属籍也。《周礼》小史掌定系世，辨昭穆。"

周道然也。

不娶同姓，自周始。如尧厘降二女于妫汭，舜与尧皆出自黄帝。

---

[1] 勤，清嘉庆二十年(1815)南昌府学重刊本十三经注疏本《尚书正义》同，民国十三年(1924)永康胡氏梦选楼刻《续金华丛书》本《东莱吕太史别集·家范》和《吕祖谦全集》作"廑"。

君有合族之道。

如《诗》所谓饮食宴乐同姓是也。盖君虽绝宗，而恩自不可废。"族人不得以其戚戚君位"，谓族虽有尊卑，为臣者虽属尊，不敢与君叙列。君，至尊也。

庶子不祭，明其宗也。

如《曾子问》所谓"供其牲物，所以辨其大宗故也"。

别子为祖。

如鲁桓公生四子，庄公既立为君，则庆父、叔牙，季友为别子。

继别为宗。

如公孙敖继庆父，是为大宗。

继祢者为小宗。

如季武子立悼子，悼子之兄曰公弥，悼子既为大宗，则继公祢者为小宗。所以谓之"继祢者"，盖自继其父为小宗，不继祖故也。

尊祖，故敬宗。敬宗，尊祖之义也。

盖诸族必敬宗子者，以宗子是祖之嫡。尊其所自来，故敬嫡也。

公子有宗道。

假如国君有兄弟四人，二庶而一嫡。嫡者，君之同母弟。公子既不敢宗君，君则命同母弟为之宗，使庶兄弟宗焉。若皆庶而无嫡，则须令庶长权摄祭事，传至子，则自为宗矣。

绝族无移服。

谓四从兄弟无服。移者，推也。谓推不去。

亲者，属也。

如期服，亲兄弟之属也。大功，同堂兄弟之属也。此类皆是。

亲亲故尊祖，尊祖故敬宗。

此一篇之纲目。人爱其父母，则必推其生我父母者，祖也。又推而上之，求其生我祖者，则又曾祖也。尊其所自来，则敬宗。儒者之道，必始于亲。此非是人安排，盖天之生物，使之一本，天使之也。譬如木根，枝叶繁盛，而所本者只是一根。如异端爱无差等，只是二本，皆是汗漫意思。

敬宗，故收族。

收族，如穷困者，收而养之；不知学者，收而教之。

收族，故宗庙严。

宗族既合，自然繁盛，族大则庙尊。如宗族离散，无人收管，则宗庙安得严耶？

宗庙严，故重社稷。

盖有国家社稷，然后能保宗庙，安得不重社稷？

重社稷，故爱百姓。

国以民为本，无民安得有国乎？故重社稷，必爱百姓也。

爱百姓，故刑罚中。刑罚中，故庶民安。[①]

盖心诚爱民，则谨于刑罚，无不中矣。

庶民安，故财用足。

盖民有定居，而上不扰之，则可以生殖财用。上既爱下，下亦爱上，此是第一件。其次欢欣奉上，乐输其财，和气感召，则时和岁丰，万物盛多。

财用足，故百志成。

盖虽有此志，而无财以备礼，则志不成。财用既足，则祭祀、合族皆可举矣。所谓万物盛多，能备礼也。

百志成，故礼俗刑。

礼俗不可分为两事。且如后世，虽有笾、豆、簠、簋，百姓且不得而见，安能习以成俗？故礼、俗不相干。故制而用之谓之礼，习而安之谓之俗。如春秋祭祀，不待上令而自安而行之。刑，是仪刑之刑。须是二者合为一，方谓之礼俗。若礼自礼，俗自俗，不可

---

① "刑罚中，故庶民安"，底本原脱，据清嘉庆二十年(1815)南昌府学重刊宋本十三经注疏本《礼记注疏》、民国十三年(1924)永康胡氏梦选楼刻《续金华丛书》本《东莱吕太史别集·家范》、《吕祖谦全集》本皆有此七字，据之补。

谓之礼俗。

不显不承，无斁于人斯。

且如成王能尽得许多事，则在文、武，岂不甚显？在成王，岂非是能承？有文、武在前，岂非甚显？

此两句总结一篇之意。前面有许多事，到得礼俗成后，方有此意思。"惟王万年，子子孙孙永保民"，此言"无斁于人斯"之意。

德盛者流远，德薄者流浅。

右《大传》。

礼，不王不禘。

"礼，不王不禘"，则知诸侯岁缺一祭为不禘明矣。至周以祠为春，以禴为夏，宗庙岁六享，则二享、四祭为六矣。诸侯不禘，其四享欤！故夏、商诸侯，夏特一祫。《王制》谓"礿①则不禘，禘则不尝"，假其名以见时祀之数尔，作《记》者不知文之害意，过矣。

禘于夏、周为春、夏，尝于夏、周为秋、冬，作《记》者交举二气对互而言耳。享、尝云者，享为追享、朝享，禘亦其一耳，尝以配之，亦对举秋、冬而言也。夏、商以禘为时祭，知追享之必在夏也。然则夏、商天子岁乃五享，禘列四祭，并祫而五也。周改禘为禴，则天子享六。诸侯不禘，又岁缺一祭，则亦四而已矣。《王制》所谓"天子犆礿②，祫禘，祫尝，祫烝"，既以禘为时祭，则祫可同时而举。礿以物薄而犆，尝从旧。"诸侯礿③犆，如天子。禘一犆一祫"，言于夏禘之时，止于一祭，特一祫而已。然则"不王不禘"又著见于此矣。下又云"尝祫，烝祫"，则尝、烝且祫无疑矣。若

---

① 礿，底本作"祫"，因"祫""礿"形近而误，据清嘉庆二十年(1815)南昌府学重刊宋本十三经注疏本《礼记注疏》改。

② 礿，底本作"祫"，因"祫""礿"形近而误，据清嘉庆二十年(1815)南昌府学重刊宋本十三经注疏本《礼记注疏》改。

③ 礿，底本作"祫"，因"祫""礿"形近而误，据清嘉庆二十年(1815)南昌府学重刊宋本十三经注疏本《礼记注疏》改。

周制亦当缺一时之祭，则当云"诸侯祠则不禴，禴则不尝"云。

追王大王亶父、王季历、文王昌，不以卑临尊也。

文王之志，固欲成大王、王季之业。武王、周公继其志，追王之，取宗庙之中，叙昭穆，辨贵贱，辨贤逮贱，序齿，义之大者也。践文王之位，行文王之礼，奏文王之乐，敬文王之尊，爱文王之亲，如文王之生之存，所以为达孝。

从服有六：有属从，有徒从，有从有服而无服，有从无服而有服，有从重而轻，有从轻而重。

从轻而重，所因者自轻，而己从之乃反重也。从重而轻，妻为重，又其父母当重，而己反轻。从无服而有服，所从者自无，而己反有。从有服而无服，所从者自有，而己乃无服。

有百世不迁之宗。

今无宗之家，所祭不能追远。大宗则百世不迁。言"百世"，已远矣。小宗大宗，宗人，主礼者。统宗族之事者，宗也，故称宗子。国有宗正，大抵主族中之礼，故以主礼[①]称宗人。唐、虞已称"秩宗"，掌礼。秩，典秩也。宗，宗族之礼也。

王者，禘其祖之所自出，以其祖配之，而立四庙。庶子王亦如之。

"禘其祖之所自出"，始受姓者也。"其祖配之"，以始祖配也。文、武必以稷配，后世必以文王配。所出之祖无庙，于太祖之庙禘之而已。万物本乎天，人本乎祖，故以所出之祖配天地。周之后稷生于姜嫄，姜嫄已上更推不去也。文、武之功起于后稷，故配天者，须以后稷。

别子为祖，继别为宗，继祢者为小宗。

宗子"继别为宗"，言别则非一也，如别子五人，五人各为大宗。所谓"兄弟宗之"者，谓别子之子，继祢者之兄弟宗其小宗子也。

---

① 礼，底本原脱，据清康熙十九年（1680）通志堂刻《通志堂经解》本宋卫湜《礼记集说》引张载说补。

庶子不祭祖者，明其宗也。

宗子既祭其祖祢，则支子不得别祭，所以严宗庙，合族属，故曰："庶子不祭祖与祢，明其宗也。"若己为宗子，而弟有子，其弟既死，其子欲祭其父，必从祖祔食祭于宗子之家。殇与无后，必宗子主之为可；若有后者，亦使宗子主之，则子有不得事其父矣。《传》曰："子不私其父，则不成为子。"故兄弟生而异宫，所以尽子之私养。及其没也，反不得主其祭，于义安乎？盖异宫者，必祭于其宫，而其子主祭。其祭也，必告于宗子而后行，不得而专，亦所以明其宗也[①]。宗子有祭，必先与焉。卒祭，而后祭其父。故曰："支子不祭，祭必告于宗子。"又曰："终事而后敢私祭。"若非异宫，则礼有所不得申。礼不得申，则虽祔食于祖庙可也。庶子不祭祖，不止言王考而已。明其宗也；明宗子当祭也。不祭祢，以父为亲之极甚者，故又发此文。

右横渠张先生《礼记解》。

支子不祭，祭必告于宗子。

去国三世，爵禄有列于朝，出入有诏于国，若兄弟宗族犹存，则反告于宗后。《曲礼》。

自天子达于庶人，丧从死者，祭从生者，支子不祭。《王制》。

孔子曰："宗子虽七十，无无主妇。非宗子，虽无主妇可也。"《曾子问》。

曾子问曰："宗子为士，庶子为大夫，其祭也如之何？"孔子曰："以上牲祭于宗子之家。"祝曰："孝子某为介子某荐其常事。若宗子有罪，居于它国，庶子为大夫，其祭也，祝曰：'孝子某使介子某执其常事。'摄主不厌祭，不旅，不假，不绥祭，不配。布奠于宾，宾奠而不举。不归肉。其辞于宾曰：'宗兄、宗弟、宗子在他

---

① 宗也，底本原脱，据清康熙十九年（1680）通志堂刻《通志堂经解》本宋卫湜《礼记集说》引张载说补。

国，使某辞。'"

曾子问曰："宗子去它国，庶子无爵而居者，可以祭乎？"孔子曰："祭哉！"请问："其祭如之何？"孔子曰："望墓而为坛，以时祭。若宗子死，告于墓，而后祭于家。宗子死，称名不言'孝'，身没而已。"子游之徒，有庶子祭者，以此，若义也。今之祭者，不首其义，故诬于祭也。

曾子问曰："殇不祔祭，何谓阴厌、阳厌？"孔子曰："宗子为殇而死，庶子弗为后也。其吉祭特牲，祭殇不举，无肵俎，无玄酒，不告利成，是谓阴厌。凡殇与无后者，祭于宗子之家，当室之白，尊于东房，是谓阳厌。"郑氏曰："祭成人，始设奠于奥，迎尸之前，谓之阴厌；尸谡之后，改馔于西北隅，谓之阳厌。"庶子弗为后者，"族人以其伦代之，明不序昭穆立之庙，其祭之就其祖而已，代之者主其礼"。其吉祭特牲，"尊宗子从成人也。凡殇则特豚。自卒哭成事之后为吉祭"。"祭殇不举，无肵俎，无玄酒，不告利成，此其无尸及所降也。其他如成人，举肺脊，肵俎，利成，礼之施于尸者。"是谓阴厌者，"宗子而殇，祭之于奥之礼。小宗为殇，其祭礼亦如之"。"凡殇，谓庶子之适也，或昆弟之子，或从父昆弟。无后者，如有昆弟及诸父，此则今死者皆宗子大功之内亲共祖、祢者。言祭于宗子之家者，为有异居之道也。无庙者，为坛祭之；亲者，共其牲物，宗子皆主其礼。当室之白，尊于东房，异于宗子之为殇。当室之白，谓西北隅得户明者也。明者曰阳。凡祖庙在小宗之家，小宗祭之亦然。宗子之适，亦为凡殇。过此以往，则不祭也。"《曾子问》。

适子、庶子祗事宗子、宗妇。虽贵富，不敢以贵富入宗子之家。虽众车徒，舍于外，以寡约入。子弟犹归器、衣服、裘衾、车马，则必献其上，而后敢服用其次也。若非所献，则不敢以入于宗子之门，不敢以富贵加于父兄宗族。若富，则具二牲，献其贤者；于宗子，夫妇皆齐而宗敬焉，终事而后敢私祭。《内则》。

王者禘其祖之所自出，以其祖配之，而立四庙。庶子王亦如之。别子为祖，继别为宗，继祢者为小宗。有五世而迁之宗，其继高祖者也。是故祖迁于上，宗易于下。尊祖故敬宗，敬宗所以尊祖、祢。庶子不祭祖者，明其宗也。庶子不为长子斩，不继祖与祢故也。庶子不祭殇与无后者，殇与无后者从祖祔食。庶子不祭祢者，明其宗也。亲亲、贵贵、长长，男女之有别，人道之大者也。

宗子母在则妻禫。

士不摄大夫。士摄大夫，唯宗子。《丧服小记》。

五月、三月之丧，壹不食、再不食可也。比葬，食肉饮酒，不与人乐之。叔母、世母、故主、宗子食肉饮酒。《丧大记》。

父子一体也，夫妻一体也，昆弟一体也。故父子首足也，夫妻胖合也，昆弟四体也。故昆弟之义无分，然而有分者，则辟子之私也。子不私其父则不成为子，故有东宫，有西宫，有南宫，有北宫。异居而同财，有余则归之宗，不足则资之宗。

为人后者孰后？后大宗也。大宗者，尊之统也。禽兽知母而不知父。野人曰："父母何算焉？"都邑之士则知尊祢矣。大夫及学士则知尊祖矣。诸侯及其太祖，天子及其始祖之所自出。尊者尊统上，卑者尊统下，大宗者尊之统也，大宗者收族者也，不可以绝，故族人以支子后大宗也。适子不得后大宗。

诸侯之子称公子，公子不得祢先君。公子之子称公孙，公孙不得祖诸侯。此自卑别于尊者也。若公子之子孙有封为国君者，则世世祖是人也，不祖公子，此自尊别于卑者也。是故始封之君不臣诸父、昆弟，封君之子不臣诸父而臣昆弟，封君之孙尽臣诸父、昆弟。《仪礼·丧服传》。

"笃公刘，于京斯依。跄跄济济，俾筵俾几。既登乃依，乃造其曹。执豕于牢，酌之用匏。食之饮之，君之宗之。"毛氏曰："君之宗之，为之大宗也。"《诗·大雅·公刘》。

司空季子曰："黄帝之子二十五人，其同姓者二人而已，唯青阳与夷鼓皆为己姓。青阳，方雷氏之甥也。夷鼓，彤鱼氏之甥也。其同生而异姓者，四母之子①别为十二姓。凡黄帝之子二十五宗，其得姓者十四人为十二姓：姬、酉、祈、己、滕、箴、任、苟、僖、姞、儇、依是也。唯青阳与仓林氏②同于黄帝，故皆为姬姓。"《国语》。

韦昭注曰："继别为大宗，别子庶孙乃为小宗耳。得姓，以德居官而初赐之姓。十四人为十二姓，二人为姬，二人为己。"司马贞《史记索隐》曰："黄帝二十五子，得姓者十四人。《史记》旧解四为三，言得姓者十三人耳。按：《国语》十四人为十二姓，其文甚明。唯姬姓再称青阳，盖《国语》之误，所以致令前儒共疑。其姬姓青阳当为玄嚣，是帝喾祖本与黄帝同姬姓。其《国语》上文青阳，即是少昊金天氏为己姓者耳。"

国君之适，长为世子，继先君之正统。自母弟而下，皆不得宗。次适为别子，别子既不得称先君，则不可宗嗣君，又不可无所统属，故为先君一族。大宗之祖，其生也，适庶兄弟皆宗之；别子之母弟，虽适子，与群公子同，不得谓之别子。其死也，子孙世世继之。为先君一族之大宗，凡先君所出之子孙皆宗之，虽百世不迁。无后，则族人以支子继之。此谓"别子为祖，继别为宗"。群公子虽宗别子，而自为五世。小宗之祖死，则其子其孙为继祢、继祖之小宗，至五世以上，则上迁其祖，下易其宗，无子孙则绝。此谓"继祢者为小宗"。每一君有一大宗，世世统其君之子孙，故曰"宗其继别子之所自出者，百世不迁者也"。别子所自出，谓别子所出之先君。如鲁季友，乃桓公之别子所自出，即桓公大宗者，乃桓公一族之大宗。"公子之公，为其士大夫之庶者，宗其士大夫之适者"，则别子为先君大宗之祖，群公子皆宗之，是谓"有大宗而无小宗"。若君无

---

① 子，底本原脱，据清嘉庆道光年间吴县黄氏《士礼居丛书》景宋天圣明道刻本《国语》补。

② 氏，底本原脱，据清嘉庆道光年间吴县黄氏《士礼居丛书》景宋天圣明道刻本《国语》补。

次适可立为别子，止有庶公子数人，则不可无宗以统，当立庶长一人为小宗，使诸弟皆宗之，是谓"有小宗而无大宗"。若庶长死，国君复追立庶长为别子，以为先君一族大宗之祖，而以其子继之。此虽不经见，然以义求之，则一君之大宗，不可以绝后也。若君之正适外，止有一公子，既不可宗君，又无昆弟宗己，是谓"无宗亦莫之宗"。然此公子亦为其先君一族大宗之祖，没则百世相继，先君之子孙皆宗之，如大宗法。国君主先君之祀，上可及先君之太祖，而下为先君子孙之宗，故曰"尊者尊统上"。别子为先君百世大宗之祖，而不敢称先君，故曰"卑者尊统下"。大宗者，所以统先君之子孙，非统别子之子孙，故曰"大宗，尊之统也"，又曰"继别子之所自出"。《宗子议》。

宗子法久不行，今虽士大夫亦无收族之法。欲约小宗之法，且许士大夫家行之。其异宫同财，有余则归，不足则取，及昏、冠、丧、祭必告，皆酌今可行。仍以古法，详立条制，使之遵行，以为睦宗之道，亦无所害于今法，可以渐消析居争竞之丑，所补当不细矣。《杂议》。

古之典礼者，皆以"宗"名之，故伯夷作"秩宗"。《周官》有"宗伯"，下及乎都、家，皆有"宗人"。宗者，庙也。礼始于亲，亲之法非庙不统，所以别姓收族，无不出于祖庙，不主乎宗祖。故天子之元子，为天子之大宗，以继其太祖；而别子为诸侯，诸侯不敢祖天子，而自为一国之太祖。故诸侯元子，亦为诸侯之大宗，而继其太祖；而别子为大夫，大夫亦不敢祖诸侯，而自立家为别子之祖。继别者为宗，亦谓之大宗，所以别小宗，而百世不迁者也。小宗有四五世则迁者也。故继高祖之宗，得祀高祖，凡族兄弟皆宗之。族兄弟同出于高祖，故高祖与族兄弟之服皆三月。至于继祖、继曾祖、继祢，所祀所宗，莫不仿此。故其所继者皆谓之宗子，以主家政，而宗之者皆听命焉。诸侯、大夫之大宗，久废不讲，惟小宗若可行于今。然士大夫庙制世数之等，与宗子族食之差，其详可得闻欤？至宗子，必以世适。有才不才，间有所废置，变之则宗法坏，不变则家政①不行。支子不祭，必告于宗子。古者仕不出乡，则支子常得与祭于宗。以今之仕者出处之不常，将有终身不与者，可乎？至于尊祖奉宗之心，或夺于贵富；同财归资之法，或废于私藏。严之则贼恩，宽之则弛法。如庶民之无知，虽父兄犹有不听，何有于宗子乎？将使家政修，宗法举，严祭享，谨冠昏，货财不私，法度如一，其亲亲之道，至于祖迁宗易而后已，亦有道乎！《策问》，并芸阁先生。

管摄天下人心，收宗族，厚风俗，使人不忘本，须是明谱系，收世族，立宗子法。一年有一年工夫。

宗子法坏，则人不自知来处，以至流转四方，往往亲未绝不相识。今且试以一二巨公之家行之。其术要得拘守得，须是且如唐时立庙院，仍不得分割了祖业，使一人主之。

凡人家法，须月为一会，以合族。古人有花树韦②家宗会法，可取也。每有族人远来，亦一为之。吉凶嫁娶之类，更须相与为礼，使骨肉之意常相通。骨肉易疏者，只为不相见，情不相接尔。

今无宗子法，故朝廷无世臣。若立宗子法，则人知尊祖重本。人既重本，则朝廷之势自尊。古者子弟从父兄，今父兄从子弟，由不知本也。且如汉高祖欲下沛时，只是以帛书与沛父老，其父兄便能率子弟从之。又如相如使蜀，亦移书责父老，然后子弟皆听其命而从之。只有一个尊卑上下之分，然后顺从而不乱也。若无法以联属之，安可且立宗子法？亦是天理。譬如木必有从根，直上一干，亦必有旁枝；又如水虽远，必有正源，亦必有分派；处自然之势也。已上并《程氏遗书》。

---

① 政，底本原脱，据清康熙十九年（1680）通志堂刻《通志堂经解》本宋卫湜《礼记集说》补。
② 韦，底本原作"常"，据清同治至民国刻《西京清麓丛书》本《程氏遗书》改。

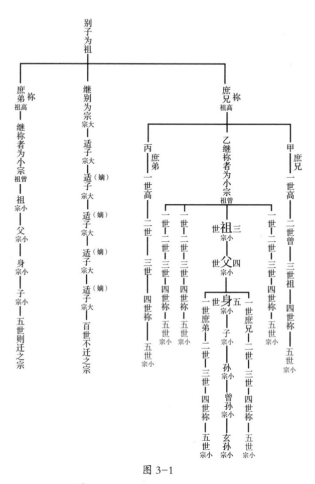

图 3-1

公子有宗道图说[1]

诸侯之子，身是公子，不得宗君下。未为后世之宗，不可无人主领，故君有适昆弟，则使之为宗，以领公子，礼如大宗。若无适昆弟，遣庶兄一人为宗，领公子，礼如小宗。若君止有弟或兄一人，既无它公子可为宗，又无它公子来宗于己，不须主领，是谓无

---

[1] 本篇整理图皆自浙江古籍出版社 2008 年版《吕祖谦全集》（第 1 册）。

宗，亦莫之宗。今列三图于后：

有大宗而无小宗

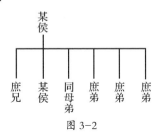

图 3-2

君有适昆弟，使为之宗，以领公子。公子宗之，则如大宗，死为之齐衰九月。既有适昆弟为宗，更不得立庶昆弟为宗，是谓"有大宗而无小宗"。

"公子有宗道，公子之公，为其士大夫之庶者，宗其士大夫之适者"，谓此也。"公子之公"者，公，君也，谓公子之君是适兄弟为君者。"为其士大夫之庶者"，则君之庶兄弟为士大夫，所谓公子者也。"宗其士大夫之适者"，言君为此公子。"士大夫庶者宗其士大夫适者"，谓立公子适者。士大夫之身与庶公子为宗，故云"宗其士大夫适"也。此适即君之同母弟，适夫人所生之子也。

有小宗而无大宗

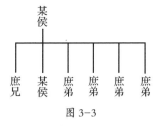

图 3-3

君无适昆弟，遣庶兄弟一①人为宗，领公子，礼如小宗，是"有小宗而无大宗"。无适而宗庶，则如小宗，为之大功九月。如无庶

---

① 一，底本原作"二"，误，据清嘉庆二十年（1815）南昌府学重刊宋本十三经注疏本《礼记注疏》孔颖达疏改。

兄，则以庶弟一人为宗。

有无宗亦莫之宗

图 3-4

公子唯一，无它公子可为宗，是无宗也。亦无它公子宗己，是亦莫之宗也。

宗法条目

按《与朱晦庵书》云："《宗法》，春夏间尝令诸弟读《大传》，颇欲略见之行事。其《条目》未堪传家。间与叔位同居，向来先人以先叔久病之故，尽推祖业畀之。后来看得两位藐然，却无系属。今年商量，两位随力多少，桩办一项钱，共祭祀宾客等用，令子弟一人主之。今方行得数月。俟数年行得有次序，《条目》始可定也。"此乃辛丑年所定《条目》。

祭祀

日

晨，先诣家庙烧香，然后于尊长处问安。

朔望

长、少晨诣家庙瞻拜，设酒三杯、茶三盏、隔夜别研茶。时果三品。遇新麦出，则设汤饼三分。新米出，设饭三分。侑以时味。唯正月朔，荐茧及汤饼。

荐新及节物

荐新以朔、望。

节物：正月立春日，荐春饼；元宵，荐圆子、盐豉汤、焦𫗦；二月社，荐社饭；秋社同；三月寒食，荐稠饧、冷粥、蒸菜；以百四日。五月端午，荐团粽；七月七夕，荐果食；九月重阳，荐茱菊糕。

时祭

祭用春分、夏至、秋分、冬至。

前期五日，修补屋宇，检视祭料、祭具。

前期一日，洒扫祭所，涤濯陈设祭具。具祭馔果六品，醯酱蔬共六品，面食、米食、鱼、肉、羹、饭共六品。丰俭以家之有无、岁之丰歉为之节，今岁每祭以陆贯足为率。是日，与祭者并沐浴致斋，男子会于书室。

祭日，质明行礼。礼具《祭仪》。

忌日

曾祖以下，设位于堂。祭食从家之旧俗，用素馔。前期一日，治食料，洒扫铺设。子弟已娶者，并出书院致斋。忌日，早张影貌，事具而祭。祭料称家之有无、物之贵贱。

高祖以上，遇忌日，张影貌于堂，设茶酒瞻拜。

省坟

用寒食。十月旦，检校墙围享亭，如有损阙，随事修整。

婚嫁

嫁，壹百贯文省。

婚，伍拾贯文省。

其余随本位之有无。遇宅计不足，则取之诸位。

生子

每生子，给羊酒之费。男九贯省，女六贯省。

租赋

每遇夏秋税起催日，先期输纳。请到朱抄，排年分架阁。

家塾

居处

屋宇损漏，户牖破缺，如门无关或窗纸破之类。与凡日用之未备者，谓面盆、浴汤及洒扫之类。在塾诸生，告于掌事者，以时修整。掌事者亦时一检校。

饮食

尊长月一具食延塾之师。在塾诸生佐掌事者检校。每日二膳。冷暖失节，在塾诸生告于掌事者，随轻重行遣。掌事者亦时一检校。药物准此。<small>师疾，诸生侍粥药。</small>

衣服

以家之有无、诸生之众寡为之节。

束脩

以家之有无、诸生之众寡为之节。

合族

四仲时祭后饮福。

宗族内外姻远至，具酒三行。

两位旦望会饭谋家事。

宾客

庆吊

令逐旋桩料。

送终

以家之有无、丧之大小为节。

诸项钱，除祭祀所桩外，皆许移用。

会计

内之收支不留底。

谓两位关到钱物，及拨钱物付两位，并不用干照文字。

外之收支并留底。

谓买物成项目者，并要客人领钱文字。零碎食料，并要市买支破单子。就铺买物，并要铺单子。以上并依月日排号，粘成案底。

岁终，宅计具收支都账，及科拨来岁钱物。

岁终，两位用度之余，以十之一归宅计。

岁终，簿书案底排年月号，别柜架阁。

规矩

子弟不奉家庙，未冠执事很慢，已冠颓废先业，并行楚。

执事很慢，谓祭祀时醉酒，高声喧笑，斗争，久待不至之类。

颓废先业，谓不孝、不忠、不廉、不洁之类。凡可以破坏门户者，皆为不孝。凡出仕，不问官职大小，蠹国害民者，皆为不忠。凡法令所载赃罪，皆为不廉。凡法令所载滥罪，皆为不洁。

中庭小牌约束

晨兴，长幼诣家庙瞻敬。十岁以下免。

果、脯、鲊、酱，先储以共时祭。

子弟出入，婢仆增减，并禀尊长。

非院子小童，不许入中门。小童用十三以下者，事须众力者，子弟监视。

进退婢仆约束

凡进退婢仆，并先书于籍，进者，书乡贯、姓名、年月及牙保。退者，年满或遣去，各书其由。禀尊长，请书押。如未经书押而擅行者，子弟楚，婢仆改正。成契者毁抹，已去者复归。

家范二

昏礼

陈设

前期一日，女氏使人张陈其婿之室。司马氏曰："床榻荐席椅卓之类，婿家当具之。毡褥帐幔衾裯之类，女家当具之。衣服袜履等，皆锁之箧笥。世俗尽陈之，欲矜富侈。此乃婢妾小人之态，不足为也。《文中子》曰：'昏娶而论财，夷虏之道也。'夫婚姻者，所以合二姓之好，上以事宗庙，下以继后世也。世俗之贪鄙者，将娶妇，先问资装之厚薄；将嫁女，先问聘财之多少。至于立契约云'某物若干'，以求售其女者。亦有既嫁而复欺绐负约者。是乃驵侩鬻奴卖婢之法，岂得谓之士大夫昏姻哉？其舅姑既被欺绐，则残虐其妇，以摅其忿。由是爱其女者，务厚资装，以悦其舅姑。殊不知彼贪鄙之人，不可盈厌，资装既竭，则安用汝女哉？于是质其女以责货于女氏。货有尽而责无穷，故昏姻之家，往往终为仇雠矣。是以世俗生男则喜，生女则戚，至有不举其女者，用此故也。然则议昏姻有及于财者，皆勿与为昏姻可也。" 及期，婿具盛馔。设椅卓各二于室中，东西相向，各置杯匕箸蔬果于卓上。子舍隘狭，或东、西、北向皆不可知。今假设南向之室而言之，左为东，右为西，前为南，后为北。酒壶在东席之后墉下，置合卺一注于其南卓上。卺以匏剖为二。如无匏，以杯代。设盥盆二于室之外，帨巾二，皆有架，盥盆有勺。

亲迎

期日，婿氏告迎于庙，_{无庙者即影堂。}设酒果香茶。主人_{谓尊长。}北向，焚香，酹酒，俯伏，兴。祝_{以家之子弟为之。}怀辞，由主人左，东向，出辞跪读。祝兴[1]。主人及婿及在位者皆再拜，出。彻酒果，阖庙门。

婿乘马，_{不乘马者以轿。}前引妇车。_{妇车，迎妇之车。或用担子。}将至，女氏之傧_{以女氏之子弟为之。}俟于大门之外。婿下马，_{乘轿者下轿。}傧揖，入门。主人揖宾而先，_{宾谓婿也。}宾从主人见于庙。_{见女氏之先祖，设香案于行馆之正位。}宾再拜，上香，又再拜。既见庙，见女之尊长，再拜，致辞，又再拜。主人揖宾出。宾主各就位，酒三行，卒食，兴。

女氏奉女辞于庙，亦设酒果香茶。主人亦北向立，焚香，酹酒，俯伏，兴。祝_{以女家子弟为之。}怀辞，由主人左，出辞跪读。祝兴，再拜。彻酒果，阖庙门。_{有父母者，辞庙毕，母面南于房外，女出于母左，父西面醴女而戒之，母整冠饰戒诸西阶之上。无父母，则尊长戒之。}

姆奉女出门，婿揖之，导妇升车。女既升车，婿乘马而先，俟于其家之厅事。俟妇下车，揖之，遂导以入，妇从之。

执事先设香酒脯果于家庙。_{无庙者即影堂。}舅、姑盛服于家庙之上，舅在东，姑在西。赞者导，婿以妇至于阶下。_{无阶者立于影堂之前。}主人进，北向立，焚香，跪，酹酒，俯伏，兴。祝怀辞，由主人之左进，东面，出辞跪读。祝怀辞，兴。主人再拜，退，复位。婿与妇拜，如常仪，出。彻酒果，阖庙门。

赞者导，婿揖妇而先，妇从之，适其室。至室外，相向立，妇从者沃婿盥，婿从者沃妇盥。帨手毕，揖而入室。妇从者布席于阖

_{① 兴，底本作"舆（与）"，因"舆""兴"形近而误，据民国十三年（1924）永康胡氏梦选楼刻《续金华丛书》本《东莱吕太史别集·家范》、《吕祖谦全集》本改。}

内东方，婿从者布席于西方。婿、妇逾阈，婿立于东席，妇立于西席。赞者揖，婿再拜，程氏曰："男下女。"姆侍扶妇答拜。婿揖筵举妇蒙首，遂就坐。执事者进酌，婿揖妇举饮，食至，揖妇食。执事者再酌，婿揖妇举饮，无殽。执事者取卺，分置婿、妇之前，酌酒于卺。婿、妇举饮。食至，婿、妇亦举食。酒三行，毕。

婿出就他室，姆与妇留室中。乃彻馔，置室妇从者馂婿之余。

婿入室脱服，妇从者受之。妇脱服，婿从者受之。烛出。古诗曰"结发为夫妇"，言自稚齿始结发以来即为夫妇，犹李广结发与匈奴战也。今世俗有结发之仪，此尤可笑也。

于婿、妇之适其室也，主人以酒馔礼男宾于外厅，主妇以酒馔礼女宾于中堂，如常仪，古礼，明日舅姑乃飨送者。今从俗。不用乐。孔①子曰："取妇之家，三日不举乐，思嗣亲也。"今俗昏礼用乐，殊为非礼。

妇见尊长

妇明日盛服饰，俟见尊长。平明，尊长坐于堂上，赞者见妇于尊长。妇北向，拜于堂下，升自西阶。执事者以箧实币帛，置于尊长之前。妇降阶，又拜。幼属相拜者少进，相拜。

---

① 孔，底本作"曾"，误，据清嘉庆二十年（1815）南昌府学重刊宋本十三经注疏本《礼记注疏》改。

家范三

葬仪

筮宅

既殡，谋葬，择地得数处。温公《书仪》。

伊川先生曰："卜其宅兆，卜其地之美恶也，非阴阳家所谓祸福者也。地之美者，则其神灵安，其子孙盛。若培拥其根而枝叶茂，理固然矣。地之恶，则反是。然则曷谓地之美者？土色之光润，草木之茂盛，乃其验也。而拘忌者惑于择地之方位，决日之吉凶，不亦泥乎！甚者不以奉先为计，而专以利后为虑，尤非孝子安措之用心也。惟五患者不得不慎：须使异日不为道路，不为城郭，不为沟池，不为贵势所夺，不为耕犁所及。一本所谓五患者：沟渠，道路，避村落，远井、窑。既葬，则以松脂涂棺椁，石灰封墓门。此其大略也。"

执事掘兆四隅，外其壤。兆，茔域也。掘中，南其壤。为葬将北首故也。命筮者择远亲或宾客为之。及祝、执事者皆吉冠素服。依《开元礼》，素服者，但彻去华采之饰而已。执事者布筮席于兆南，北向。阙。主人既朝哭，适兆所，立于席南，当中壤，北向，免首绖，左拥之。温公《书仪》。按《仪礼》注："免绖者不敢纯凶。"命筮者在主人之右。筮者东面，抽上韇①兼执之，《仪礼》注："韇，藏筮之器也，兼与筮执之。"进，南面受命于主人。命筮者从旁命之曰："哀子某为其父某官筮宅。度兹幽宅，兆基无有后艰。"参用《仪礼》、温公《书仪》。按：《书仪》为父则称"孤子"，为母则称"哀子"。《仪礼》命筮云"哀子某为其父"，无称"孤子"之文。今从《仪礼》。《仪礼》称"为其父某甫"，古人尚质，故称父字。今恐非人子所安，止从《书仪》。筮人许诺，右旋就席，北面坐，述命，《士丧礼》"不述命"，《注》："既受命而申言之曰述。不述者，《士礼》略。"今从《开元礼》。指中封而筮。中封，中央壤也。占既得吉，则执筮东向，进，告于莅筮者及主人，曰："从。"主人绖，哭。若不从，更筮他所，如初仪。并温公《书仪》。

祭后土

兆既得吉，执事者于其中壤及四隅各立一标，当南门立两标。祝帅执事者入，设后土氏神位于中壤之左，南向，古无此。《开元礼》有之。置椅、卓、盥、盆、帨、架、盏、注、脯、醢，或不能如此，只常食两三味。皆如常日祭神之仪。但不用纸钱。告者与执事者皆入，卜者不入。序立于神位东南，重行西向北上立定，俱再拜。告者盥手洗盏，斟酒进跪，酹于神座前，俯伏，兴。少退，北向立。搢笏执词，进于神座之右，东面跪读之，曰："维年月朔日，子某官姓名，敢昭告于后土氏之神。今为某官姓名主人也。营建宅兆，神其保佑，俾无后艰。谨以清酌脯醢，祗荐于神。尚飨！"讫，兴，复位。告者再拜，出。祝及执事者皆西向再拜，彻馔，出。主人归殡前，北向哭。并温公《书仪》。

按《周礼·冢人》："甫竁，遂为之尸。"《正义》云："先郑以'遂为之尸'据始穿时祭墓地，冢人为之尸。后郑据始穿时无祭事，至葬讫成墓乃始祭墓，故冢人为尸。"又云："是墓新成祭

---

① 韇，底本作"㯖"，据清嘉庆二十年（1815）南昌府学重刊宋本十三经注疏本《仪礼注疏》改。

后土。"以此考之，则后土之祭，古有此礼，但郑司农以为始穿墓时祭，郑康成以为墓既葬后祭。《开元礼》盖从郑司农之说也。

卜日

卜葬日于三月之初，若墓远，则卜于末三月之前。主人先议定可葬日三日。谓可以办具及于事便者，必用三日，备不吉也。执事者布卜席于殡门外闑，西北向。主人既朝哭，与众主人谓亡者诸子。出，立于殡门外之东壁下，西向南上。阖东扉，主妇立于其内。主人进，立于门南，乃北面，免首绖，左拥之。莅卜者按《仪礼》："族长莅卜，吉服。"立主人东北，乃西向。卜者执龟，东向进，受命于莅卜者。命之曰："哀子某《书仪》称孤子，今从《仪礼》。将以今月某日先卜远日，不吉，再卜近日。卜葬其父某官，考降无有悔。"考，上也。降，下也。言卜此日葬，魂神上下得无近于咎悔者乎？卜者许诺，右旋就席，西向坐，述命。卜不吉，则又兴，受命，述命。再卜，占既得吉，兴，告于莅卜者及主人。曰："某日，从。"主人绖，与众主人皆哭。又使人告于主妇，主妇亦哭。主人与众主人入，至殡前，北向哭。遂使人告于亲戚、僚友应会葬者。并温公《书仪》。

按：《仪礼》筮宅无用卜之文，卜日无用筮之文。温公《书仪》参用卜、筮。今从古礼。

启殡

先葬二日，既夕哭，请启期，告于宾。《仪礼正义》。按温公《书仪》："墓远，则于发引前一日启殡。"则亦当先发引二日，"既夕哭，请启期，告于宾"。

明旦夙兴，《仪礼正义》。执事者帷其听事，帷之为有妇人在焉。《既夕礼》："迁于祖，用轴。"《注》："盖象平生，将出，必辞尊者。"《檀弓》曰："丧之朝也，顺死者之孝心也。其哀，离其室也，故至于祖考之庙而后行。殷朝而殡于祖，周朝而遂葬。"《开元礼》无朝庙礼，今从周制。《礼》又云："周既载而祖于庭。"今人既载遂行，无宿于庭者。又庭中难施哭位，故但祖于听事。丧事有进而无退，无听事者，但向外之屋可置枢者，皆可也。**备功布长三尺。**以新布稍细者为之。并温公《书仪》。按《仪礼》注："功布，灰治之布也。"《正义》云："商祝拂枢用功布，是拂拭去尘也。"《三①礼图》云："《旧图》云'功布，谓以大功之布长三尺，以御枢，居前，为行者节度。'又《隐义》云：'羽葆功布等，其象皆如麾旌旗无旒者，周谓之大麾。'"以此考之，则功布，启殡时手执之以拂拭，出葬时竿揭之以指麾。**五服之亲皆来会，各服其服。**温公《书仪》。**主人及众主人皆去冠绖，以邪布巾帕头，**参酌《开元礼》新修。**入就位哭。**温公《书仪》。

按《仪礼·既夕礼》云："丈夫髽，散带垂，即位如初。"《注》："为将启变也。此互文以相见耳。髽，妇人之变。《丧服小记》曰'男子免而妇人髽'。"《正义》云："'为将启变也'，凡男子免与括发散带垂，妇人髽，皆当小敛之节。今于启殡时亦见尸枢，故变同小敛之时，故云'为将启变也'。"云"此互文以相见耳。髽，妇人之变"者，髽既是妇人之变，则免是男子之变。今丈夫见其人不见免，则丈夫当免矣；妇人见其髽不见人，则妇人当髽矣，故云"互文以相见耳"。启后著免，后至卒哭，其服同矣，以其反哭之时，更无变服之文，故知同也。又按《士虞礼》云："主人及兄弟如葬服。"《正义》云："葬服者，《既夕》曰'丈夫髽，散带垂也。'此唯谓葬日反，日中而虞，及三虞时。其后卒哭，即服其故服。是以《既夕礼》注云：'自卒至殡，自启至葬，主人之礼其变同。'则始虞与葬服同，三虞皆同至卒哭，卒去无时之哭，则依其丧服，乃变麻服葛也。"温公《书仪》以谓："自启殡至于卒哭，日数甚多，今已成服，使五服之亲皆不冠而袒免，恐其惊俗，故但各服其服而已。"若从古礼，使五服之亲皆不冠而袒免，诚为骇俗。若从《书仪》，则人子于启殡动枢之际，其

---

① 三，底本作"二"，据民国十三年（1924）永康胡氏梦选楼刻《续金华丛书》本《东莱吕太史别集·家范》改。

服略无所变，亦未安。今参酌，惟主人及众主人变服。免之制，虽郑康成亦云未闻，《士丧礼》云："众人免于房。"《注》："免之制未闻，旧说以为如冠状，广一寸。《丧服小记》曰：'斩衰括发以麻，免而以布。'此用麻布为之，状如今之著幓头矣，自项中而前交于额上，却绕紒也。"然则郑康成之说，亦不过以意描摩而已。故止从《开元礼》。

执事者迁灵座及椸于旁侧。为将启殡。祝凶服，非五服者则去华盛之服。执功布，止哭者，北向立于柩前，抗声三，告曰："谨以吉辰启殡。"既告，内外皆哭，尽哀止。《既夕礼》："商祝免袒①，执功布入，升自西阶，尽阶，不升堂。声三，启三，命哭。"《注》："功布，灰治之布也。执之以接神，为有所拂抗也。声三，三有声，存神也。启三，三言启，告神也。旧说以为声噫嘻也。"《开元礼》："祝三声噫嘻。"今恐惊俗，但用其辞。拂，芳味切。抗，芳丈切。妇人退避于他所。为役者将入。主人及众主人辑杖立，视启殡。《丧大记》："大夫士哭殡则杖，哭柩则辑杖。"《注》："哭殡，谓既涂也。哭柩，谓启殡后也。"辑，敛也。谓举之不以柱地也。天子诸侯之杖，不入庙门。祝取铭旌，置灵座之侧。役者入，彻殡涂及墼，居的反。《说文》曰："瓴适也。一曰未烧者。"扫地洁之。祝以功布拂去棺上尘，覆以夹衾。《既夕礼》："祝取铭置于重。"今以魂帛代重，故置于灵座前。役者出。妇人出，就位，立哭。执事者复设椸及灵座于故处，乃彻宿奠，置新奠，《既夕礼》："迁于祖，正柩于两楹间。席升设于柩西，奠设如初。"《注》："奠设如初，东面也。不绕于柩，神不西面也。不设柩东，东非神位也。"《开元礼》："不朝祖，彻殡，设席于柩东，奠之，谓之启奠。"如常日朝夕奠之仪。并温公《书仪》。

按：今人既敛，柩未尝殡。此一节姑存之，以待复古礼者。今略仿启殡之意，参定如后。

---

① 免袒，底本作"袒免"，为倒文，据清嘉庆二十年（1815）南昌府学重刊宋本十三经注疏本《仪礼注疏》改。

祝凶服，执功布，止哭者，北向立于柩前，抗声三，告曰：
"谨以吉辰启殡。"今人虽未尝殡，然浙中土俗，先葬数日铺设，谓之开丧，
是亦启殡之意也。故祝辞亦可称启殡，但削去妇人退避、役者彻涂之礼。既告，
内外皆哭，尽哀。一祝取铭旌置灵座之侧。祝以功布拂去棺上尘，
覆以夹衾。乃彻宿奠，置新奠，即启奠也。如常日朝夕奠之仪。以温公
《书仪》裁定。

朝祖

既行启奠，新修。役者入，妇人退避。主人及众主人辑杖立，视
如启殡。役者举柩诣影堂前。祝以箱奉魂帛在前，执事者奉奠及椅卓
次之，铭旌次之，柩次之。未明，则柩前后皆用二烛照之。主人以下皆从
哭。男子由右，妇人由左；重服在前，轻服在后，各以昭穆长幼为
叙。侍者在末。无服之亲，男居男之右，女居女之左，不与主人、主
妇并行。妇人皆盖头。为有役者在前故也。役者出，则去盖头。至影堂前，
并温公《书仪》。置柩于床，北首。新修。床，即今世俗所用置柩之凳。

按：温公《书仪》"置柩于席，北首"，不唯于事不便，亦
于礼不合。据《仪礼·既夕礼》："迁于祖，正柩于两楹间，用夷
床。"是则古礼朝祖置柩于床，不于席也。今世俗置柩用凳，亦夷
床之遗意。

役者出，祝帅执事者设灵座及奠于柩西，东向。若影堂前迫隘，则
置灵座及奠于旁近，从地之宜。主人以下就位，位在柩之左右前后，如在殡宫。
立哭，尽哀止。役者入，妇人退避。祝奉魂帛导柩右旋，主人以下
哭从如前，诣听事，并温公《书仪》。置床上，北首。新修。设灵座及奠
于柩前，南向。余如朝祖。主人以下就位，坐于柩侧，藉以荐席，
如在殡宫。乃代哭，如未殡之前。并温公《书仪》。按：《仪礼·士丧礼》
"代哭"，《注》："防其以死伤生，使之更哭，不绝声而已。"

按：《仪礼》启殡，"夙兴，设盥于祖庙门外。陈鼎皆如殡。
东方之馈亦如之。"是陈鼎及馈皆在庙，而不在殡所也。"迁于

祖，正柩于两楹间。质明，乃奠如初。升降自西阶。"《注》："谓迁祖奠。"是行奠礼在朝庙之时，而不在启殡之时也。然启殡动柩，略无奠祭，似于人情未尽，故温公《书仪》从《开元礼》设启奠，而朝祖之时不设迁祖奠。今且从《书仪》。今人无家庙。所谓影堂多迫隘，亦恐于行奠礼未便。

祖奠

按：《仪礼·既夕礼》称奠者有四：葬前一日，柩"迁于祖，质明，乃奠如初"，所谓迁祖奠也。"日侧，乃载。布席，乃奠如初"者，所谓祖奠也。"宾赗者将命，兄弟赗奠可也"者，《注》："兄弟有服亲者，可且赗且奠，许其厚也。"所谓有服之亲奠也。葬日，"厥明，陈鼎馔，乃奠"者，所谓大遣奠也。则是葬前一日，先迁祖奠，次祖奠，次乃有服亲之奠。温公《书仪》亲宾奠乃在祖奠之前，似未合古。今移祖奠在亲宾奠之前。

执事者具祖奠酒馔如殷奠。其日铺时，礼，祖用日昃，谓过中时。今宜比夕奠差早，用铺时可也。主人以下卑幼皆立哭。并温公《书仪》。

按：《仪礼》："有司请祖期。曰：'日侧'。主人入，祖[①]，乃载。踊无算，卒束袭。"《正义》云："将行饮酒曰祖。死者将行亦曰祖。乡柩在堂北首，今下堂载于车。载柩讫，以物束棺，使不动也。"又《仪礼》："商祝御柩，乃祖。"《注》："还柩乡外，为行始。"若从古礼，奉柩下堂，载于车，则去出葬尚经一夕，恐亦难行。若全无所变，又非祖载之意。今参定，止用郑氏"还柩乡外"之说，修立如后。

役者入，妇人避退。役者举柩南首。新修。柩止在听事旧处，但改柩首乡外。祝帅执事者设酒馔于灵前。祝奠讫，退，北面跪，告曰：

---

① 祖，底本作"祖"，因"祖""祖"形近而误，据清嘉庆二十年（1815）南昌府学重刊宋本十三经注疏本《仪礼注疏》改。

"永迁之礼，灵辰不留。谨奉柩车，式遵祖道。"俯伏，兴。余如朝夕奠仪。主人以下复位，坐，代哭，以至于发引。

亲宾奠　赙赠

按：《仪礼》："兄弟赗奠。《注》："有服亲。"《正义》云："知非大功以上者，以大功以上有同财之义，无致赗奠之法。赗且奠，许其贰赗兼奠。"所知则赗而不奠。《正义》云："车马曰赗。"知死者赗，知生者赙。"《正义》云："货财曰赙。玩好曰赠。"是古礼非有服亲不致奠。今恐有交契厚而难却者，故且从温公《书仪》。

宾客欲致奠于其家者，以饭床设茶与酒馔于其庭。暑则覆之以幄。将命者入白主人。主人绖杖降自西阶，待①于阼阶下，西向。宾入，家人皆哭。宾饭立于馔南，北向东上。置卓子于宾北，炷香，浇茶，实酒于注，洗盏斟酒于其上。上宾进，烧香。退，复位，与众宾皆再拜。上宾进，跪，酹茶、酒，俯伏，兴。宾祝执祝辞出于上宾之右，西向读之曰："维年月日，某官某谨以清酌庶羞，致于某官之灵。中间辞，临时请文士为之。尚飨！"祝兴。凡吉祭，祝出于左，东向。凶祭，出于右而西向。宾再拜，应哭者哭。进诣主人前，东向北上。上宾止主人哭，主人稽颡再拜。宾答拜。主人哭而入护丧，延宾坐于庑，进茶汤，送出如常仪。祝纳酒馔及祝辞于丧家。若奠于柩所经过者，设酒馔于道左右，或有幄，或无幄。附令敕诸丧葬之家，只许祭于茔所，不得于街衢致祭。然亲宾祭于丧家大门之内，及郭门之外，亦非街衢也。望柩将至，宾烧香，酹茶、酒，祝拜哭。柩至，少驻。主人诣奠所拜。宾哭，从柩而行。余如上仪。奠于墓所，皆如在其家之仪。《既夕礼》："摈者出请，若奠，入告。出，以宾入，将命如初。士受羊如受马。"然则古者但致奠具而已。汉氏以来，必设酒食沃酹。"徐稚每为诸公所辟，虽不就，有死

---

① "西阶，待"，底本阙，据民国十三年（1924）永康胡氏梦选楼刻《续金华丛书》本《东莱吕太史别集·家范》补。

丧，负笈赴吊。常于家豫炙鸡一只，以一两絮渍酒中，暴干以裹鸡。径到所赴冢隧外，以水渍絮，使有酒气。外米饭，白茅为藉，以鸡置前，醊酹毕，留谒则去，不见丧主。"然则奠贵哀诚，酒食不必丰腆也。自唐室中叶，藩镇强盛，不遵法度，竞其侈靡，始缚祭帷至高数丈，广数十步，作鸟兽、花木、舆马、仆从、侍女，衣以锦绮，辒车过则尽焚之。祭食至百余器，染以红绿，实不可食。流及民间，递相夸尚，有肴馔数百器者，曷若留以遗丧家为赙赠哉！**其亲、宾赗赠，皆如始死之仪，而不襚。**《士丧礼》始死有吊、有襚，将葬有赗、有奠、有赗赠。知死者赠，知生者赗。赗、赠皆用货财，但将命之辞异耳。《春秋传》[1]讥赠死不及尸。尸柩未葬时也。然则自始死至葬，赗赠之礼皆可行也。并温公《书仪》。

陈器

翣夫陈器于门外，方相在前。丧葬，令四品以上用方相，七品以上用魌头。方相，四目；魌头，两目。魌音欺。温公《书仪》。

按：《周礼·方相氏》："掌蒙熊皮，黄金四目，玄衣朱裳，执戈扬盾。大丧，先匶。及墓入圹，以戈击四隅，殴方良。"郑氏《注》："如今魌头也。"又按：绍兴丧葬式，方相、魌头深青衣，即玄衣也。朱裳，执戈扬盾。古礼，方相氏乃狂夫四人。世俗乃用竹结缚为之，不应古制。今参定，魌头当使人服深青衣，朱裳，冠具[2]用世俗所造方相氏之冠。戴假面，黄金两目，即世俗所谓面具也。执戈扬盾。近胡文定公之葬，方相用人。

次志石。次椁。二物已在墓所，则不陈。温公《书仪》。

次明器。温公《书仪》。

按：绍兴丧葬格，七品明器二十事。《礼记·檀弓》："孔子曰：'之死而致死之不仁，而不可为也。之死而致生之不知，而不可

---

[1] 《春秋传》，底本作《阙礼图》，据民国十三年（1924）永康胡氏梦选楼刻《续金华丛书》本《东莱吕太史别集·家范》改。

[2] 具，底本作"且"，因"具""且"形近而误，据民国十三年（1924）永康胡氏梦选楼刻《续金华丛书》本《东莱吕太史别集·家范》改。

为也。是故竹不成用，瓦不成味，木不成斫，琴瑟张而不平，竽笙备而不和，有钟磬而无簨簴，其曰明器，神明之也。'"是则古之所谓明器者，乃琴、瑟、竽、笙、钟、磬之属。又《礼记·檀弓》："涂车刍灵，《注》："束茅为人。"自古有之，明器之道也。"是刍灵亦明器之类也。《周礼·校人》："饰遣车之马，及葬，埋之。"郑氏《注》："埋之，则是马涂车之刍灵。"是则刍灵不惟束茅为人，亦束茅为马也。今参定，明器二十事，两琴、两瑟、两竽、两笙、琴、瑟、竽、笙依《三礼图》造，但略具琴、瑟、竽、笙之形，更不比校音律尺寸，乃合"张而不平""备而不和"之义。两钟、两磬、今法禁铜，并依《三礼图》特悬钟磬样，以铁铸之，但略具形制，不必校量制度。仍须斟量，不可太厚大，使一人之力可举者。刍灵四、束茅为人，用纸，依古士冠服。刍马四，束茅为马。共二十事。每事一人持之。刍灵、刍马，其下并用轴，令人牵之。涂车之制不可考。又所谓"竹不成用，瓦不成味，木不成斫"，亦无名物可考，故不复用。

次下帐。次上服。上服谓公服、靴、笏、幞头、腰带。温公《书仪》。

按：下帐、上服，古无其制。然《仪礼》陈器有燕器、从器、杖、笠之属，则亦可以义起。

次苞。但陈所用之苞。其脯，俟遣奠毕，始苞之。温公《书仪》。

按：《仪礼·既夕礼》云："苞二。"《注》："所以裹奠羊豕之肉。"下《记》云："苇苞长三尺一编。"《三礼图》云："以苇长难用，截取三尺一道编之，用苞牲体，为便易也。"今参定，用二苞，其制并依《三礼图》。俟葬日，遣奠毕，以裹羊豕之肉，各用桁舆之。桁之制在《三礼图》。

次筲

按：《仪礼·既夕礼》云："筲三，黍、稷、麦。"《注》云："筲，畚种类也。其容盖与簋同，一觳也。"《正义》云："畚器所以盛种。此筲与畚盛种同类，故举为况也。"又下《记》云：

"菅筲三，其实皆瀹。"音药。《注》云："米麦皆湛之以汤，未知神之所享，不用食道，所以为敬。"今参定，用三筲。其制并依《三礼图》。一盛黍，一盛稷，用粟代，一盛麦，并用汤略煮。亦各用桁舆之。

次瓮三，醯、醢、屑。幂用疏布。《仪礼》注："瓮，瓦[1]器。其容亦盖一觳。屑，姜柱之屑也。觳音斛。《三礼图》云："三豆成觳。"则觳受斗二升。

按：温公《书仪》止言醯，醢，不言屑，又不言所盛之物。今从《仪礼》。

次瓾二，醴、酒。幂用功布。《仪礼》注："瓾亦瓦器也。功布，灰治之布也。"瓾，文甫反。其制在《三礼图》。

按：《仪礼》用二瓾。温公《书仪》止用酒一斗，盛以瓶。今从《仪礼》。亦用桁舆之。按：《汉书》楚元王"为穆生设醴"，颜师古《注》："醴，甘酒也，少曲多米。"

次铭旌。温公《书仪》。

次功布。用《仪礼》新修。

按：《仪礼·既夕礼》："商祝执功布以御柩。"《注》："居柩车之前，若道有低仰倾亏，则以布为抑扬左右之节。"其制在《三礼图》。今从《仪礼》。功布，即起殡时所用拂饰之布也，至葬时揭之于竿。

次灵舆。葬日，置魂帛于上，炷香其前，藏祠版于箱箧，置其后。返则置祠板于前，藏魂帛于箱箧。温公《书仪》。

今参定，只用世俗所结彩亭。

挽歌不用。

按：温公《书仪》："礼，望柩不歌。里有殡，不巷歌，岂可身挽柩车而更歌乎？况又歌者复非挽柩之人也。"今从《书仪》，不用。

---

① 瓦，底本脱，据清嘉庆二十年(1815)南昌府学重刊宋本十三经注疏本《仪礼注疏》郑玄注补。

次大轝。饰以画帷，二池，不振容。画荒，火三列，黻三列，素锦褚。缥纽二，玄纽二。齐，三采，三贝，鱼跃拂池。戴前缥后元。轝两旁，黻翣一，皆戴绥。

　　按：《丧大记》："饰棺，大夫画帷，二池，不振容。画荒，火三列，黻三列，素锦褚，缥纽二，玄纽二。齐，三采，三贝。黻翣二，画翣二，皆戴绥，鱼跃拂池。大夫戴前缥后玄，披亦如之。"《正义》曰："帷，柳车边障也，以白布为之。大夫画帷者，为云气。池，谓织竹为笼，衣以青布，挂著于柳上荒边爪端，象平生宫室有承霤也。荒，蒙也，谓柳车上覆，谓鳖甲也。在旁曰帷，在上曰荒，皆所以衣柳也。柳者，谓木材。将此帷、荒在外而衣覆之。振容者，振，动也；容，饰也。谓以绞缯为之，长丈余，如幡。画幡上为雉，县于池下，为容饰。车行则幡动，故曰振容。《杂记》曰：'大夫不揄绞，属于池下。'是不振容也。画荒者，为云气也。既云'画荒'，又云'火三列，黻三列'，火、黻既为三列，其处宽，多宜在荒之中央，则知画宜在荒之外畔。'素锦褚'者，素锦，白锦也；褚，屋也。于荒下又用白锦以为屋也。'缥纽二，玄纽二'者，上盖与边墙相离，故又以纽连之，相著用四，以连四旁也，不并一色，故二为缥，二为玄也。'齐，三采'者，谓鳖甲上当中央，形圆如车盖，高三尺，径二尺余。人君以五采缯衣，列行相次，故云五采也。'大夫齐三采'者，绛、黄、黑也。'三贝'者，连贝为三行，交络齐上也。齐上象车盖蕤，缝合杂采为之，形如瓜分，言齐既圆，上下缝合杂采，竖有限褶，如瓜内之子，以襵为分限也。缀贝落其上。黻翣二，画翣二，皆载绥'者，翣形似扇，以木为之，在路则障车，入椁则障柩也。汉礼翣以木为筐，广三尺，高二尺四寸，其形方，两角高，衣以白布，画云气，其余各如其象，柄长五尺。'皆戴绥'者，翣角不圭，但用五采羽作绥，注于翣首，谓翣之两角。'鱼跃拂池'者，凡池必有鱼，故此车池县铜鱼于池下，若车行，则鱼跳跃上拂池也。'大夫戴前纁后玄'，戴用帛系棺纽著柳骨也。穿戴于纽，以系柳骨。'披亦如之'，披若索，车登高则引前以防轩，车适下则引后以防翻，车欹左则引右，欹右则引左，使车不倾覆也。"今参定。今既不用车，则披无所用。此外悉遵古礼。惟省去三贝，恐难致也。铜鱼以铁鱼代，法所禁也。绍兴格，七品轝夫三十二人。据古礼。用"黻翣二，画翣二"，今绍兴格七品翣二，故减从今制。绋披在法虽有。据温公《书仪》"今人不以车载柩，而用轝，则引披无所施"，故不复用。

士葬仪

去颒头。

大轝帷、荒皆用白布，不画。去素锦褚。

一池在前。前纁纽二。后缁纽二。

揄绞。画揄雉于绞。揄，翟也，青质，挂于两旁，池下无之。

去鱼。画翣二。

余如前仪。

遣奠

厥明，执事者具遣奠，亦如殷奠。温公《书仪》。增用羊、豕，各一边。新修。

按《仪礼·既夕礼》"苞二"注："所以裹奠羊、豕之肉。"又《仪礼》云："苞牲取下体。"温公《书仪》苞其脯，不应古制，今参定。奠礼增羊、豕，以备苞之用。

轝夫纳大轝于听事前中庭。执事者彻祖奠。祝奉迁灵座，置旁侧。祝北面告曰："今迁柩就舆，敢告。"妇人避退。召轝夫迁柩，乃载。载，谓升柩于轝也。以新索左右束于柩轝，乃以横木楔柩足两旁，使不得动摇。男子从柩哭，降，视载。妇人犹哭于帷中。载毕，祝帅执事迁灵座于柩前，南向，乃设遣奠。惟妇人不在，余如朝夕奠之仪。温公《书仪》。执事彻羊、豕，入于苞，置于桁。

按《仪礼·既夕礼》"苞牲取下体"注："取下体者，胫骨象行。"今恐临时断割为难，故全取苞之。

史执赗赠历立于柩左当肩，西向。祝在史右，南向。哭者相止，跪。读赗赠历毕，与祝皆退。《既夕礼》："书赗于方。"《注》："方，版也。"又曰："主人之史请读赗，执算从柩东当前东西面。不命毋哭，哭者相止也。唯主人、主妇哭。烛在右，南面。读书、释算则坐。"《注》："必释算者，荣其多。"执事者彻遣奠。若柩自他所将归葬乡里，则但设酒果或脯醢，朝哭而行。至葬日之朝，乃行遣奠及读赗礼。祝奉魂帛，升灵舁，焚香。《既夕礼》："祖，还车不还器。祝取铭置于茵。二人还重左还。厥明，奠者出。甸人抗重，出自道，道左倚之。既葬，还埋重于所倚之处。"《开元礼》："将行，祝以腰舆诣灵座前昭告。少顷，腰舆退。掌事者先于宿所张吉凶二帷，凶帷在西，吉帷在东，南向。设灵座于吉帷下。至宿处，进酒脯之奠于柩东，又进常食于灵座。厥明，又进朝奠，然后行。"今兼取二《礼》。妇人盖头出帷，降阶，立哭。有守家不送葬者，哭于柩前，尽哀而归。卑幼则再拜，辞。并温公《书仪》。

在涂

柩行，自方相等皆前导。主人以下男女哭，步从，如从柩朝祖之叙。出门，以白幕夹鄣之。尊长乘车马在其后，无服之亲又在后，宾客又在其后，皆乘车马。无服之亲及宾客，或先待于墓及祭所。出郭，不送至墓者，皆辞于柩前。卑幼亦乘车马。若郭门远，则步从三里所，可乘车马。涂中遇哀则哭，无常准。若墓远，经宿以上，则每舍设灵座于柩前，设酒果脯醢，为夕哭之奠。夜必有亲戚宿其旁，守卫之。明旦将行，朝奠亦如之。馆舍迫隘，则设灵座于柩之旁侧，随地之宜。并温公《书仪》。

及墓

掌事者先张灵幄于墓道西，设倚卓，又设亲戚宾客之次，男女各异。温公《书仪》。又于墓西设妇人幄，蔽以帘帷。新修。

按温公《书仪》："又于羡道之西设妇人幄。"南方悬棺而葬，无羡道，故改云"墓西"。后言"羡道""埏道"者仿此。

柩将及墓，亲戚皆下车马，步进灵帷前。祝奉祠版箱及魂帛置椅上。设酒果脯醢之奠于其前，巾之。大轝至墓道，轝夫下柩，举之趣圹。主人以下哭，步从。温公《书仪》。掌事者设席于墓南。新修。轝夫置柩于席上，北首，乃退。掌事者陈明器、下帐、上服、苞、筲、罂、醢、酒，用饭床于圹东南北上，铭旌施于柩上。宾客送至墓者皆拜，辞，先归。至是上下可以具食，既食而窆。主人拜宾客，宾客答拜。并温公《书仪》。

下棺

主人及诸丈夫立于墓东，西向；主妇及诸妇人立于墓西幄内，东向，皆北上。新修。以服之重轻及尊卑长幼为叙，立哭。轝夫束棺，乃窆。诸子辍哭视窆。既窆，掌事者置上服、铭旌于柩上。慎勿以金玉珍玩入圹中，为亡者之累。主人赠用制币玄纁束，置柩旁，再拜稽颡。在位者皆哭尽哀。《既夕礼注》："丈八尺曰制，二制合之。束，十制五合。"《疏》："玄纁之率，玄居三，纁居二。"或家贫不能备玄纁束，则随家所有之帛为赠币，虽一制可也。匠以砖塞圹门，在位者皆还次。温公《书仪》。掌事者设志石于圹中。新修。

按：《仪礼·既夕礼》："乃窆。藏器于旁，加见。藏苞、筲于旁。"温公《书仪》："掌事者设志石，藏明器、下帐、苞、筲、罂、醢、酒于便房，以版塞其门。"今南方土虚，若于圹中穿便房，则圹中太宽，恐有摧覆之患，故不穿便房，但设志石于圹中。其余明器之属，于圹外别穿地瘗之可也。苞、筲、罂、醢虽占地不多，所以不置圹中者，恐或致患。

遂掩圹实土。新修。亲戚一人监视之，至于成坟。温公《书仪》。

祭后土《既夕礼》无之。《檀弓》曰："有司以几筵舍奠于墓左。"《注》："为父母形体在此，礼其神也。"今从《开元礼》。

掌事者先于墓左除地为祭所，置倚卓祭具等。既塞圹门，告者吉服。亦择亲宾为之。祝及执事者俱入行事。惟改祝辞"某官姓名营建宅兆"为"某官封谥亡者也。定兹幽宅"，余皆如初卜宅兆、祭后土之仪。并温公《书仪》。

题虞主

执事者置卓子，设香炉、酒盏、注于灵座前，置盥盆、帨巾于灵座西南。又置卓子于灵座东南，西向，设笔砚墨于其上。主人立于灵座前，北向。祝盥手，出祠版，卧置砚卓子上，藉以褥。使善书者西向立，题之。祝奉祠版，立置灵座魂帛前，藉以褥。祝炷香，斟酒酹之，讫。执辞，跪于灵座东南，西向，读之曰："孤子某，敢昭告于先考某官，形归窀穸，神返室堂。虞主既成，伏惟尊灵，舍旧从新，是凭是依。"怀辞，兴，复位。主人再拜，哭，尽哀止。祝藏魂帛于箱箧。灵舁上，乃奉祠版，韬藉匣之，置其前，炷香。执事者彻灵座，遂行。并温公《书仪》。

按温公《书仪》以祠版代主。若欲从古制作主，其制具《伊川集》《杂记》。祭称孝子、孝孙，丧称哀子、哀孙，是丧礼不分父母，皆称哀子也。

反哭

灵舁发行，亲戚以叙从哭，如来仪。出墓门，尊长乘车马。去墓百步许，卑幼亦乘车马，徐行，勿疾驱。《既夕礼》："卒窆而归，不驱。"《注》："孝子往如慕，返如疑，为亲之在彼。"哀至则哭。及家，望门俱哭。掌事者先设灵座于殡宫，灵轝至，祝奉祠版，匣置灵座出祠。版前，藉以褥。主人以下，及门，下车马，哭。入至听事。主人升自西阶，丈夫从升，如枢在听事之位。立哭，尽哀止。《既夕礼》："反哭。入，升自西阶，东面。众主人堂下，东面北上。"《注》："西阶东面，反诸其所作也。反哭者，于其祖庙，不于阼阶西面，西方神位。"又曰："妇人入，丈夫踊，升自阼阶。"《注》："辟主人也。"又曰："主妇入于室，踊，出即位，及丈夫拾踊三。"《注》："入于室，反诸其所养也。出即位，堂上西面也。拾，更也。"古今堂室异制。又祖载不在庙中，故但反哭于听事，如昨[1]日柩在听事之位，反诸其所作也。妇人先入，立哭于堂，如在殡之位，尽哀止。亦反[2]诸其所养也。执事者彻帘帷。妇人已入故也。宾客有吊者，此谓不吊于墓所者。《檀弓》曰："反哭之吊也，哀之至也。反而亡焉，失之矣，于是为甚。殷既窆而吊。周反哭而吊。孔子从周。"宾客有亲密者，既窆先归，待反哭而吊。主人拜之。宾客答拜。主人入，诣灵座，与亲戚皆立哭，如在殡之位，尽哀止。《开元礼》："主人以下，到第，从灵舆入，即哭于灵座。"今从《既夕礼》。宗族小功以下可以归。大功异居者，亦可以归。温公《书仪》。

虞祭

柩既入圹，掌事者先归，具虞馔。如朔奠。是日虞。《檀弓》曰："日中而虞。葬日虞，弗忍一日离也。"《注》："弗忍其无所归。"或墓远，不能及日中，但不出葬日，皆可也。主人以下皆沐浴。或已晚，不暇沐浴，但略自澡洁可也。执事者设盥盆、帨巾各二于西阶西南，东[3]上。帨，手巾也。其东，盆有台架，在盆北，主人以下亲戚所盥也。其西无台架，执事者所盥也。设酒一瓶于灵座东南，置开酒刀子、拭布于旁。旁置卓子，上设注子及盏一。别置卓子于灵座前，设蔬果、匕箸、茶酒盏、酱楪、香炉。

主人及诸子倚杖于堂门外，与有服之亲皆入。尊长处坐哭，如反哭位。卑幼立哭于灵座前。斩衰为一列，最在前。齐衰以下，以次各为一列。无服之亲又为一列。丈夫处左西上，妇人处右东上，各以昭穆长幼为叙，皆北向。婢妾在妇人之后。顷之，祝止哭者。主人降自西阶，盥手，帨手。诣灵座前，焚香，再拜，退，复位。及执事者，皆盥手，帨手。执事者一人升，开酒，拭瓶口，实酒于注，取盏斟酒，西向醉之。祝帅余执事者，奉馔设于灵座前。主人

---

① 昨，底本作"在"，据清雍正二年(1724)汪亮采刊本《司马氏书仪》改。

② 反，底本作"目"，据清雍正二年(1724)汪亮采刊本《司马氏书仪》改。

③ "西南，东"，底本作"西东南"，据清雍正二年(1724)汪亮采刊本《司马氏书仪》改。

进，诣酒注所，北向。执事者一人取灵座前酒盏，立于主人之左。主人左执盏，右执注，斟酒，授执事者，置灵座前。主人进诣灵座前。执事者取酒盏授主人。主人跪，醊。执事者受盏，俯伏，兴，少退，立。祝执辞出主人之右，西向，跪读之曰："维年月朔日，温公《书仪》。哀子某、哀显相，夙兴夜处，不宁，丧祭称哀显相，助祭者也。显，明也。相，助也。《诗》云："于穆清庙，肃雍显相。"不宁，悲思不安。敢用洁牲刚鬣、豕曰刚鬣。嘉荐普淖、嘉荐，菹醢也。普淖，黍稷也。普，大也。淖，和也。德能大和，乃有黍稷，故以为号云。明齐溲酒，明齐，新水也。言以新水溲酿此酒也。《郊特牲》曰："明水涗齐，贵新也。"或曰："当为'明视'，谓兔腊也。"今文曰"明粢"。粢，稷也。皆非其次。今文"溲"为"酼"。哀荐祫事，始虞谓之祫事者，主欲其合先祖也。以与先祖合为安。今文曰"古事"。适尔皇祖某官飨。"并《仪礼》。惟改"某①甫"为"某官"。

　　按：温公《书仪》参用《开元礼》祝辞，今改从古。又《书仪》虽举洁牲、嘉荐、普淖等名，而不设其物，义亦未安。今参定，于常祭食之外，增豕一笾、醢一盘、黍稷共一盘，稷以粟代。以应刚鬣、嘉荐、普淖之名。明齐溲酒，祭奠固自用酒，不必更设。"香合"，郑氏《注》以为"盖记者误"，故不复用。

　　祝兴。主人哭，再拜，退，复位，哭止。主妇亚献。亲戚一人，或男或女，终献。不焚香，不读祝，妇人不跪，既醊，四拜。此其异于丈夫。余皆如初献之仪。《士虞礼》："主人洗废爵，酌酒酳尸。"《注》："爵无足曰废爵。酳，安食也。"又曰："主妇洗足爵，酌亚献尸。宾长洗繶爵，三献。"《注》："繶爵，口足之间有璩文弥饰。"《开元礼》止有主人一献，今从古。酳音胤。繶，于立切。毕，执事者别斟酒，满。沥去茶，清，以汤醊之。主人以下皆出，祝阖门。主人立于门左，卑幼丈夫在其后；主妇立于门右，卑幼妇人在其后，皆东向。尊长休于他所。卑幼亦可

---

①　某，底本脱，据清嘉庆二十年（1815）南昌府学重刊宋本十三经注疏本《仪礼注疏》补。

更代休于他所，常留二人在门左右。如食间，祝立于门外，北向，告启门三，乃启门。主人以下皆入，就位。祝立于主人之右，西向，告利成，敛祠版，韬藉匣之，置灵座。主人以下皆哭。应拜者再拜，尽哀止。出，就次。执事者彻馔。《士虞礼》："祝反入，彻设于西北隅，如其设也。几在南，扉用席。"《注》："改设馔者，不知鬼神之节，改设之，庶几歆飨，所以为厌饫也。扉，隐也。于扉隐之处，从其幽暗。"又曰："赞阖牖户。"《注》："鬼神常居幽暗，或者远人乎？赞，佐食者。"又曰："无尸，则礼及荐馔皆如初。主人哭，出，复位。祝阖牖户。如食间，祝升，止哭。声三，启户。"《注》："声，噫歆也。将启户，惊觉神也。"又曰："祝出户，西面，告利成，皆哭。"《注》："利犹养也。成，毕也。言养礼毕也。"扉，扶未切。祝取魂帛，帅执事者埋于屏处洁地。《既夕礼》："甸人抗重，出自道，道左倚之。"《杂记》："重既虞而埋之。"《注》："就[1]所倚处埋之。"今魂帛以代重，故既虞有主亦埋之。遇柔日，再虞。质明，祝出祠版，置灵座。主人以下行礼，改祝辞云："奄及再虞。"又曰："哀荐虞事。"余皆如初虞之仪。《士虞礼》："再虞用柔日。三虞卒哭用刚日。"《注》："丁日葬，己日再虞。庚日三虞，壬日卒哭。"葬用丁亥是柔日，然则古人皆用柔日邪？今葬日既不拘刚、柔日，但于葬日即虞，后遇柔日再虞，又遇刚日即三虞，又遇刚日即卒哭。凡甲、丙、戊、庚、壬为刚日，乙、丁、己、辛、癸为柔日。遇刚日，三虞。改祝词云："奄及三虞。"又云："哀荐成事。"余如再虞。

卒哭

三虞后遇刚日，设卒哭祭。其日夙兴，执事者具馔如时祭，陈之于盥帨之东。用卓子，蔬果各五品，醢、今红生。炙、今炙肉。羹、今炒肉。轩、今白肉。脯、今干脯。醢、今肉酱。庶羞、如薄饼、油饼、胡饼、蒸饼、枣糕、环饼、捻头、博饦。米食谓黍、稷、稻、梁、粟，所谓饭及粢糕、团粽之类。共不过十五品。若家贫或乡土异宜，或一时所无不能办此，则

---

[1] 就，底本脱，据清嘉庆二十年（1815）南昌府学重刊宋本十三经注疏本《礼记注疏》郑玄注补。

各随所有。蔬、果、肉、面、米食，各得数品可也。器用平日饮食器。虽有金银，无用。设玄酒一瓶。以井花水充之。于酒瓶之西，主人既焚香，帅众丈夫降自西阶，众丈夫盥手，以次奉肉食升，设灵座前蔬果之北。主妇帅众妇女降自西阶，盥手，帨手，以次奉面食、米食，设于肉食之北。主人既初献，祝出主人之左，东向，跪读祝词，改虞祭祝词云："奄及卒哭。"又云："哀荐成事，来日跻祔于祖考某官。"姚云"祖姚某封某氏"。既启门，祝立于西阶上，东向，告利成。余皆如三虞之仪。《既夕礼》始虞之下云："犹朝夕哭，不奠。三虞，卒哭。"《注》："卒哭，三虞之后祭名。始朝夕之间，哀至则哭。至此，祭止也，朝夕哭而已。"《檀弓》曰："是日也，以虞易奠。"然则既虞斯不奠矣。今人或有犹朝夕馈食者，各从其家法。至小祥，止朝夕哭。惟朔望，未除服者馈食会哭。大祥而外，无哭者。禫而内无哭者。《檀弓》又曰："卒哭曰成事。是日也，以吉祭易丧祭。"今具馔如时祭，读祝于主人之左之类，是渐之吉祭也。

　　祔《檀弓》曰："商人练而祔，周卒哭而祔。孔子善商。"《注》："期而神之人情。"《开元礼》既禫而祔。按《士虞礼》始虞祝词云："适尔皇祖某甫。"告之以适皇祖，所以安之，故置于此。

　　卒哭之来日，祔于曾祖考。姚则祔于曾祖姚。《丧服小记》曰："士大夫不得祔于诸侯，祔于诸祖父之为士大夫者。其妻祔于诸祖姑，妾祔于妾祖姑，亡则中一以上而祔。祔必以其昭穆。"《注》："中，犹间也。"曾祖考、曾祖姚皆以主人言之。内外夙兴。掌事者具馔三分。姚则具馔二分。《杂记》曰："男子祔于王父则配，女子祔于王母不配。"《注》："配谓并祭。王母不配，则不祭王父也。有事于尊者可以及卑，有事于卑者不敢援尊。祭馔如一，祝词异，不言以某姚配某氏耳。"如时祭。设曾祖考姚坐于影堂，南向。影堂窄，则设坐于他所。姚则但设祖姚坐。设亡者坐于其东南，西向。各有椅桌。设盥盆、帨巾于西阶下。设承祠版桌子于西方，火炉、汤瓶、火箸在其东。其日夙兴，设玄酒、瓶、盏、注、桌子于东方。设香卓于中央，置香炉，炷香于其上。质明，主人以下各服其服，哭于灵座前。祝奉曾祖考、妣祠版匣，置承祠版桌子上。出祠版，置于座，藉以褥。次诣灵座，奉祠版匣，诣影堂。主人以下哭从，如从柩之叙。至影堂前，止哭。祝奉祠版，置于坐，藉以褥。主人及诸子倚杖于阶下，与有服之亲尊长卑幼皆立于庭，曾祖考、妣在焉，故尊长不敢坐。前无庭，则立于曾祖考位前。以服重轻为列。丈夫处左，西上。妇人处右，东上。左右皆据曾祖考、妣言之。各以昭穆长幼为叙，皆北向。婢妾在妇人之后。位定，俱再拜。参曾祖考、妣。其进馔，先诣曾祖考、妣前设之，次诣亡者前设之。主人先诣曾祖考、妣前，北向，跪，酹酒，俯伏，兴，少退，立。祝执词出主人之左，东向，跪读曰："惟某年月日，温公《书仪》。孝子某、孝显相，夙兴夜处，小心畏忌不惰，其身不宁，用柔毛、嘉荐、普淖、普荐、溲酒，适尔皇祖某官，以隮祔尔孙某官。尚飨！"《仪礼》。惟改"某甫"为"某官"。

按：温公《书仪》祝辞："适于曾祖考某官，隮祔孙某官。"《仪礼》止称"祖"，盖自所祔之亡者言之则祖也，故其文云："适尔皇祖某甫，以隮祔尔孙某甫。"上称"祖"，下称"孙"，于辞为顺。《书仪》称"曾祖"，为奉祭之人言也。然既云"曾祖"，则不得云"孙"。今改从《仪礼》。《仪礼》祝辞云："用尹祭。"郑氏《注》："尹祭，脯也。"大夫、士祭无云脯者，亦记者误，故削去。《仪礼》祝辞不称牲号，今从《书仪》有"柔毛"。

祝兴。主人再拜，不哭。次诣亡者前，东向，跪酹酒，俯伏，兴，少退。祝读曰："维年月日，孝子某敢用柔毛、嘉荐、普淖、明齐，溲酒，哀荐祔事于先考某官、适祖考某官。尚飨！"祝兴，降，复位。主人再拜，不哭，降，复位。亚献、终献皆如主人仪，惟不读祝。祝阖门。主人以下出，侍立于门左右，不哭。如食间，祝告启门三，乃启门。主人以下各就位。祝东向，告利成。主人以下不哭，皆再拜，辞神。祝先纳曾祖考、妣祠版于匣，奉置故处。

次纳亡者祠版于匣，奉之还灵座。主人以下哭从，如来仪。至灵座置之，哭，尽哀止。

如作虞主，凡《书仪》称祠版处并是虞主。卒哭祭、祔祭亦当如虞祭，增祝辞内所称物。

朝夕奠

成服之后，朝夕设奠。朝奠日出，夕奠逮日。逮日，谓尚有日色时。如平日朝晡之食，加酒果。

右温公《书仪》。按《仪礼》："燕养、馈、羞、汤沐之馔如它日。"《注》："燕养，平常所用供养也。馈，朝夕食也。羞，四时之珍异。汤沐，所以洗去污垢。"《内则》曰："三日具沐，五日具浴，孝子不忍一日废其事亲之礼。"又按《仪礼》："朝夕哭，不辟子、卯。"《注》："既殡之后，朝夕及哀至乃哭。子、卯，桀、纣亡日，凶事不辟，吉事阙焉。"又按《杂记》："朝夕哭，不帷。"

今参定：自成服之后，每日日出时设朝奠，晚尚有日色时设夕奠，只用常日饮食加酒果。遇有四时之物，随朝、夕奠设之。每奠则哭，哀至则哭，不在朝、夕两奠之限。每奠则必塞帷幔。按《礼记注》："缘孝子心欲见棺也。奠既毕，复垂之，鬼神尚幽暗也。"每三日具沐汤，五日具浴汤，并设于灵座之侧。每遇辰日，哭如常。按古礼不辟子、卯，则世俗所辟辰日，亦不当避。每朝、夕奠，主人以下各服其服，入就位。尊长坐哭。卑幼立哭。祝帅执事者，盥手，设馔于灵前，止哭。祝洗盏，斟酒，奠之，复位。皆再拜，哭，尽哀，归次。尊长不拜。

朔奠　望奠　荐新奠

右温公《书仪》。按《仪礼》："朔月，奠用特豚、鱼、腊，陈三鼎，如初。东方之馔亦如之。无笾，有黍、稷。用瓦敦，有盖，当笾位。"《注》："朔月，月朔日也。"又《仪礼》："月半不殷奠。"《注》："殷，盛也。士月半不复如朔盛奠，下尊者。"又《仪礼》："有荐新，如朔奠。"《注》："荐五谷若果物新出者。”又《仪礼》："朔月奠，皆如朝、夕奠之仪。"

今参定：每遇朔日，设盛馔，拜、哭、奠酒，并如朝夕奠之仪。《仪礼》所载鼎俎牲牢，古今异宜，且^①从温公《书仪》。望日，如朝官以上，亦设盛馔，如朔奠之仪。按《仪礼注》"士月半不复如朔盛奠"，则大夫月半当设盛馔奠。以官品论之，官称大夫者，可比古天子之大夫。至于朝官，虽卑于古天子之大夫，然亦比类古天子之元士。《礼》："天子之元士视附庸。"元士尚可比附庸之君，则尊于诸侯之大夫矣。《仪礼》所谓大夫，盖通天子、诸侯而言。诸侯之大夫月半可设盛馔，则今之朝官月半亦可设盛馔也。

如遇荐五谷，谓麦熟时则荐麦之类。或荐时果新出者，亦设盛馔，如朔、望奠之仪。盛馔随力为之，但加于常，即为盛馔。

右太史在严陵为潘叔度定此仪，今附见于《葬仪》之后。

---

① 且，底本作"但"，据民国十三年（1924）永康胡氏梦选楼刻《续金华丛书》本《东莱吕太史别集·家范》改。

家范四

祭礼

庙制

《王制》："士一庙。"《祭法》："适士二庙一坛。官师一庙。"王肃曰："官师，中下士也。"横渠先生曰："今为士者，而其庙设三世几筵。士当一庙，而设三世，似是只于祢庙而设祖与曾祖位也。便使庶人，亦须祭及三代。"《政和五礼新仪》："文武升朝官，祭三世。"兄弟同居则合享，异居则分祭。杜祁公、韩魏公、司马温公、横渠张先生祭仪祀曾祖、祖、考三世。

伊川先生《祭说》："家有庙，古者，庶人祭于寝，士、大夫祭于庙。庶人无庙，可立影堂。庙中异位，祖居中，左右以昭穆次序，皆夫妇自相配为位。舅、妇不同坐也。庙必有主。"徐邈云："《左传》称孔悝反祏。又《公羊》：'大夫闻君之丧，摄主而往。'《注》：'义以为摄敛神主而已，不暇待祭也。'皆大夫有主之文。大夫以下，不云尺寸，虽有主，无以知其形制，然推义谓亦应有。按丧之铭旌，题别亡者，设重于庭，亦有所凭。祭必有尸，想象乎[1]存。此皆自天子及士并有其礼，但制度降杀为殊，何至于主唯侯王而已！礼言'重，主道也'，埋重则立主。今大夫、士有重，亦宜有主。主以纪别座位，有尸无主，何以为

---

① 乎，底本作"生"，民国十三年(1924)永康胡氏梦选楼刻《续金华丛书》本《东莱吕太史别集·家范》作"手"，据《吕祖谦全集》本改。

别？将表称号题祖考，何可无主？今按经传，未见大夫、士无主之义。有者为长。"庙制载在经史者，祐、坎、户、牖、碑、爨之属，品节甚众，今皆未能具。谨仿《王制》"士一庙"之义，于所居之左，盖祠堂一间两厦，面势随地之宜，亦未能如古。以为藏主时祀之地，存家庙之名，以名祠堂，使子孙不忘古焉。

祭用仲月

司马温公《祭仪》："《王制》：'大夫、士有田则祭，无田则荐。'《注》：'祭以首时，荐以仲月。'今国家唯享太庙用孟月，自六庙、濮王庙皆用仲月。以此，私家不敢用孟月。"

祭日

唐范传式《时飨仪》："春分、夏至、秋分、冬至，国用四孟，家用四仲。"唐郑正则《祠享仪》云："《仪礼》及《开元礼》，四仲月祭享，皆以卜筮择日。士人多游宦远方，或僻居村间，无著龟处即取分、至，亦不失《礼经》之意。"司马温公《祭仪》云："孟诜《家祭仪》用二分、二至。"

横渠说："祭用分、至，取其阴阳往来，又取其气之中，又贵其时之均。"古者祭必卜日。今以未习卜筮之法，止依范氏、孟氏《家祭仪》、横渠《祭说》，用二分、二至。

陈设

前期一日，主人帅众丈夫及执事者洒扫祭所，涤濯祭器，设椅卓。以上温公《祭仪》。韩魏公《家祭式》云："供床座椅代设席。"孙日用《仲享仪》云："或有人家，往往以床座椅设祭。"盖其床椅，凶祭；席地，吉祭。今既从俗，故不取此说。曾祖考、妣居中，祖考、妣居东，考、妣居西。以广汉张氏《祭仪》参定。温公《祭仪》云："考、妣并位，皆南向西上。"古者祭于室中，故神座东向。自后汉以来，公私庙皆同堂异室，南向西上。所以立西上者，神道尚右故也。今以地势不便，止从张氏《仪》。主妇主人之妻也。礼，舅没则姑老不与于祭。主人、主妇必使长男及妇为之。若自欲预祭，则特位于主妇之前。参神毕，升立于酒壶之北，监视礼仪。或老病，不能久立，则休于他所，候受胙，复来受胙辞神而已。**帅众妇女涤釜鼎，具祭馔。**往岁士、大夫家妇女皆亲造祭馔。近日妇女骄倨，鲜肯入庖厨。凡事父母舅姑，虽有使令之人，必身亲之，所以致其孝恭。今纵不能亲执刀匕，亦须监视庖厨，务令精洁。未祭之物，勿令人先食，及为猫犬及鼠所盗污。《开元礼》，六品以下祭，亦有省牲、陈祭器等仪。按：士大夫家祭其先者，未必皆杀牲。又簠、簋、笾、豆、鼎、俎、罍、洗皆非私家所有，今但别置碗楪等器，专供祭祀。平时收贮，勿供它用。**设盥盆有台于阼阶东南，帨巾有架在其北。**盥，濯手也。帨，手巾也。此主人以下亲戚所盥。无阼阶，则以阶之东偏为阼阶，西偏为西阶。**又设盥盆、帨巾无台架者于其东。**此执事者所盥。《少牢馈食礼》："设洗于阼阶东南。设罍水于洗东，有枓。设篚于洗西南。"执罍者酌水，执洗者取盘承水，主人盥手，执篚受巾，遂进爵。主人诣酒樽所，执樽者举幂。私家之人，或恐难备，今但设盥盆、帨巾，使自盥手、帨手，以从简易。已上温公《祭仪》。**设香案于庙中，置香炉、香合于其上，束茅于香案前地上。设酒架于东阶上，别以卓子设酒注一、酒盏盘一、匙一、盘一、匙巾一于其东，对设一卓于西阶上，以置祝版。设火炉、汤瓶、香匙、火匙于阶下。**以上朱氏《祭仪》。

三献

主人为初献，亚、终二献以诸弟为之。以韩魏公《祭仪》修。唐郑正则《祭仪》云："《祭统》云：'国君取夫人之辞曰："请君之玉女，与寡人共有敝邑。事宗庙社稷。"此求助之本也。夫祭也者，必夫妇亲之，所以备内外之官。'《礼器》云：'卿大夫从君，命妇从夫人，洞洞乎其敬也，属属乎其忠也。'故《周南》之诗，王后采荇菜以备庶物，事宗庙也。诸侯夫人采蘩，大夫妻采蘋，皆为助祭，尽敬也。《礼器》云：'君亲制祭，夫人荐盎。君亲割牲，夫人荐酒。'《仪礼》：'被锡衣侈袂，荐自东房。韭菹醓醢，坐奠于筵前。'又云：'主妇房中出，酌，拜献尸。'辄考详，宜以主妇为亚献，庶合《礼经》之义。"孟冯翊云："主妇为亚献。长子为终献。自晋以来，妇不复为献也。"

祭馔

果六品。醢、酱、蔬共六品。馒头、米食、鱼、肉、羹、饭共六品。以朱氏《祭仪》参定。唐郑正则《祭仪》云："《开元礼》：'五品以上牲用少牢，六品以下至庶人用特牲。'贺循云：'宗子为士，庶子为大夫，则以大夫之牲祭于宗子之家。其食准礼，皆用右胖之上体。'欧阳秘监云：'谓前脚三节三段，又取横脊、正脊、正胁、代胁各二骨载之俎。'谨详此。时人不识，亦非先尊平生所食，若用之，失礼之变。辄以随时之义，造今之祭食，实之盘盂，谓合缘情之礼也。"伊川程氏《祭仪》云："交神明之意，当在事生之后，则可以尽孝爱而得其享。全用古事，恐神不享。"范氏《祭仪》曰："反本修古，不敢用亵味而贵多品，交于神明之义也。鼎、俎、笾、豆、簠、簋、登、铏、爵、坫，古者存没通用。后世燕器从便，唯今国家祭祀则用古器。或谓生不用而祭用之，恐祖考不安。祖禹以为不然。昔三代之时，皆有所尚，而亦兼用前代之礼，故鲁兼四代服器。孔子曰：'行夏之时，乘商之辂，服周之冕。'此其意也。醴酒之美，玄酒之尚，贵五味之本，亦犹冠礼始冠缁布之冠。太古之礼存而不废，以明礼之所起，不敢忘其初也。后世去圣久远，典礼废坏，士大夫祭祀之礼，不出于委巷，则出于夷狄。牲牢器皿，无所法象。所谓燕器者，出于人情所便，非圣制也。若遂略去古礼，一切从俗，则先王之法不可复见。君子不宜以所贱事亲，犹须存之。"今以庙制未备，未能如礼。然范氏之论，学者所当知也。

致斋

《唐书·志》："凡时享，散斋二日于正寝，致斋一日于庙。子孙陪者，斋一宿于家。"

韩魏公《家祭式》："祭前一日三献，及执事者清斋一日于别室。弟侄子孙之不献者及主妇亦如之。诸与祭者，并沐浴改服。"出贾氏《家荐仪》。周元阳《祭录》云："秦、汉以来，公卿大夫皆用士礼，盖以职事荐委与古不同，故王公将祭，皆斋一日。"今从周、贾二家之说，因时俗也。

今庙制未具三献。执事者并致斋于外，会宿于书室，诸与祭者并沐浴改服。

质明，主人以下皆盛服，盥手，入庙，升自阼阶。焚香告曰："孝孙某，今以仲春之祭，<small>夏、秋、冬各随时。</small>敢请皇曾祖考某官府君、皇曾祖妣某封某氏、皇祖考某官府君、皇祖妣某封某氏、皇考某官府君、皇妣某封某氏诸位神主出就神座，恭伸奠献。"乃揭笏启椟。主妇盥手，升自西阶。主人奉诸祖考神主就位。主妇奉诸祖妣神主就位。主人降自阼阶，主妇降自右阶，向庙立，与在位皆再拜。<small>此参神也。</small>主人升，揭笏焚香，少退立。执事者一人开酒，取巾拭瓶口，实酒于樽，一人取盘盏立于主人之左，一人执樽立于主人之右。主人跪，执事者亦跪。主人受樽，斟酒于盏，以樽授执事者。取盘盏，灌之茅束之上。俯伏，兴，再拜，复位。<small>此降神也。古之祭者，不知神之所在，故灌用郁鬯，臭阴达于渊泉；萧合黍稷，臭阳达于墙屋，所以广求神也。今此礼既难行于士民之家，故但焚香酹酒以代之。</small>众丈夫盥手帨手，主人帅之，脱笏，奉肉食。主人升自阼阶，众丈夫升自右阶，以次设于曾祖考妣、祖考妣、考妣神座前。降，执笏，复位。众妇女盥手帨手，主妇帅之，奉面食、米食、羹饭，设于神座前。主人升自阼阶，诣酒樽所。执事者一人奉曾祖考以下酒盏，一人奉曾祖妣以下酒盏，就主人所。主人揭笏，执樽，以次斟酒。执事者奉之，徐行，反置故处。主人出笏，诣曾祖考、妣神座前，北向。执事者一人奉曾祖考酒盏立于主人之左，一人奉曾祖妣酒盏立于主人之右。揭笏，跪，取曾祖考、妣酒酹之，授执事者盏，返故处。主人出笏，俯伏，兴，少退立。祝怀辞出主人之左，东向，揭笏，出辞，跪读之。祝卷辞怀之，执笏。主人再拜。次诣祖考、妣以下神座，皆如曾祖考、妣之仪。献毕，祝及主人皆降，复位。<small>此初献也。</small>亚献、终献，升自西阶，斟酒皆如上仪，唯不读祝。三献毕，主人升自阼阶，执樽，遍就斟酒，盏皆满。退立于香桌之侧。主妇升自西阶，执匕扱饭中，西柄，正箸，立于香桌之侧。主人再拜，主妇四拜，退，复位。此侑食也。《少牢馈食礼》："三①饭。尸告饱，祝西面于主人之南，独侑不拜。侑曰：'皇尸未实侑。'"侑，劝也。又曰："尸又食，上佐食，举尸牢肩。尸不饭，告饱。主人不言，拜侑。"又《注》："祝言而不拜，主人不言而拜，亲疏之宜。"今主人斟酒，主妇设匙、正箸而拜，亦不言侑食之意也。司马氏《祭仪》至此，"祝阖门。主人立于门左，众丈夫在其后。主妇立于门右，众妇女在其后。如食间，祝升，当门外，北向，告启门三，乃启门"。此阳厌也。《特牲馈食》曰："尸谡。"《注》："谡，起也。"又曰："佐食彻豆荐俎，敦设于西北隅，几在南厞，用筵纳一尊。佐食阖牖户，降。"《注》："厞，隐也。不知神之所在，或诸远人乎尸谡，而改馔为幽暗，所以为厌饫。此所谓当室之白为阳厌。尸未入之前为阴厌。"《祭义》曰："祭之日，入室，僾然必有见乎其位。周还出户，肃然必有闻乎其容声。出户而听，忾然必有闻乎其叹息之声。"郑曰："无尸者阖户，若食间。"此则孝子广求其亲，庶或享之，忠爱之至也。今既无尸，故须设此仪。若老弱羸病不能久立，则便休他所。常留亲者一两人，侍立于门外可也。司马氏又有饮福受胙仪云："主人入就席，西向立。祝升自西阶，就曾祖位前，搢笏，举酒盏，徐行，诣主人之右，南向，授主人。主人搢笏，跪，受祭酒，啐酒。执事者授祝以器。祝受器，取匙，抄诸位之黍各少许，置器中。祝执黍行，诣主人之左，北向，嘏于主人曰：'祖考命工祝承致多福于汝孝孙。来，汝孝孙，使汝受禄于天，宜稼于田，眉寿永年，勿替。'引之主人，置酒于席前，执笏，俯伏，兴，再拜。搢笏，跪受黍，尝之，实于左袂。执事者一人，立于主人之右。主人授执事者器，挂袂于手②指，取酒啐饮。执事者一人，立于主人之右，受盏置酒注旁。一人立于主人之左，执盘置地。主人卸袂中之黍于盘。执事者受以出。主人执笏，俯伏，兴，立于东阶上，西向。于主人之受黍也，祝执笏退立。于是在位者皆再拜，主人不拜。"韩魏公《祭仪》云："饮福受胙之礼，私家久已不行。今但以祭余酒馔，命亲属长幼分食之可也。"今庙制未备，未举行。**主人帅执事者皆进彻。**酒盏不酹者，及注

---

① 三，底本作"七"，据清嘉庆二十年(1815)南昌府学重刊宋本十三经注疏本《仪礼注疏》改。

② 手，底本作"黍"，因"手""黍"形近而误，据司马光《书仪》改。

中余酒，皆入于壶，封之，所谓福酒。执事者彻祭馔，返于厨。祝告神曰："礼毕。"主人乃再拜退。已上并以司马氏、横渠张氏、朱氏《祭仪》参定。

同祭

唐范传式《时飨仪》云："若诸院兄弟同祭，则于祖坐之东，依伯父、叔父次第设兄弟通行三献之礼，而祝文则各以其嗣为祭主，位版亦如之。初祭之时，主人之长行初献之礼，至祢坐而止。其叔父之座，则以从父弟行初献。"吕和叔云："开、宝礼虽有共庙异室之文，止祭其适祖、适考。又其数世同居者，其旁支子孙亦有爵欲祭其所出之祖父，不知当就何所设祭。若并许立庙，则似逾制。若今钱氏、曹氏之类，一家必须立十余庙，若止祭于寝，则大祖下别子亦有为公相者。考于礼制，止有殇与无后从祖祔食之文，则支子有后者各自立庙可知。今既不可逾制创庙，其从父以上之兄弟聚居者，虽共至庙，一以祭其适祖，而兄弟中承适者，又宜于其位各虚一堂，以祭其所出。其不承适者之夫妇死，或庶母死，则亦于其位虚一堂，容其子孙祭之。若遇合祭，则并祭于祖庙。或贫不能办所虚之堂及无爵者，虽止祭于寝亦可也。"

二祀

《祭法》："适士立二祀，曰门曰行。庶士、庶人立一祀，或立户，或立灶。"《白虎通》云："户一祀，灶二祀。"郑氏《月令》云："祀门之礼，北面设主于左枢。"

吕和叔《乡仪》云："士大夫止当祭五祀耳。山川百神，皆国家所行，不可得而祀。近世流俗，妄行祭祷，黩慢莫甚，岂有受福之理？"

诸儒论祀行多不同，今兼用庶士之礼，以灶代行。门，设酒馔于门内左枢之前；灶，设酒馔于灶前，遣子弟一人行礼。

祝文

维某年岁次某甲子月某甲子日某甲子，孝曾孙，祖曰孝孙，父曰孝子。具位某，敢用清酌庶羞，荐岁事于曾祖考某官，曾祖妣某封某氏配。尚飨！

　　右吕氏《祭仪》一篇，吾友伯恭父晚所定也。闻之潘叔度，伯恭成此书时已属疾，自力起奉祭事惟谨。既又病其饮福受胙之礼犹有未备者，将附益之，而不幸遽不起矣。使其未死，意所厘正，殆不止此。惜哉！淳熙壬寅二月既望。朱熹书。

家范五

学规

乾道四年九月规约

凡预此集者，以孝弟、忠信为本。其不顺于父母，不友于兄弟，不睦于宗族，不诚于朋友，言行相反，文过遂非者，不在此位，既预集而或犯，同志者规之；规之不可，责之；责之不可，告于众而共勉之；终不悛者，除其籍。

凡预此集者，闻善相告，闻过相警，患难相恤，游居必以齿，相呼不以丈，不以爵，不以尔汝。

会讲之容，端而肃。群居之容，和而庄。箕踞、跛倚、喧哗、拥并谓之不肃。狎侮、戏谑谓之不庄。

旧所从师，岁时往来，道路相遇，无废旧礼。

毋得品藻长上优劣，訾毁外人文字。

郡邑政事、乡闾人物，称善不称恶。

毋得干谒、投献、请托。

毋得互相品题，高自标置，妄分清浊。

语毋亵，毋谀，毋妄，毋杂。妄语，非特以虚为实，如期约不信、出言不情、增加张大之类皆是。杂语，凡无益之谈皆是。

毋狎非类。亲戚故旧，或非士类，情礼自不可废，但不当狎昵。

毋亲鄙事。如赌博、斗殴、蹴鞠、笼养扑鹑、酣饮酒肆、赴试代笔及自投两副卷、阅非僻文字之类，其余自可类推。

右十一条。

乾道五年规约

凡与此学者，以讲求经旨、明理躬行为本。

肄业当有常，日纪所习于簿，多寡随意。如遇有干辍业，亦书于簿。一岁无过百日。过百日者，同志共摈之。

凡有所疑，专置册记录。同志异时相会，各出所习及所疑，互相商榷，仍手书名于册后。

怠惰苟且，虽漫应课程，而全疏略无叙者，同志共摈之。

不修士检，乡论不齿者，同志共摈之。

同志迁居，移书相报。

右五条。

乾道五年十月关诸州在籍人

一、在籍人将来通书，止用一幅，不许用虚礼。谓如学际天人及即膺召用、台候神相、百拜、过呼官职之类。

一、通书不许用札目，不许改名。

一、通书止许商榷所疑，自叙实事。谓自叙出入行止之类。

一、通书不许以币帛、玩物为信。玩谓图画及几案玩具，物谓研扇凡什物之类。

一、在籍人将来相见，不用名纸门状。

一、在籍人不幸有丧，仰同州同县在籍人依规矩吊慰，仍具书寻便报知堂上，道路虽远，无过半年。

一、在籍人如有不遵士检，玷辱斋舍，同籍人规责不悛者，仰连名具书报知堂上，当行除籍。如共为隐蔽，异时恶声彰闻，或冒犯刑法，同州同县人并受隐蔽之罚。

右关诸州在籍人，各仰递相传报遵守。

某年某月某日掌仪位关。

右七条。

乾道六年规约

亲在别居。

亲没不葬。谓服除不葬，火焚者同。

因丧昏娶。身犯及主家者。

宗族讼财。

侵扰公私。谓告讦、胁持、邀索之类。

喧噪场屋。诈冒同。

游荡不检。

并除籍，仍关报诸州在籍人。

诸斋私录讲说之类，并多讹舛，不可传习。

右七条。

乾道九年直日须知

凡遇诸斋申到合吊慰人，直日即点检。如系今年预课人丁父母忧，预课满百日者，据人数均敛钱拾伍贯文省；未满百日者，均敛钱十贯文省。城居人，问受慰日分，随敛钱告报，令诸斋某日早各备名纸，并集丽泽堂，并禀堂上。差掌仪二人，至受慰日，早集众会丽泽堂，分两序立。直日备箱，收名纸。次掌仪请齿长人率众，以齿序行。其在道笑语喧哗，仰总直日及诸斋直日申举。至所吊慰家，直日通名纸讫，齿长人率众入门序立。立定，掌仪赞云："在位者皆再拜。"既拜，掌仪引齿长人诣灵位前，三上香。诸齿长人跪，三奠酒，掌仪兼执尊酌酒。俯伏，兴，后项致祭者掌仪跪读祭文毕。复位，立。掌仪赞云："在位者皆再拜。"既拜，赞云："移位少东，再拜慰。"拜讫，齿长者一人前致慰辞，毕，众皆揖以序出。郊居人，即录慰书格式同敛钱告报，令诸斋各具慰书同吊祭人限日纳。仍量吊慰道里远近，差人往回之费并算均敛。候书足，差人专往。如系在籍今年不预课人，城居者问受慰日分，告报诸斋，各差齿长一人往慰。郊居，录慰书格式告报诸斋限某日纳。慰书类聚，令本斋寻便附往。两项并吊而不赙。

其身故者，如系今年预课人，并如丁父母忧例，仍别敛祭钱壹贯文足，差人作祭文一通。如系在籍今年不预课人，吊而不赙，止敛祭钱壹贯文足，亦差人作祭文一通。城居，斋长并往吊慰如前式；郊居者，别具慰书格式，慰其父兄，告报限某日，各写慰书，同祭赙纳。今年预课者，专差人往。不预课者，令本斋附往。

其遭祖父母、亲兄弟丧，今年预课人城居者诸斋各差齿长一人往慰；郊居人告报本斋，一面发书往慰。

家范六

官箴

觅举。

求权要书保庇。

投献上官文书。

法外受俸。

多量俸米。

通家往还。

置造什物。

陪备雇人当直。

容尼媪之类入家。

非长官辄受状自断人。

与监当巡检坐不依官序。

不依实数请般家送还钱。

非旬休赴妓乐酒会。

托外邑官买物。

刑责过数。

以私事差人出界。

不经由县道辄送人寄禁。

接伎术人及荐导往它处。

荐人于管下卖物。茶、墨、笔之类。

上司委追人断人及点检仓库，不先与长官商量。

亲知雇船脚用官钱，或令吏人陪备。须令自出钱银，催促令速足矣。

遇事不可从，不当时明说，误人指拟，以致生怨。

不尊县道。

谓寻常丞、簿、尉视长官为等辈差定验之类，往往多玩习慢易。殊不知此事乃国事，非长官事。

买非日用物。

日用谓逐日饮食及合用衣服。其他如出产收藏以待它日之用，及为相识置买之类，皆当深戒。

受所部送馈及赴会。

谓部民或进纳人。如士大夫送馈果食之类，则受，仍当厅对众开合子，厅子置簿抄上，随即答之，余物不可受。

凡治事有涉权贵，须平心看理之所在。若其有理，固不可避嫌故使之无理。直须平心看，若有一毫畏祸自恕之心，则五分有理便看作十分有理。若其无理，亦不可畏祸，曲使之有理。政使见得无理，只须作寻常公事看，断过后不须拈出说。寻常犯权贵取祸者，多是张大其事，邀不畏强御之名，所以彼不能平。若处得平稳妥贴，彼虽不乐，视前则有间矣。然所以不欲拈出者，本非以避祸，盖此乃职分之常。若特地看做一件事，则发处已自不是矣。已上因门人戴衍初仕请教，书此遗之。后以义未备，复附益之如后。

荥阳公家塾广记

文靖公尹京时，梁丞相适为掾属。公语诸子曰："梁君异日必为辅相。"问："何以知之？"曰："府掾皆京官，他人方拜于庭下，皆有自耻之色。独适容貌自若，是以知之。"

尚书公为闽领监司，自北地市建莽以往，其清谨皆类此，故所至未尝扰人。其自毗陵郡归，门人宋道隆献诗曰："一芥绝无淮甸物，满船唯载惠山泉。"正献公每事持重近厚，然去就之际，极于介洁。其在朝廷，小不合便脱然无留意。故历事四朝，无一年不自列求去。

舍人官箴

当官之法，唯有三事：曰清，曰慎，曰勤。知此三者，则知所以持身矣。然世之仕者，临财当事不能自克，常自以为不必败。持不必败之意，则无不为矣。然事常至于败，而不能自已。故设心处事，戒之在初，不可不察。借使役用权智，百端补治，幸而得免，所损已多，不若初不为之为愈也。司马子微《坐忘论》云："与其巧持于末，孰若拙戒于初。"此天下之要言，当官处事之大法。用力寡而见功多，无如此言者。人能思之，岂复有悔吝邪？

事君如事亲，事官长如事兄，与同僚如家人，待群吏如奴仆，爱百姓如妻子。处官事如家事，然后为能尽吾之心。如有毫末不至，皆吾心有所不尽也。故事亲孝，故忠可移于君；事兄弟，故顺可移于长；居家治，故事可移于官。岂有二理哉？

当官处事，常思有以及人。如科率之行，既不能免，便就其间求所以使民省力，不使重为民患，其益多矣。予尝为泰州狱掾，颜岐夷仲以书劝予治狱次第，每一事写一幅相戒。如夏月取罪人，早间在西廊，晚间在东廊，以避日色之类。又如狱中遣人勾追之类，必使之毕，此事不可更别遣人，恐其受赂已足，不肯毕事也。又如监司郡守严刻过当者，须平心定气，与之委曲详尽，使之相从而后已。如未肯从，再当如此详之，其不听者少矣。

当官之法，直道为先。其有未可一向直前，或直前反败大事者，须用冯宣徽所称惠穆称停之说。此非特小官然也，为天下国家当知之。

黄兑刚中尝为予言，顷为县尉，每遇验尸，虽盛暑，亦必先饮少酒，捉鼻亲视。人命至重，不可避少臭秽，使人横死无所申诉也。

范侍郎育作库务官，随行箱笼，只置厅事上，以防疑谤。凡若此类，皆守官所宜详知也。

当官者难事勿辞，而深避嫌疑；以至诚遇人，而深避文法。如此则可免。

前辈尝言小人之性专务苟且，明日有事，今日得休且休。当官者不可徇其私意，忽而不治。谚有之曰："劳心不如劳力。"此实要言也。

当官既自廉洁，又须关防小人。如文字历引之类，皆须明白，以防中伤，不可不至谨，不可不详知也。

徐丞相择之尝言前辈尽心职事：仁庙朝有为京西转运使者，一日问监窑官："日所烧柴凡几灶？"曰："十八九灶。"曰："吾所见者十一灶，何也？"窑官愕然。盖转运使者晨起，望中所出烟凡几道，知之。其尽心如此。

前辈尝言吏人不怕严，只怕读。盖当官者详读公案，则情伪自见，不待严明也。

当官者，凡异色人皆不宜与之相接，巫祝尼媪之类尤宜疏绝。要以清心省事为本。

后生少年乍到官守，多为猾吏所饵，不自省察。所得毫末，而一任之间不复敢举动。大抵作官嗜利，所得甚少，而吏人所盗不赀矣。以此被重谴，良可惜也。

当官者先以暴怒为戒。事有不可，当详处之，必无不中。若先暴怒，只能自害，岂能害人？前辈尝言，凡事只怕待。待者，详处之谓也。盖详处之，则思虑自出，人不能中伤也。尝见前辈作州县或狱官，每一公事难决者，必沉思静虑累日，忽然若有得者，则是非判矣。是道也，唯不苟者能之。

处事者，不以聪明为先，而以尽心为急；不以集事为急，而以方便为上。

同僚之契，交承之分，有兄弟之义，至其子孙，亦世讲之。前辈专以此为务，今人知之者盖少矣。又如旧举将及尝为旧任按察官者，后己官虽在上，前辈皆辞避坐下坐。风俗如此，安得不厚乎？

叔曾祖尚书当官至为廉洁。尝市缣帛，欲制造衣服。召当行者取缣帛，使缝匠就坐裁取之，并还所直钱与所剩帛，就坐中还之。荥阳公为单州，凡每月所用杂物，悉书之库门，买民间未尝过此数，民皆悦服。

当官取庸钱、般家钱之类，多为之程而过受其直，所得至微而所丧多矣。亦殊不知此数，亦吾分外物也。

畏避文法，固是常情。然世人自私者，率以文法难事委之于人。殊不知人之自私，亦犹己之自私也。以此处事，其能有济乎！

唐充之广仁贤者也，深为陈、邹二公所知。大观、政和间，守官苏州。朱氏方盛，充之数讥刺之，朱氏深以为怨，傅致之罪。刘器之以为充之为善，欲人之见知，故不免自异，以致祸患，非明哲保身之谓。

当官大要，直不犯祸，和不害义，在人精详斟酌之尔。然求合于道理，本非私心专为己也。

当官处事，但务着实。如涂擦文书，追改日月，重易押字，万一败露，得罪反重，亦非所以养诚心、事君不欺之道也。百种奸伪，不如一实；反复变诈，不如慎始；防人疑众，不如自慎；智数周密，不如省事。不易之道。

事有当死不死，其诟有甚于死者，后亦未必免死；当去不去，其祸有甚于去者，后亦未必得安。世人至此，多惑乱失常，皆不知义命轻重之分也。此理非平居熟讲，临事必不能自立，不可不预思。古之欲委质事人，其父兄日夜先以此教之矣。中材以下，岂临事一朝一夕所能至哉？教之有素，其心安焉，所谓有所养也。

"忍"之一字，众妙之门。当官处事，尤是先务。若能清、慎、勤之外，更行一忍，何事不办？《书》曰："必有忍，其乃有济。"此处事之本也。谚有之曰："忍事敌灾星。"少陵诗云："忍过事堪喜。"此皆切于事理，为世大法，非空言也。王沂公尝说："吃得三斗酽醋，方做得宰相。"盖言忍受得事也。

刘器之建中、崇宁初知潞州。部使者观望治郡中，事无巨细，皆详考，然竟不得毫发过。虽过往驿券，亦无违法予者。部使者亦叹伏之。后居南京，有府尹取兵官白直历点磨，他寓居无有不借禁军者，独器之未尝借一人，其廉谨如此。

《择善》 太史旧所编书名曰《择善》。此下皆《择善》中所取也。

晋及齐战于鞌，齐师败绩。晋师归，范文子后入。武子曰："无为吾望尔也乎？"对曰："师有功，国人喜以逆之。先入，必属耳目焉。是代帅受名也，故不敢。"武子曰："吾知免矣。"《成公二年》。

右《春秋左氏传》。

乐毅献书，报燕王曰："古之君子，交绝不出恶声。闻忠臣之去也，不洁其名。臣虽不佞，数奉教于君子矣。"《燕》二。

右《战国策》。

知伯率韩、魏攻赵。襄子保晋阳。三国灌其城，城不浸者三版。群臣皆有外心，唯高共不敢失礼。襄子私于韩、魏合谋，反灭知氏。于是襄子行赏，高共为先。张孟同曰："晋阳之难，唯共无功。"襄子曰："方晋阳急，群臣皆懈，唯共不敢失人臣礼，是以先之。"《赵世家》。

自齐王毁废孟尝君，诸客皆去。后召而复之，冯驩迎之。孟尝君太息曰："客亦有面目见文乎？"冯驩曰："夫物有必至，事有固然。君知之乎？"孟尝君曰："愚不知所谓也。"曰："生者必有死，物之必至也。富贵多士，贫贱寡友，事之固然也。君独不见夫朝趋市者乎？明旦侧肩争门而入，日莫之后，过市朝者掉臂而不顾，非好朝而恶莫，所期物，忘其中。今君失位，宾客皆去，不足以怨士而徒绝宾客之路。"孟尝君曰:"敬从命。"《孟尝君传》。

田叔为鲁相。初到,民自言相,讼王取其财物者百余人。田叔怒之曰:"王非若主邪?何敢自言若主?"鲁王闻之,大惭,发中府钱使相偿之。相曰:"王自夺之,使相偿之,是王为恶而相为善也。"于是王乃尽偿之。《田叔列传》。

右《史记》。

初,楚元王敬礼申公等,穆生不耆酒,元王每置酒,常为穆生设醴。及王戊即位,常设,后忘设焉。穆生退曰:"可以逝矣。醴酒不设,王之意怠,不去,楚人将钳我于市。"称疾卧。申公、白生强起之,曰:"独不念先王之德欤?今王一旦失小礼,何足至此!"穆生曰:"《易》称:'知几其神乎!几者,动之微,吉凶之先见者也。君子见几而作,不俟终日。'先王之所以礼吾三人者,为道之存故也。今而忽之,是忘道也。忘道之人,胡可与久处?岂为区区之礼哉?"遂谢病去。申公、白生独留。王戊稍淫暴,与吴通谋。二人谏,不听,胥靡之,衣之赭衣,使杵臼雅春于市。《楚元王传》第六。

桑弘羊子迁亡,过父故吏侯史吴。后迁捕得,会赦,侯史吴自出系狱。廷尉王平与少府徐仁杂治,皆以桑迁坐父谋反而侯史吴藏之,非匿反者,乃匿为随者也,即以赦令除吴罪。后侍御史治实,以桑迁通经术,知父反不谏,与反者身无异,吴不得赦。劾廷尉、少府纵反者。少府徐仁,即丞相车千秋婿也。千秋即召中二千石、博士会公车门,议问吴法。议者知大将军指,皆执吴为不道。明日,千秋封上众议。霍光以千秋擅召中二千石,外内异言,遂下廷尉平、少府仁狱。朝廷皆恐丞相坐之。杜延年乃奏记光,以为:"吏纵罪人有常法,今更诋吴为不道,恐于法深。又丞相素无所守持,而为好言于下,尽其素行也。至擅召二千石,甚无状。延年愚以为丞相久故,及先帝用事,非有大故,不可弃也。间者颇言狱深,吏为峻诋。今丞相所议,又狱事也,如是以及丞相,恐不合众心。群下谨哗，流言四布，延年窃重将军失此名于天下也。"光以廷尉、少府弄法轻重论弃市，而不以及丞相，终与相竟。延年论议持平，合和朝廷，皆此类也。《传》三十。

赵充国击先零，罕羌豪靡忘使人言愿还故地。充国以闻。靡忘来自归，充国赐饮食，遣还谕种人。护军以下皆争之，曰："此反虏，不可擅遣。"充国曰："诸君但欲便文自营，非为国家忠计也。"语未卒，玺书报，令靡忘以赎论。后罕竟不烦兵而下。《传》三十九。

充国振旅而还，所善浩星赐迎说充国，曰："众人皆以强弩破羌出击，多斩获，虏以破坏。有识者以为虏势穷困，兵虽不出，必自服矣。将军即见，宜归功于二将军出击，非愚臣所及。如此将军计未失也。"充国曰："吾年老矣，爵禄已极，岂嫌伐一时事以欺明主哉？兵势，国之大事，当为后法。老臣不以余命一为陛下明言兵之利害，卒死，谁当复言之者？"卒以其意对上。

薛宣为左冯翊，日至休吏，贼曹掾张扶独不肯休，坐曹治事。宣出教曰："盖礼贵用和，人道尚通。日至，吏以令休，所繇来久。曹虽有公职事，家亦望私恩意。掾宜从众，归对妻子，设酒肴，请邻里，一笑相乐，斯亦可矣。"扶惭愧，官属善之。《传》五十三。

何武迁扬州刺史。九江太守戴圣行治多不法，武廉得其罪，圣惧自免。后为博士，毁武于朝廷。武闻之，终不扬其恶。而圣子宾客为群盗，得系庐江，武平心决之，卒得不死。自是后圣惭服。每奏事至京师，圣未尝不造门谢恩。五十六。

霍光沉静详审，每出入下殿门，进止有常处。郎仆射窃识视之，不失尺寸。三十八。

赵广汉为京兆尹。富人苏回为郎，二人劫之。有顷，广汉将吏到家，自立庭下，使长安丞龚奢扣堂户，晓贼曰："京兆尹赵君谢两卿，无得杀质，此宿卫臣也。释质束手，得善相遇，幸逢赦令，或时解脱。"二人惊愕，又素闻广汉名，即开门出，下堂叩头。广汉跪谢曰："幸全活郎，甚厚。"送狱，敕吏谨遇，给酒肉。至冬当出死，豫为调棺，给敛葬具。告语之，皆曰："死无所恨。"四十六。

薛宣为左冯翊。高阳令杨湛贪猾，宣手自牒书，条其奸赃，封与湛："吏民条言君如牒，或议以为疑于主守盗，又念十金法重，不忍相暴章，故密以书相晓，欲君自图进退，可复伸眉于后。即无其事，复封还记，得为君分明之。"湛自知罪赃皆应记，而宣辞语温润无伤害意。湛即时解印绶付吏，为记谢宣，终无怨言。宣得吏民罪名，辄召其县长吏，使自行罚。晓曰："府所以不自发举者，不欲代县治，夺贤令长名也。"长吏莫不喜惧，免冠谢。五十三。

王莽免就国。南阳太守以莽贵重，选门下掾宛孔休守新都相。休谒见莽，莽尽礼自纳。休亦闻其名，与相答。后莽疾，休候之。莽缘恩意，进其玉具宝剑，欲以为好。休不肯受。莽曰："诚见君面有瘢，闻美玉灭瘢，欲献其瑑尔。"即解其瑑，休复辞让，莽曰："君嫌其贾也？"遂椎碎之，自裹以进休，休乃受。及莽征去，欲见休，休称疾不见。后莽秉权，休去官归家。及莽篡位，遣使赍玄𫄸束帛，请为国师，遂呕血，托病，杜门自绝。六十九。

右《前汉史》。

卓茂性宽仁恭爱，乡党故旧，虽行能不与茂同者，皆爱慕欣欣焉。初辟丞相府吏，尝出行，有人认其马。茂问曰："子亡马几何时？"对曰："月余日矣。"茂有马数年，心知其谬，默解与之，挽车而去，顾曰：若非公马，幸至丞相府归我。"他日马主别得亡者，乃诣府送马，叩头谢之。后迁密令，劳心谆谆，视人如子，举善而教，口无恶言，吏人亲爱而不忍欺之。人尝有言部亭长受其米肉遗者，茂辟左右问之曰："亭长为从汝求乎？为汝有事嘱之而受乎？将平居自以恩意遗之乎？"人曰："往遗之尔。"茂曰："遗之而受，何故言也？"人曰："窃闻贤明之君，使人不畏吏，吏不取人。今我畏吏，是以遗之，吏既卒受，故来言尔。"茂曰："汝为敝人矣。凡人所以贵于禽兽者，以有仁恩，知相敬事也。今邻里长老尚致馈遗，此乃人道所以相亲，况吏与民乎！吏顾不当乘威力强请求耳。凡人之生，群居杂处，故有经纪礼义以相交接。汝独不欲修之，宁能高飞远走不在人间邪？亭长素善吏，岁时遗之，礼也。"人曰："苟如此，律何故禁之？"茂笑曰："律设大法，礼顺人情。今我以礼教汝，汝必无怨恶。以法治汝，何所措其手足乎？一门之内小者可论，大者可杀也。且归念之。"于是人纳其训，吏怀其恩。初，茂到县，有所废置，人笑之，邻城闻者皆嗤其不能。河南郡为置守令，茂不以为嫌，理事自若，数年教化大行，道不拾遗。十五。

桓晔适会稽，止故鲁相钟离意舍。临去之际，屋中尺寸之物，悉疏付主人，纤微不漏。二十七。

陈寔为太丘长，司官行部，吏虑有讼者，白欲禁之。寔曰："讼以求直，禁之，理且何伸，其勿有所拘。"司官闻而叹息曰："陈君所言若是，岂有怨于人乎！"亦竟无讼者。五十二①。

史弼为平原相时，诏书下举钩党。郡国所奏多至数百，唯弼独无所上。诏书前后切责州郡，髡笞掾史。从事坐传舍，责曰："诏书疾恶党人，旨意恳切。青州六郡，其五有党，近国甘陵，亦考南北部，平原何理而独无？"弼曰："先王疆理天下，画界分境，水土异齐，风俗不同。他郡自有，平原自无，胡可相比？若承望上司，诬陷良善，淫刑滥罚，以逞非理，则平原之人，户可为党，相有死而已，所不能也。"从事大怒，即收郡僚职送狱，遂举奏弼。会党禁中解，弼以俸赎罪得免，济活者千余人。五十四。

仇览为蒲亭长。有陈元者独与母居。而母诣览，告元不孝。览

<hr>

① 二，底本作"三"，据《后汉书》改。

惊曰："吾近日过舍，庐落整顿，耕耘以时。此非恶人，当是教化未及至尔。母身投老，奈何肆忿于一朝，故致子以不义乎？"母闻感悟，涕泣而去。览乃亲到元家，与其母子饮，因为陈人伦孝行，譬以祸福之言，卒成孝子。六十六。

右《后汉史》。

魏太子为五官中郎将，天下向慕，宾客如云，而邴原独守道持常。自非公事，不妄举动。太祖微使人从容问之，原曰："吾闻国危不事冢宰，君老不奉世子，此典制也。"《魏传》十一。

华[①]表年二十为散[②]骑侍郎。时同僚诸郎共平尚书，年少，并厉锋气，要名誉。尚书事至，或有不便，故遗漏不视，及传书者去，即入深文论驳。惟表不然，事来有不便者，辄与尚书共论尽其意，主者固执，不得已，然后共奏议。十三。

王观为涿郡太守，明帝诏使郡条为剧中平者。主者欲言郡为中平，观曰："此郡滨虏，数有寇害，云何不为剧邪？"主者曰："若郡为外剧，恐于明府有任子。"观曰："今郡在外剧，则于役条当有降差，岂可为太守之私计而负一郡乎？"遂言为外剧，送任子诣邺。时观但有一子，而又幼弱，其公心如此。二十四。

吕壹罪发，收系廷尉。顾雍往断狱，壹以因见，雍和颜色，问其辞状。临出，又问壹曰："君意得无欲有所道？"壹叩头无言。时尚书郎怀叙面詈辱壹。雍责叙曰："官有正法，何至于此！"《吴传》七。

益州将袭肃举军来附。周瑜表以肃军益吕蒙。蒙盛称肃有胆用，且慕化远来，于义宜益不宜夺也。孙权善其言，还肃兵。成当、宋定、徐顾三将死，子弟幼弱，权悉以其兵并蒙。蒙固辞，陈启顾等皆勤劳国家，子弟虽小，不可废也。书三上，权乃听。蒙又为择师辅导之，其操心率如此。九。

---

① 华，底本作"万"，据《三国志》改。

② 为散，底本作"阙"，据《三国志》补。

有荐凌统同郡盛暹于孙权者，以为梗概大节有过于统。权曰："且令如统足矣。"后召暹，夜至。时已卧，闻之，摄衣出门，执其手以入。其爱善不忌如此。十。

孙策从容与吕范棋。范曰："今将军士众日盛，而纲纪犹有不整者。范愿暂领都督，佐将军部分之。"策曰："子衡，卿既士大夫，加己有大众，立功于外，岂宜复屈小职乎？"范曰："不然。今舍本土而托将军者，非为妻子也，欲济世务。犹同舟涉海，一事不牢，即俱受其败。此亦范计，非但将军也。"策笑，无以答。范出，便释韛，着褶袴，执鞭，诣阁下启事，自称领都督。策乃授传，委众事。由是军中肃睦，威禁大行。十一。

陆抗与诸葛恪换屯柴桑。抗临去，皆更缮完城围，葺其墙屋，居庐桑果不得妄败。恪入屯，俨然若新。而恪柴桑故屯颇有毁坏，深以为惭。十三。

张翼为庲降都督。耆率刘胄背叛，翼举兵讨胄。胄未破，会被征当还。群下以为宜驰骑即罪，翼曰："不然。吾以蛮夷蠢动，不称职故还耳。然代人未至，吾方临战场，当运粮积谷，为灭贼之资，岂可以黜退之故而废公家之务乎？"于是统摄不懈，代到乃发。马忠因其成基以破殄胄。丞相亮闻而善之。《蜀[①]传》十五。

右《三国史》。

宋越、谭金等谋反，殷孝祖为前锋都督，中流矢死。人谓沈攸之宜代孝祖为统。时建安王休仁屯武槛总统众军，闻孝祖死，遣宁朔将军江方兴、龙骧将军刘灵遗各率三千人赴赭圻。攸之以为孝祖既死，贼有乘胜之心，明日若不更攻，则示之以弱。方兴名位相亚，必不为己下，军政不一，致败之由。乃帅诸军主诣方兴推重并慰勉之。方兴甚悦。攸之既出，诸军主并尤之，攸之曰："卿忘廉蔺、寇贾事邪？吾本以济国活家，岂计彼之升降？"明日进战，自

---

① 蜀，底本脱，据《三国志》补。

寅讫午，大破贼。《南史传》二十七。

萧修为卫尉卿。初，嗣王范为卫尉，夜中行城，常因风便鞭棰宿卫，欲令帝知其勤。及修在职，夜必再巡，而不欲人知。或问其故，曰："夜中警逴，实有其劳。主上慈爱，闻之容或赐止。违诏则不可，奉诏则废事。且胡质之清，尚畏人知。此职事之常，何足自显？"闻者叹服。四十二。

李孝伯，人或有言事者，孝伯见帝，言其所长，初不隐人姓名，以为己善，故衣冠之士服其雅正。《北史》二十一①。

齐崔劼二子拱、㧑并为外任。弟廓之从容谓劼曰："拱幸得不凡，何不在省府中清华之所，而并出外藩？"劼曰："立身以来，耻以言自达。今若进儿，与身何异！"卒无所求。闻者叹服。四十四。

晋公宇文护诛，武帝召齐王宪入，免冠谢。帝谓曰："汝亲则同气，休戚共之，事不相涉，何烦致谢？"乃诏宪往护第，收兵符及诸簿籍等。寻以宪为大冢宰。时帝既诛宰臣，亲览朝政，方欲齐之以刑，爰及亲亲，亦为刻薄。宪既为护所任，自天和后威势渐隆。欲有所陈，多令宪奏。其间或有可否，宪虑主相嫌隙，每曲而畅之。帝亦悉其此心，故得无患。四十六②。

赫连达为夏州总管，性廉俭。边鄙胡人或馈达羊，达欲招异类，报以缯帛。主司请用官物，达曰："羊入我厨，物出公库，是欺上也。"命取私帛与之。五十三③。

路去病，齐武平四年为成安县令。都下有邺、临、漳成安三县，辇毂之下，旧号难为，重以政乱时艰，纲纪不立，近臣内戚，请属百端。去病消息事宜，以理抗答，势要之徒，虽厮养小人，莫

---

① 一，底本作"二"，据《北史》改。

② 六，底本作"九"，据《北史》改。

③ 五十三，底本作"六十"，据《北史》改。

不惮其风格，亦不至嫌恨。七十四。

崔暹好荐人士，言邢邵宜亲重。言论之际，邵遂毁暹。文襄谓暹曰："卿说子才长，子才专言卿短，此痴人也。"暹曰："子才言暹短，暹言子才长，皆是实事，不为痴也。"《北史·传》二十[1]。

右《南》《北史》。

李勣本姓徐氏，名世勣。永徽中，以犯太宗讳，单名勣。初，李密遣勣守黎阳，密为王世充所破，拥众归朝。其旧境东至于海，南至于江，西至汝州，北至魏郡，勣并据之，未有所属。谓长史郭孝恪曰："魏公既归大唐，今此人众土地，魏公所有也。吾若上表献之，即是利主之败，自为己功以邀富贵，吾所耻也。今宜具录州县名数及军人户口，总启魏公，听公自献。"乃遣使启密。使人初至，高祖闻其无表，惟有启与密，甚怪之。使者以勣意闻奏，高祖大喜，曰："徐世勣感德推功，实纯臣也。"诏授黎阳总管，赐姓李氏。《唐传》十七。

魏徵安辑河北，太宗许以便宜从事。徵至磁州，遇前宫千牛李志安、齐王护军李思行锢送京师。徵谓副使李桐客曰："吾等受命之日，前宫、齐府左右，皆令赦原不问。今复送思行等，此外谁不自疑？徒遣使往，彼必不信，此乃差之毫厘，失之千里。且公家之利，知无不为，宁可废身，不可废国家大计。今若释遣思行，不问其罪，则信义所感，无远不臻。古者大夫出疆，苟利社稷，专之可也。况今日之行，许以便宜从事，主上既以国士见待，安可不国士报之乎？"即释遣思行等，仍以启闻，太宗甚悦。二十一。

李辅国矫诏迁玄宗居西宫，真卿乃首率百僚上表，请问起居。辅国恶之，奏贬蓬州长史。七十八。

范希朝节度振武。蕃落之俗，有长帅至，必效奇驼、名马，虽廉者犹曰当从俗以致其欢。希朝一无所受，积十四年，皆保塞而不

---

[1] 《北史·传》二十，底本脱，据《北史》补。

为横。百一。

刘宽夫转左补阙。少列陈岵进注《维摩经》，得濠州刺史。宽夫与同列，因对论之，言岵因供奉僧进经得郡。敬宗怒谓宰相曰："陈岵不因僧得郡，谏官安得此言？须推排头首来。"宽夫奏曰："昨论陈岵之时，不记发言前后，唯握笔草状，即是微臣。今论事不当，臣合当罪。若寻究推排，恐伤事体。"帝嘉其引过，欣然释之。百三。

吐突承璀监淮南军，李鄘以刚严素著，差相敬惮，未尝相失。承璀归，遂引以为相。登祖筵，闻乐而泣下，曰："宰相之任，非吾所长也。"行颇缓，至京师，又辞疾归第。既未朝谒，又不领政事，竟以疾辞。百七。

郑余庆不事华洁，后进趋其门者，多垢衣败服，以望其知。而武儒衡谒见，未尝辄易所好，但与之正言直论，余庆因亦重之。百八。

王播历殿中侍御史。倖臣李实尹京兆，恃恩颇横，遇播于途，不避。故事，尹避台官，播移文诋之。实怒，后奏播为三原令，欲挫之。播受外趋府谒谢，尽府县之仪。及临所部，政理修明，为畿邑之最。实以其人有政术，甚礼重之。百十四。

杨凭①子浑之以家藏书画献段文昌，求致进士第。文昌将镇蜀川，面托钱徽，继以私书保荐。李绅亦托周汉宾于徽。榜出，二人不中选。段、李大怒，文昌面奏徽所放不当。穆宗问元稹、李绅，对同文昌。徽贬江州刺史。李宗闵等令徽以二人私书进呈，上必开悟。徽曰："不然。无愧心，得丧一致，修身谨行，安可以私书相证邪？"令子弟焚之，人士称徽长者。一百十八②。

初，韩弘入朝，以宣武旧事，人多流言，其子公武以家财厚赂

---

① 凭，底本作"凌"，据《旧唐书》改。

② 八，底本作"五"，据《旧唐书》改。

及多言者，班列之中悉受其遗。俄而父子俱卒，孤孙幼小，穆宗恐为厮养窃盗，乃命中使至其家，阅其宅簿，以付家老。而簿上具有纳赂之所，唯于僧孺官侧朱书曰："某月日送牛侍郎若干物，不受，却付讫。"穆宗按簿甚悦。居无何，议命相，帝首可僧孺之名。百二十二。

右《唐史》。

（据文渊阁《四库全书》本《东莱别集》为底本，参考浙江古籍出版社2008年版《吕祖谦全集》整理）

家山图书

〔宋〕佚名

【导读】

《家山图书》一卷，作者不可考，应为南宋学者。

此书《永乐大典》注为朱熹所作，但从文中引有朱熹《家礼》文字、而且还有"朱子"称谓来看，不可能是朱熹作品。

《家山图书》总体上由礼图与文字说明两部分构成。先后绘有《古小学本旨图》《弟子受业之图》《负剑辟咡之图》《乡遂总图》《塾庠序图》《诸侯泮宫图》《天子五学图》《乡饮之图》《三加冠图》《加冠之图》《昏礼亲迎之图》《本宗五服图》《妻为夫党服图》《外族母党、妻党服图》《丈夫丧次》《丧服之图》《大宗小宗图》《家必有庙图》《祠堂之图》《正寝时祭之图》《每位设馔之图》《舞勺舞象图》《八音之图》《五声之图》《律吕之图》《阳律阴吕相生之图》《天子大射之图》《雕弓、彤弓、黑弓、彤矢、玈矢、矰矢图》《大射之位》《乡射之位》《鸣和鸾图》《舞交衢图》《逐水曲图》《过君表》《逐禽左》《六书之图》《九数算法之图》《子事父母之图》《妇事舅姑之图》《世子问寝图》《子妇尝药图》《侍投拥矢之图》《侍射约矢之图》《深衣图上》《深衣图下》《礼器之图》《君子佩玉之图》《玄纮、纮、綖之图》《童子服用图上》《童子服用图下》《敦、牟、卮、匜图》《衿鞶、箧、笥、褠、椸图》等，计50余幅。礼图后面附以仪节说明、名物考证，使读者更易于理解该礼仪仪式内含的深刻礼义。比如，《妇事舅姑之图》中公婆上座，媳妇上前问安，旁边男女仆人张罗早餐，一幅家庭雍睦祥和的景象。图后，附有《内则》和《家礼》对妇事舅姑的相关论述。《居家杂仪》对媳妇侍奉公婆的要求是："凡子事父母、妇事舅姑，天欲明，咸起盥漱，栉，总，具冠带。昧爽，适父母舅姑之所省问。父母舅姑起，子供药物，妇具晨羞。供具毕乃退，各从其事。"《内则》的要求甚至具体到了拜见父母公婆前、问安、出入、进盥等每一个环节，如："妇事舅姑，如事父母。鸡初鸣，咸盥漱，栉、纵、笄、总、衣、绅……衿缨，綦屦。以适父母、舅姑之所。及所，下气怡声，问衣燠寒，疾痛苛痒，而敬抑搔之。出入，则或先或后，而敬扶持之。进盥，少者奉槃，长者奉水，请沃盥，盥卒，授巾。问所欲，而敬进之，柔色以温之。……父母、舅姑必尝之而后退。"

　　《家山图书》绘制的礼图主要可分为两类，第一类礼图主要是展示礼仪之"名物度数"，如《八音之图》《五声之图》《律吕之图》《深衣图上》《深衣图下》《礼器之图》《君子佩玉之图》《玄纮、纮、綖之图》《童子服用图上》《童子服用图下》《敦、牟、卮、匜图》《衿鞶、箧、笥、褠、椸图》等，使得读者对基本的礼器、礼物、礼服有所了解；第二类主要是展示"周旋揖让"之礼仪，如《加冠之图》《昏礼亲迎之图》《天子大射之图》《子事父母之图》《妇事舅姑图》《世子问寝图》《子妇尝药图》等，使读者看后对仪式的基本流程、站位有所了解。这些绘图对于理解传统礼仪、礼器具有直观形象的帮助，也是古代的蒙养教育读物。

《家山图书》虽文字不多，但也有些论述纠正了一些学者和家礼文献的失误。比如对"祠堂之图"的解说中就指出了程伊川的讹错："《家礼》：古命士得立家庙。家庙之制：内立寝庙，中立正庙，外立门，四面墙围之。非命士上祭于堂上，只祭考妣。伊川谓，无贵贱皆祭自高祖而下，但祭有丰杀疏数不同。庙向南，坐皆东向。伊川于此不审，乃云：庙皆东向，祖先位面东。自厅侧直东入其所，反转面西入庙中。其制非是。古人所以庙面东向坐者，盖户在东，牖在西，坐于一边，乃是奥处。"

尽管《家山图书》总体上以仪节说明、名物考证为主，然而行文之间亦可窥得作者以礼正俗、敦睦人伦之旨意。此外，该书在中国传统家训、家礼文化史上，还具有重要的史料价值，其绘图弥补了相关文献的不足。诚如《四库全书总目》所论："负剑辟咡，以及乡饮、五御诸图，尤足补聂崇义（按：指《三礼图》）所未及。"

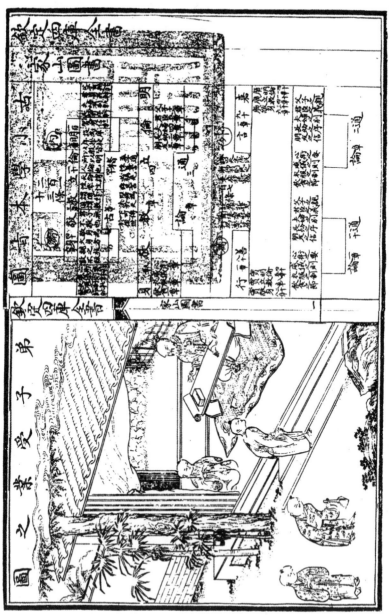

图 4-1 古小学本旨图（右）、弟子受业之图（左）

　　《曲礼》曰："将即席，容毋怍。两手抠衣，去齐尺。衣毋拨，足毋蹶。先生书策、琴瑟在前，坐而迁之，戒勿越。坐必安，执尔颜。长者不及，毋儳言。正尔容，听必恭。毋剿说，毋雷同。必则古昔，称先王。"又曰："侍坐于先生，[①]问焉，终则对。请业则起，请益则起。"

---

① 据宋淳熙四年（1177）抚州公使库刻本《礼记正义》校勘，"先生"后"问焉"前疑脱"先生"二字，今本皆作"先生问焉"。

图 4-2　负剑辟咡之图

　　孔氏曰："非唯教之听立，至于行步，亦宜教之。提携谓牵将行时，因牵行之，又教之为节也。奉长者之手，为儿长大，方当供养扶持长者，故先使学之，令习便也。""辟，倾也。不正向之，令气不触儿，亦令见长者所为而复习之也。""儿在怀中亦称负，故《内则》云：'始负子。'童子虽未能掩口以对，长者亦教其为之，以为后法。"

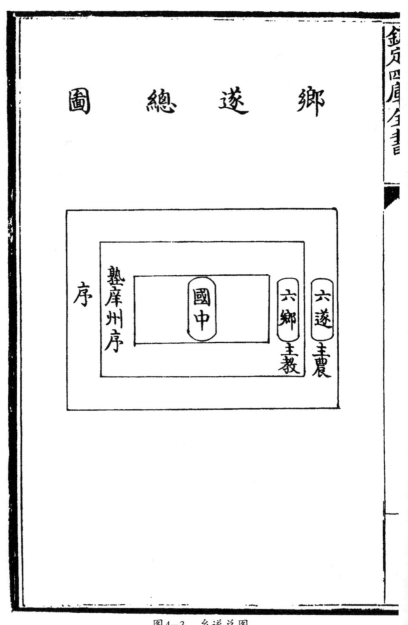

图4-3　乡遂总图

乡遂，乡以向于内，遂以遂于外。内者谓之民，则以礼义为主，故乡大夫待之以教法，外者谓之氓，则以功事为主，故遂大夫齐之以政令。

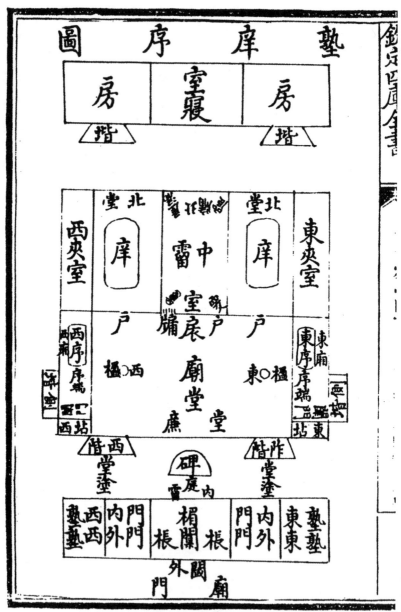

图 4-4 塾庠序图

塾，《说文》：“閭，里门也。”《尔雅》曰：“门侧之堂谓之塾。”《尚书大传》曰：“大夫七十而致仕，老其乡里，大夫为父师，士为少师。岁事已毕，余子皆入学，距冬至四十五日，始出学，传农事。上老平明坐于右塾，庶老坐于左塾，余子毕出，然后归。夕亦如之。”盖古者合二十五家而为之门塾，坐父师、少师于此，所以教之学也。庠序，《孟子》曰：“庠者养也，序者射也。”《乡饮酒》“尊两壶于房户之间”，《乡射》“尊于宾席之东”。盖乡饮在庠，而庠有房室，乡射在序，而序无房室也。

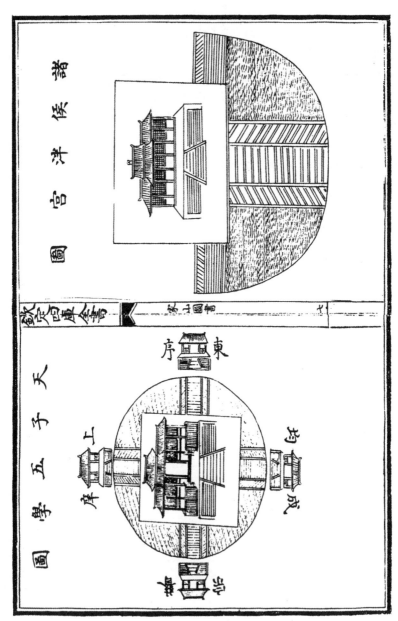

图4-5 诸侯泮宫图（右）、天子五学图（左）

　　陆氏佃云，《礼记》："天子设四学。"盖天子立四学。并中学而五，于一处并建。周人则辟雍居中，其南为成均，其北为上庠，其东为东序，其西为瞽宗。学《礼》者就瞽宗，学《书》者就上庠，学舞干戈、羽籥者就东序，学乐德、乐语、乐舞者就成均，辟雍唯天子承师问道、养三老五更又出师受成等就焉。天子入太学，则四学之人环水而观之，是谓辟雍。《大戴礼》曰，"帝入东学，上亲而贵仁"，东庠是也；"帝入南学，上齿而贵信"，成均是也；"帝入西学，上贤而贵德"，瞽宗是也；"帝入北学，上贵而尊爵"，上庠是也；"帝入太学，承师而问道"，辟雍是也。总而言之，四学亦太学也。

　　《正义》曰："诸侯曰泮宫，泮之言半，盖东西门以南通水，北门无也。所以降杀于天子。"《王制》云："诸侯止有泮宫一学，鲁之所立，非独泮宫。"《明堂位》曰："米廪，有虞氏之庠也。序，夏后氏之学也。瞽宗，殷学也。頖宫，周学也。"是鲁得立四代之学，僖公修之，示存古法也。

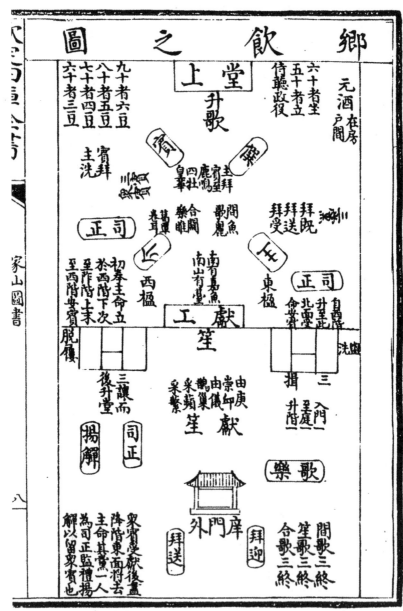

图 4-6 乡饮之图

《乡饮酒义》曰："乡饮酒之义，主人拜迎宾于庠门之外，入，三揖而后至阶，三让而后升，所以致尊让也。盥洗，扬觯，所以致洁也。拜至、拜洗、拜受、拜送、拜既，所以致敬也。尊让洁敬[1]者，君子之所以相接也。""宾主象天地也，介僎象阴阳也，三宾象三光也，让之三，象月之三日而成魄也，四面之坐象四时也。""六十者坐，五十者立侍以听政役，所以明尊长也。六十者三豆，七十者四豆，八十者五豆，九十者六豆，所以明养老也。"

乡饮酒礼序：主，州以郡守，县以县令，位于东南。宾，择乡里寄居年德高及致仕者为之，位于西北。僎，州以通判，县以丞或薄，位于东北。介，以次长，位于西南。三宾，以宾之次者为之，位于宾、主、介、僎之后。又设郡僚之位，东西相向，其余仕与未仕者，皆以齿序位于两廊。司正，以众所推服者为之。相及赞，以士之熟于礼者为之。先一日设樽、罍、爵、洗，各如奠谒之仪。又于庠序之廊设主、宾、介、僎、三宾之次。又设席于堂下，凡乡之仕与未仕者，以齿序立。又设席于庠门之外，自堂下各以序行，立于庠门之席。质明，主人率宾以下，先释菜于先圣、先师，退各就次，以俟速宾。

门外速宾，序宾再拜，祭酒啐酒，主献宾受。

宾酬主人，主人酬介，介酬众宾，修爵无筭。

请主沃洗，司正扬觯。拜送宾介，拜既而退。

---

[1]　今本《礼记》"敬"字后有"也"字，此处疑有脱文。

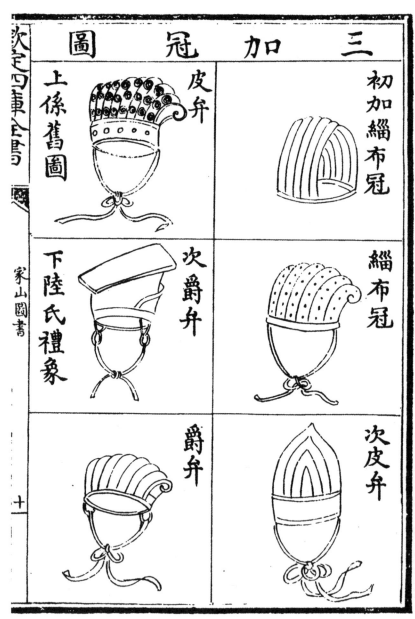

图 4-7　三加冠图

缁布冠：以缁布为之，其冠广三寸，落顶前后两头皆在武上，向内反屈之，缝于武，左辟积，周制多襵，音辄。而横缝之。

皮弁：《士冠礼》注云"皮弁以白鹿皮为之，象太古"。又《旧图》云："以鹿皮浅毛黄白者为之，高一尺二寸。"

爵弁：郑云"冕之次也。其色赤而微黑，如爵头然"。用三十升布为之，亦长尺六寸，广八寸，前圆后方，无旒而前后平。《三礼图》。

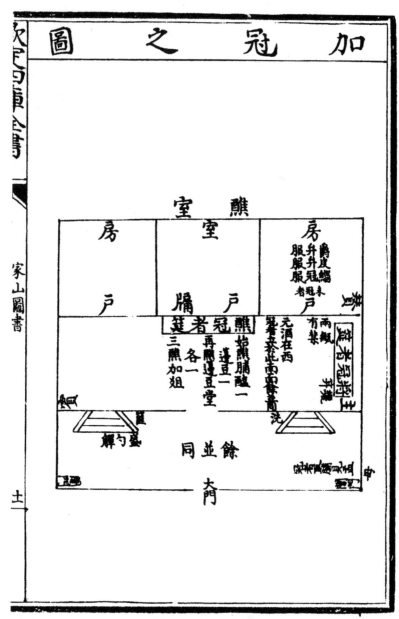

图 4-8　加冠之图

　　陈氏曰：服陈于房，东领，上北；赞者立于房，西面，上南；醴设于房，尊、篚、笾豆，上南；冠弁执于西坫南，上东；主人立于东序，面西；宾立于西序，面东；冠者未冠、既冠面南，即席、加冠面西，醴之面南，其降而见母，面北。其始也，宾揖冠者，即筵坐。赞者坐，栉，设纚。宾降。与升。正纚，降，受弁。进，容，祝而冠之。既冠，揖之适房，服其服，又揖之，即筵坐。栉，纚，祝，加如初。盖宾盥所以致洁，降盥，降受冠弁，所以致敬。始加[①]降一等，再加降二等，三加降三等，以服弥尊，故降弥下也。

---

① 加，元至正七年（1347）福州路儒学刻明修本陈祥道《礼书》卷六十四"加"后有"受冠"二字，此处疑脱。

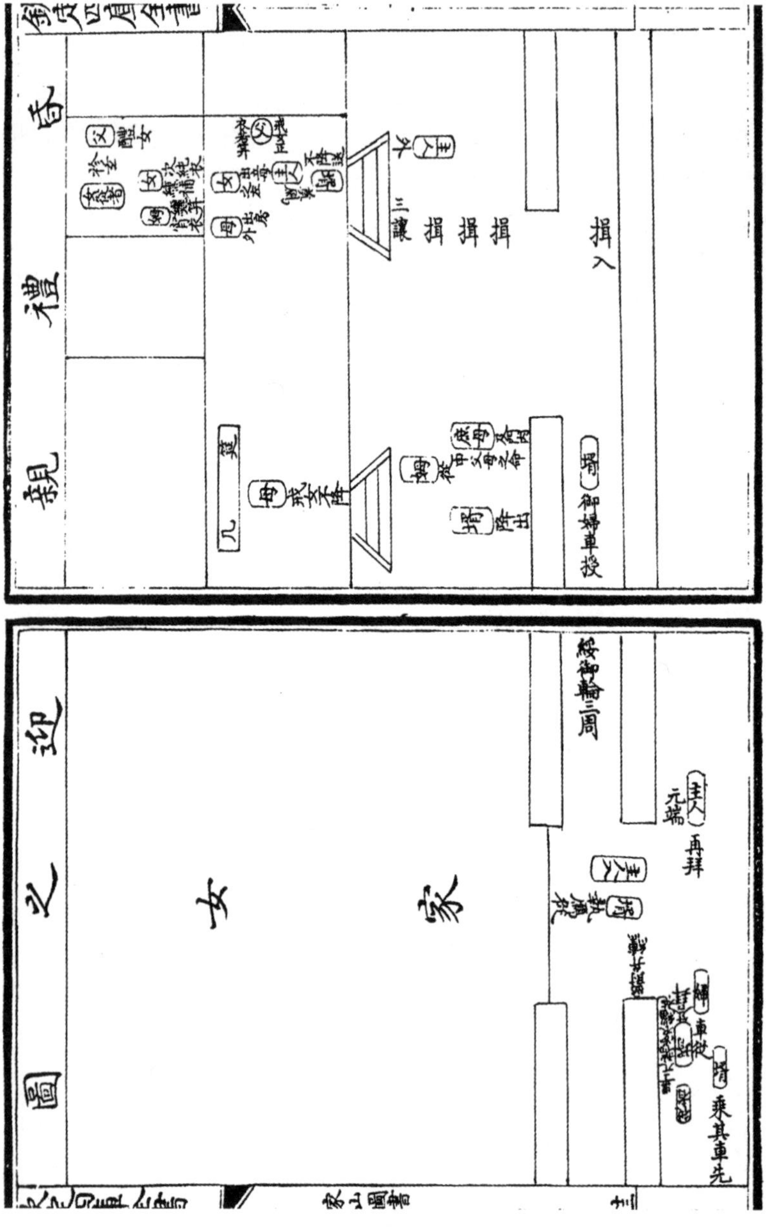

图 4—9 昏礼亲迎之图

　　按《家礼》，前期一日，女氏使人张陈其婿之室。厥明，婿家设位于室中，女家设次于外。初昏，婿盛服，主人告于祠堂，遂醮其子，而命之迎。婿出，乘马至女家，候[①]于次。女家主人告于祠堂，遂醮其女而命之。主人出迎，婿入奠雁。姆奉女出，登车，婿乘马，先妇车。至其家，导妇以入。婿妇交拜，就坐，饮食毕。婿出，复入脱服，烛出。主人礼宾。

---

① 候，明刻本朱熹《家礼》卷三，上海古籍出版社本《朱子全书》（第7册）《家礼》皆作"俟"。

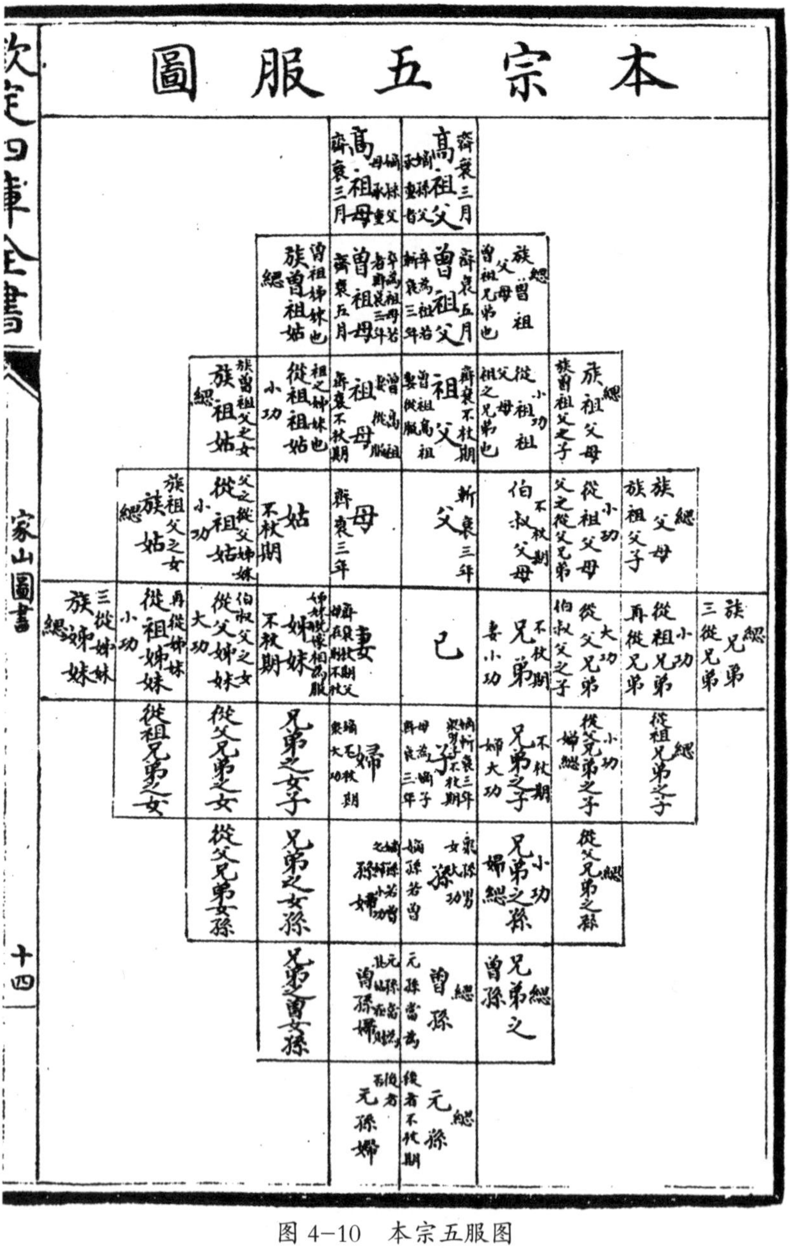
欽定四庫全書
本宗五服圖
家山圖書
十四
高祖父
齊衰三月
高祖母
齊衰三月
曾祖父
齊衰五月
曾祖母
齊衰五月
族曾祖父母
總
族曾祖姑
總
祖父
齊衰不杖期
祖母
齊衰不杖期
從祖祖父母
小功
從祖祖姑
小功
族祖父母
總
族祖姑
總
父
斬衰三年
母
齊衰三年
伯叔父母
不杖期
姑
不杖期
從祖父母
小功
從祖姑
小功
族父母
總
族姑
總
己
妻
兄弟
不杖期
姊妹
不杖期
從父兄弟
大功
從父姊妹
大功
從祖兄弟
小功
從祖姊妹
小功
族兄弟
總
族姊妹
總
子
婦
兄弟之子
兄弟之女子
從父兄弟之子
從父兄弟之女
從祖兄弟之子
從祖兄弟之女
孫
孫婦
兄弟之孫
兄弟之女孫
從父兄弟之孫
從父兄弟女孫
曾孫
曾孫婦
兄弟之曾孫
兄弟之曾女孫
元孫
元孫婦

图 4-10 本宗五服图

凡男为人后者，为其私亲皆降一等，惟本生父母，降服不杖期，申心丧三年。其本生父母亦为之降服不杖期。姑、姊妹、女子之在室，服并与男子同，嫁反者亦同。适人无夫与子者，为其兄弟、姊妹及兄弟之子不杖期。

凡女适人者，为其私亲皆降一等，惟祖及曾、高祖不降，为兄弟之为父后者不降，为兄弟姪之妻不降。

嫡母。妾子谓父正室曰嫡母，正服齐衰三年。庶子为嫡母之父母、兄弟、姊妹小功，嫡母死则无服。

继母。继母谓父再娶之母，义服齐衰三年。继母为长子义服齐衰三年，为众子不杖期。继母出则无服。若父卒，继母嫁而己从之，服杖期。继母报服不杖期。母出则为继母之兄弟、姊妹小功。

庶母。庶母谓父妾之有子者也。众子为之义服缌麻。士之庶子为其母齐衰三年，为父则降。庶子为父后者为其母缌，而为其母之父母、兄弟、姊妹则无服。庶子之子为父之母不杖期，而为祖后则无服。庶母为其子为君之众子齐衰不杖期。若为若为君之长子齐衰三年。妾为君斩衰三年。妾为女君为其父母不杖期。

慈母。慈母者，谓庶子无母而父命他妾之无子者，慈己也，义服齐衰三年。庶母慈己者，谓庶母之乳养己者，义服小功。为乳母谓小乳哺曰乳母，义服缌麻。

出母。谓为父所出，降服杖期。母为子降服不杖期。子为父后者则不服。

嫁母。谓父卒母嫁，降服杖期。子为父后者则不服。嫁母为前夫之子与从己嫁者，服不杖期。

继父。继父同居，父子皆无大功以上亲，义服不杖期。继父不同居者，谓先同今异，或虽同居而继父有子，己有大功以上亲，服齐衰三月。元不同居，则不服。为同母异父之兄弟、姊妹小功五月。

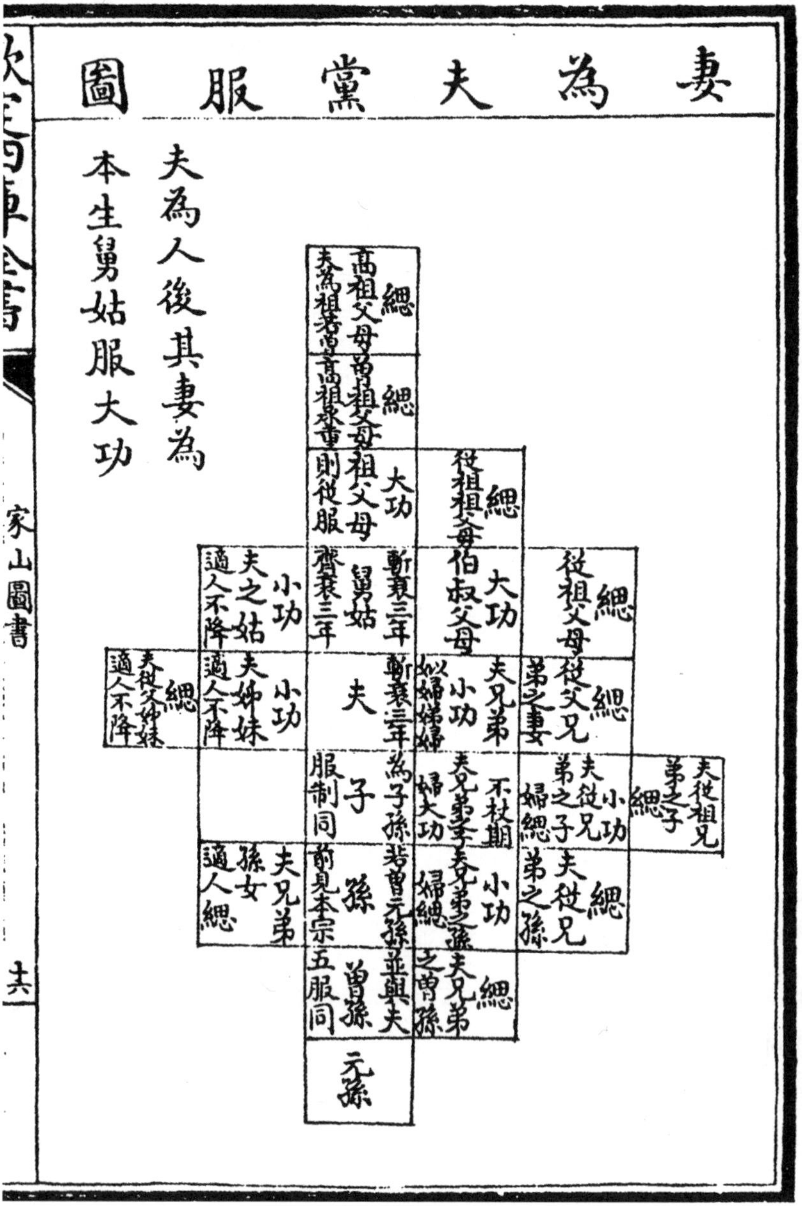

圖服黨夫為妻

夫為人後其妻為
本生舅姑服大功

高祖父母高祖祖父母祖父母
夫為祖若高祖及高祖祖皆重
則從服 緦

緦

大功 斬衰三年 舅姑

從祖祖父母伯叔父母
緦

大功 斬衰三年為子孫皆曾元孫並與夫服制同

從祖父母從父兄
弟之妻 緦

夫之姑
適人不降 小功

夫兄弟妻
適人不降 小功

夫兄弟 不杖朞

夫之從父兄弟
似婦婦 小功

夫之從父兄弟妻 孟婦大功
婦緦

緦

夫從祖兄
弟之子 緦

夫兄弟妻妹
適人不降 緦

夫之姑姊妹
適人不降 緦

夫

子 服制同前見本宗五服同

孫 曾孫

玄孫

夫兄弟子
孫女 適人緦

夫從兄弟
之曾孫 緦

弟之子
夫從兄 小功

弟之孫
夫從兄 緦

婦緦

家山圖書

圖4-11 妻为夫党服图

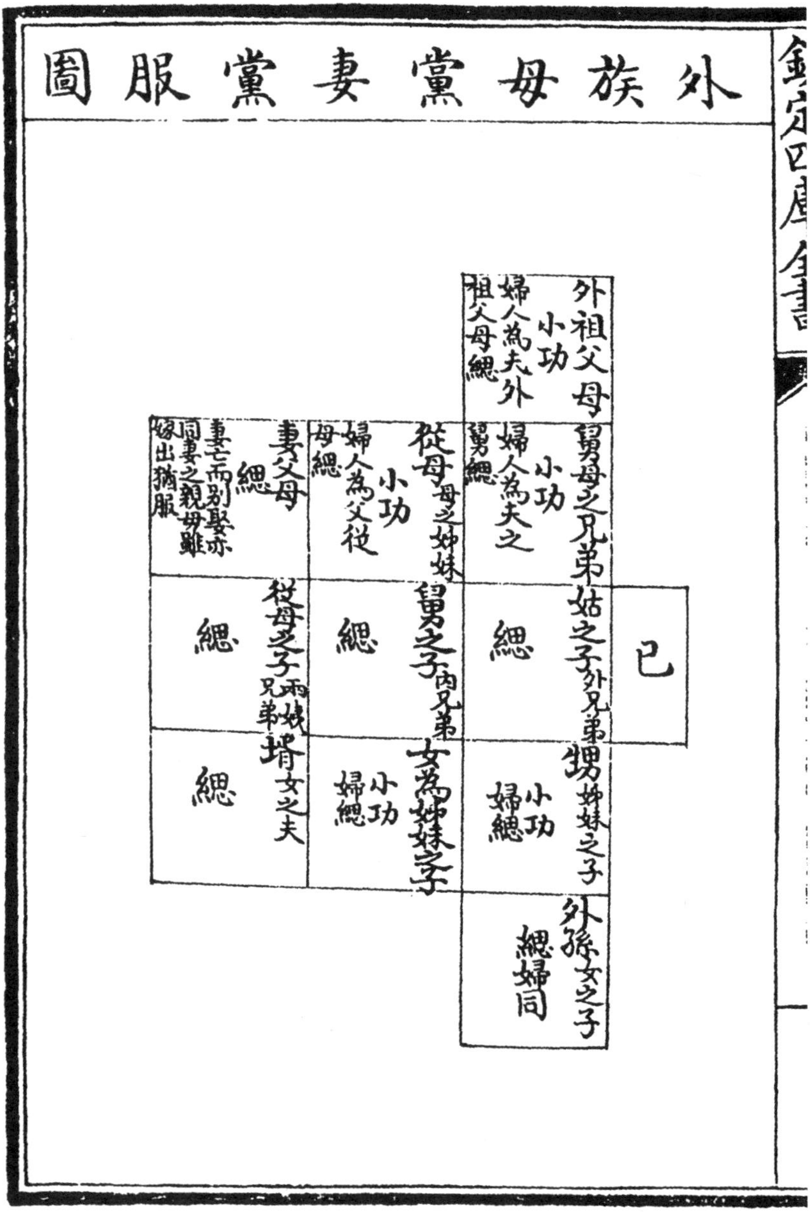

外族母黨妻黨服圖

鈙定四庫全書

外祖父母
小功
婦人為夫外
祖父母緦

舅母之兄弟姑之子外兄弟
小功
婦人為夫之
舅母緦

從母母之姊妹
小功
婦人為父之
母緦

妻父母
緦
妻亡而別娶亦
同妻之親母雖
甥出猶服

舅之子內兄弟
緦

從母之子兩姨
緦

甥姊妹之子
外甥
緦

外孫女之子
緦婦同

女為姊妹之子
小功
婦緦

外孫女之子
小功
婦緦

己

図4-12　外族母党、妻党服图

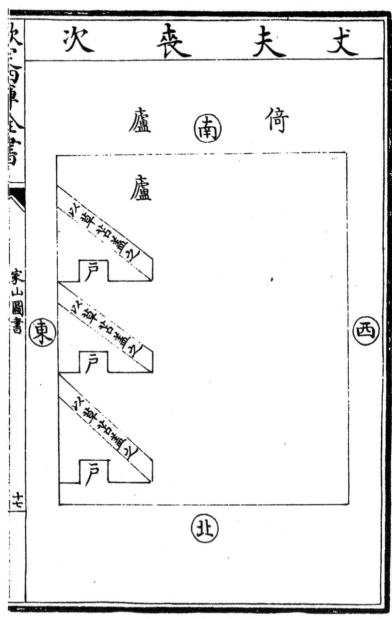

图4-13 丈夫丧次图

　　《三礼图》："倚庐者，倚木为庐，在中门外东方，北户。"《丧服传》："孝子居倚庐，寝苫枕块，不脱绖带。"居门外之庐，哀亲之在外也。寝苫枕块者，哀亲之在草土也。苫，编菆。块，堲也。"既虞，剪屏柱楣，寝有席。"九虞、七虞、五虞、三虞之后，乃改旧庐西向开户，剪去户傍两厢屏之余草。柱楣者，前梁谓之楣，楣下两头竖柱施梁，乃夹户傍之屏。寝有席者，《间传》云："既虞，苄不剪纳。"郑云："苄，今之蒲苹。即此寝有席，谓蒲席加于苫上也。""既练，舍外寝。"此寝谓中门外于屋下垒堲为之，不涂墍之垩室也。屋下，对庐偏加东壁而言也。初丧，居庐垩室，子为父，臣为君，各依亲疏贵贱之序。《宫正》云："大丧授庐舍，辨其亲疏贵贱之居。"注云："亲者贵者居庐，疏者贱者居垩室。"《杂记》云，朝廷卿大夫士居庐，都邑之士居垩室。按唐大历年中，有扬垂撰《丧服图》，说庐形制及垩室幕次叙列次第云：设庐次于东廊下，无廊，于墙下，北上。凡起庐，先以一木横于墙下，去墙五尺，卧于地为楣，即立五椽于上，斜倚东墉，上以草苫盖之。其南北面，亦以草屏之，向北开门，一孝一庐，门帘以缥布，庐形如偏屋，其间容半席。庐间施苫、凷。其庐南为垩室，以墼垒三面，上至屋，如①于墙，下即亦如偏屋，以瓦覆之，西向户。室施荐、木枕。室南为大功幕次，次中施蒲席。次南又为小功、缌麻，次施床，并西户。如诸侯，始起庐门，门外便有小屏，余则否。其为母与父同；为继母、慈母，不居庐，居垩室；如继母有子，即随子居庐；为妻，准母。其垩室及幕次，不必每人致之，共处可也。妇人次于西廊下。见时于中庭辇障中，以藁薄覆为之，既违古制，故引《唐礼》以规之。

---

① 如，底本作"加"，清康熙十九年（1680）通志堂刻《通志堂经解》本《新定三礼图》卷十五、司马光《书仪》卷六皆作"如"；又下文"下即亦如偏屋"，知"加""如"形近而误，据上列文献改。

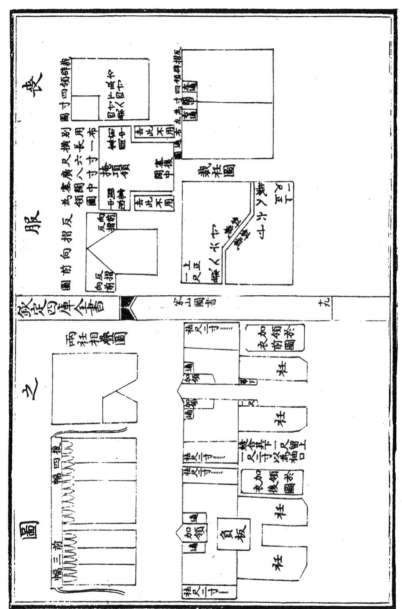

图 4-14 丧服之图 1

斩，不缉也。斩衰裳者，谓斩三升苴麻之布，以为衰裳也。凡衰外削幅，裳内削幅。削，犹杀也。幅三幅袧①。其裳前三幅，后四幅。每幅辟褶三，象丧冠之辟积三也。袧为辟褶屈中者，谓辟两侧，空中央也。"负广出于适寸。"适者，辟领也，与阙中共一尺六寸，负用布方广尺有八寸，故得出适两傍各寸也。负布缝于领下，下垂放之，以其置在背上，故得负名。"适博四寸，出于衰"者，以衰长六寸，博四寸，缀于外衿之上，广长当心，适在阙领之外，各广四寸，与阙领共有一尺六寸。阙，即领阙中也。故两适向前与衰相望，两傍各出六寸。适，即辟领。衣自领至衣腰二尺二寸，两身前后四尺四寸，两傍共有八寸八寸，加阙中与辟领尺有六寸。然则，此除袪、袂、衰、负四物，惟计衣身而言，凡用布，一丈四寸。袂，属幅而不削。袂所以连衣身者，明两袂与衣身参齐也。袂尺二寸，足以容中人之并两手也。《三礼图》。

齐衰者：齐，缉也。其衣裳冠制并如斩衰，但用次粗生布，缉其旁及下际。

---

① 袧，底本作"袀"，误，据清康熙十九年（1680）通志堂刻《通志堂经解》本《新定三礼图》卷十五改。

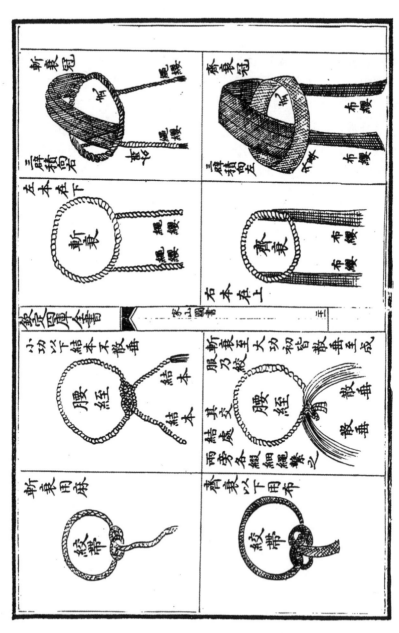

图 4-15 丧服之图 2

斩衰冠：比衣裳用布稍细，纸糊为材，广三寸，长足跨顶，前后裹以布为三辄，皆向右①纵缝之。用麻绳一条，从额上约之至顶后，交过，前各至耳结之，以为武。屈冠两头入武内，向外反屈之，缝于武。武之余绳垂下为缨，结于颐下。

齐衰冠：冠以布为武及缨，其制并如斩衰。

斩衰首绖：以有子麻为之，其围九寸。麻本在左，从额前向右围之，从顶过后，以其末加本上。又以绳为缨以固之，如冠之制。

齐衰首绖：以无子麻为之，大七寸余。本在右，末系本下。布缨。制与斩衰同。

腰绖：大七寸有余，两股相交，两头结之，各存麻本，散垂三尺。其交结处两傍各缀小②绳系之。

绖带：用有子麻绳一条，大半腰绖，中屈之为两股，各一尺余，乃合之，其大如绖。围腰，从左过后至前，乃以其右端穿两股间而反插于右，在绖之下。《文公家礼》。

---

① 右，底本作"布"，明刻本朱熹《家礼》卷四、《朱子全书》（第七册）《家礼》皆作"右"，是，"布""右"形近而误，据改。

② 小，明刻本朱熹《家礼》卷四、《朱子全书》（第七册）《家礼》皆作"细"，与"小"义近。

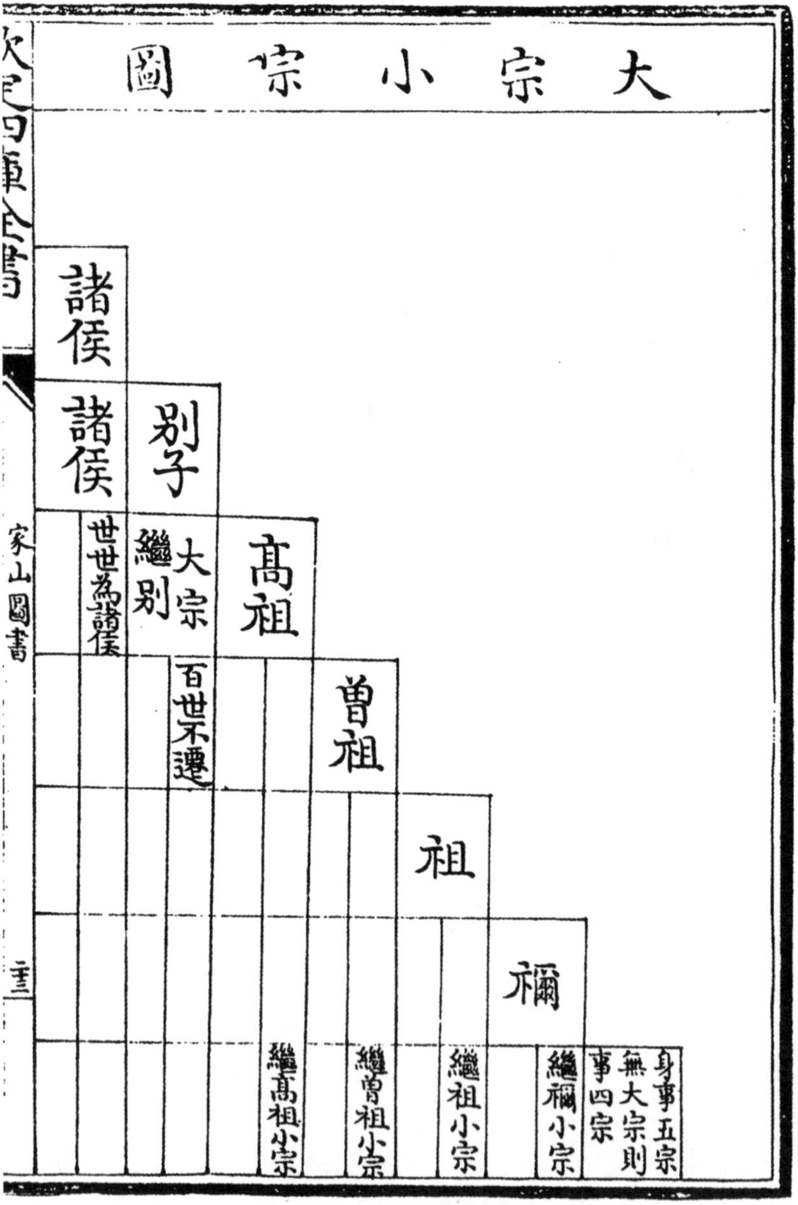

大宗小宗圖

諸侯

諸侯　別子

世世為諸侯　繼別　大宗　高祖

百世不遷　曾祖

祖

禰

繼高祖小宗　繼曾祖小宗　繼祖小宗　繼禰小宗

身事五宗　無大宗則事四宗

家山圖書

图 4-16　大宗小宗图

吕汲公《家祭仪》曰，古者小宗有四：有继祢之宗、继祖之宗、继曾祖之宗、继高祖之宗，所以主祭祀而统族人。后世宗法既废，散无所统。祭祀之礼，家自行之。支子不能不祭，祭不必告于宗子。今宗法虽未易复，而宗子主祭之义，略可举行。宗子为士，庶子为大夫以上，牲祭于宗子之家。故今议家庙，虽因支子而立，亦宗子主其祭，而用其支子命数所得之礼，可合礼意。

子朱子曰：祭祀须是用宗子法，方不乱，不然前面必有不可处置者。

父在主祭，子出仕宦不得祭；父没，宗子主祭，庶子出仕宦，祭时其礼亦合减杀，不得同宗子。

宗子只得立适①，虽庶长，立不得。若无适子，则亦立庶子，所谓世子之同母弟。世子是适，若世子死则立世子之亲弟，亦是次适也。是庶子不得立也。

大宗法既立不得，亦当立小宗法。祭自高祖以下，亲尽则请出高祖就伯叔位，服未尽者祭之。嫂则别处后其子私祭之。今世礼全乱了。

---

① 适，底本作"適"，古同"嫡"，今简化作"适"，无"嫡"义。

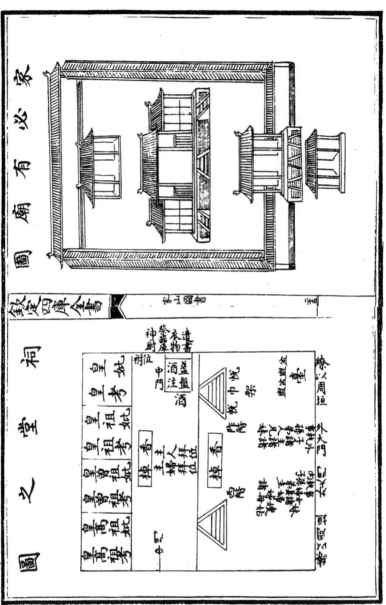

图 4-17 家必有庙图（右）、祠堂之图（左）

《家礼》：古命士得立家庙。家庙之制：内立寝庙，中立正庙，外立门，四面墙围之。非命士上祭于堂上，只祭考妣。伊川谓，无贵贱皆祭自高祖而下，但祭有丰杀疏数不同。庙向南，坐皆东向。伊川于此不审，乃云：庙皆东向，祖先位面东。自厅侧直东入其所，反转面西入庙中。其制非是。古人所以庙面东向坐者，盖户在东，牖在西，坐于一边，乃是奥处。

先生谓欲立一家庙，小五架屋。以后架作一长龛堂。以板隔截作四龛堂，堂置位牌，堂外用帘子。小小祭祀时，亦可只就其处。大祭祀则请出，或堂或厅皆可。祠堂之制，三间，外为中门，中门外为两阶，皆三级。东曰阼阶，西曰西阶。阶下随地广狭以屋覆之，令可容家众叙立。又为遗书、衣物、祭器库及神厨于其东，缭以周垣。别为外门，常加扃闭。若家贫地狭，则止为一间，不立厨库。而东西壁下置立两柜，西藏遗书、衣物，东藏祭器，则[1]亦可。正寝，谓前堂也。地狭则于厅事之东亦可。凡祠堂所在之宅，宗子世守之，不得分析。《家礼》。

---

① 则，元刻本朱熹《家礼》卷一，《朱子全书》（第 7 册）《家礼》皆无"则"字。

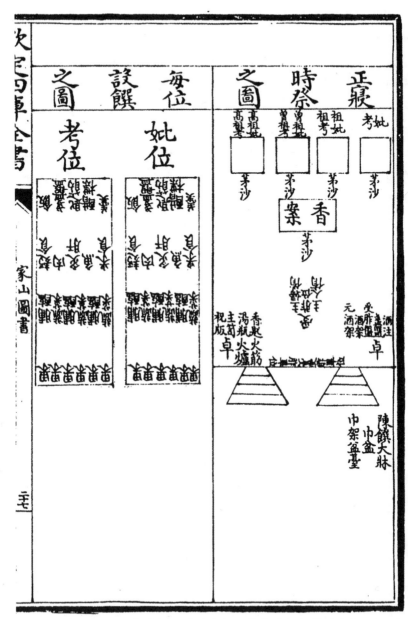

图 4-18　正寝时祭之图（右）、每位设馔之图（左）

时祭：用仲月，前旬卜日。前期三日，斋戒。前一日，设位，陈器，省牲，涤器，具馔。厥明，夙兴，设蔬果、酒馔。质明，奉主就位，参神，降神，进馔，初献，亚献，终献，侑食，阖门，启门，受胙，辞神，纳主，彻馂。凡祭主于尽爱敬之诚而已，贫则称家之有无，疾则量筋力而行之，财力可及者自当如仪。

图 4-19 舞勺舞象图

　　勺，籥也。舞籥，文舞也。孔氏曰：籥，笛也。籥舞以其不用兵器故象文也。以其年尚幼，故习之小舞也。《记》言"十有三年舞《勺》，成童舞《象》"，皆小舞也。

　　《象》舞，武舞也，谓干戈之小舞也。孔氏注云："《象》舞，象用兵刺伐之舞。"《乐记》曰："乐者，非谓黄钟，大吕、弦歌干扬也，乐之末节也，故童者舞之。"《内则》曰："成童舞象。"盖勺是周公之乐，象是武王之乐。此朱子说也。按陈氏《乐书》曰："《勺》者，成王酌先祖之道。《象》即象箾南，盖文王乐歌也。"

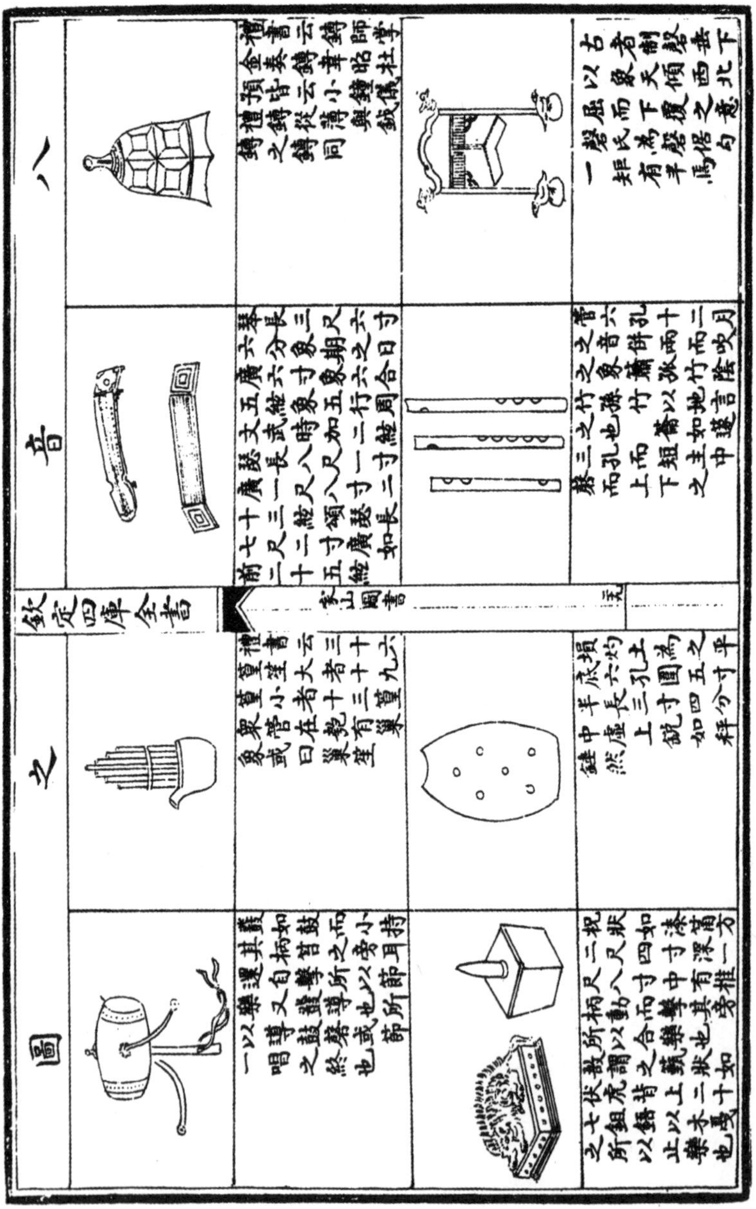

八

音

之

圖

鑄禮預金鑄書
之鑄狀云鑄師
鑄同鎛小李鑄
與鎛韓儀杜字
　鈒傳　學

一擊惟以古者
拜民為殷製簨
有為之下虛以
手簨倨天懸象
馮倨句西北天
　之意北下

一擊惟以古者

鍾之制

前簨虡廣丈五廣六尺六分長
二尺三一長廣六寸二象期尺
十二蓖尺八時象二象朝尺
　　五寸領廣寸加五象二六寸
蓖周廣一十二五尺合日六
　圖尺二寸倨周合日寸

簨三之竹之管六
兩孔止也漆象律孔
上而竹蓖以冰而十
下短黃之兩而二
之主如地竹而三
中遠言陰吹月

象衆皇書神
武窅皇書書
曰庄虐小笙
笙者為大云
　若十者十
葉五十七
　十三三十
葉九簟簟
　　　六

鏟中手杇損
然虛處長六尺
上三孔主
　說寸圓為
　加四五之
拜分寸平

圖

一以樂選其籟
唱導其自柄如
之鼓又合而所
終奏如擊鼓
也武葬導之而
　　武是所小
節　也以柎

之七杖敔所柷
所柷也所柄以尺
以擊旋謂以八狀
止以上奏動以狀
樂三上奏合而寸漆
　擊是以四而深南
　也狀也其方

图 4-20 八音之图

图 4-21 五声之图

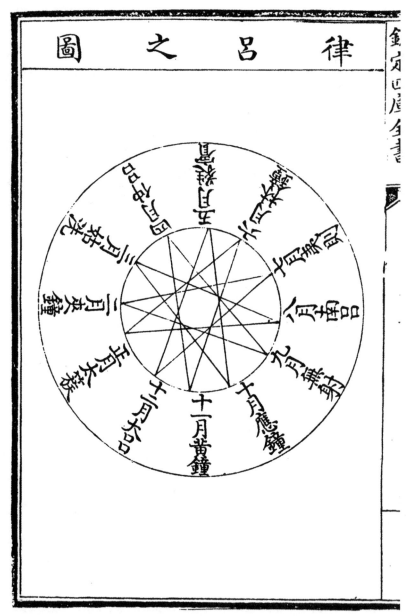

图4-22 律吕之图

　　夫物生而有情，情发而为声。故天五与地十合而生土于中，其声为宫；地四与天六合而生金于西，其声为商；天三与地八合而生木于东，其声为角；地二与天七合而生火于南，其声为徵；天一与地六合而生水于北，其声为羽。宫，中也。居中央，畅四方。唱始施生，为四声纲也，其性圆，其声若牛之鸣窌而主合；商，章也，物成熟可章度也，其性方，其声若羊之离群而主张；角，触也，物触而出戴芒角也，其性直，其声若鸡之鸣木而主湧[①]；徵，祉也，物盛大而繁祉也，其性明而辨物，其声若豕之负骇而主分；羽，宇也，物聚藏宇覆之也，其性润而泽物，其声若马之鸣野而主吐。其用，则为敏经迭抑；其象，则为君臣民事物；其位，则为左右上下中；其色，则为青、黄、赤、白、黑；其性，则为仁、义、礼、智、信；其情，则为喜、怒、悲、忧、恐；其事，则为貌、言、视、听、思。在天，运而为五气；在地，列而为五行；在人，窍而为五脏。则中声所止，无往不在焉。

　　昔黄帝使伶伦，自大夏之西、昆仑之阴，取嶰谷之竹其自然圆虚者，三日九分，断两吹之。取其窍之厚且均者两节间也。以为黄钟之宫。又制十二筒，以象凤凰之鸣。其雄鸣为六，雌鸣亦六。阳六为律，阴六为吕。六律六吕，总谓之十二律，以配十二月。黄钟、大簇、姑洗、蕤宾、夷则、无射，阳声也；大吕、应钟、南吕、林钟、仲吕、夹钟，阴声也。盖日月会于十二次而右转，圣人制六吕以象之；斗柄运于十二辰而左旋，圣人制六律以象之。故阳律左旋以合阴，阴吕右转以合阳，而天地四方阴阳之声具焉。凡十二律相生之位，自黄钟之律数八至林钟，林钟数八至太簇，太簇数八至南吕，南吕数八至姑洗，姑洗数八至应钟，应钟数八至蕤宾，周而复始。

---

① 湧，元代舒天民撰、舒注《六艺纲目》作"勇"。

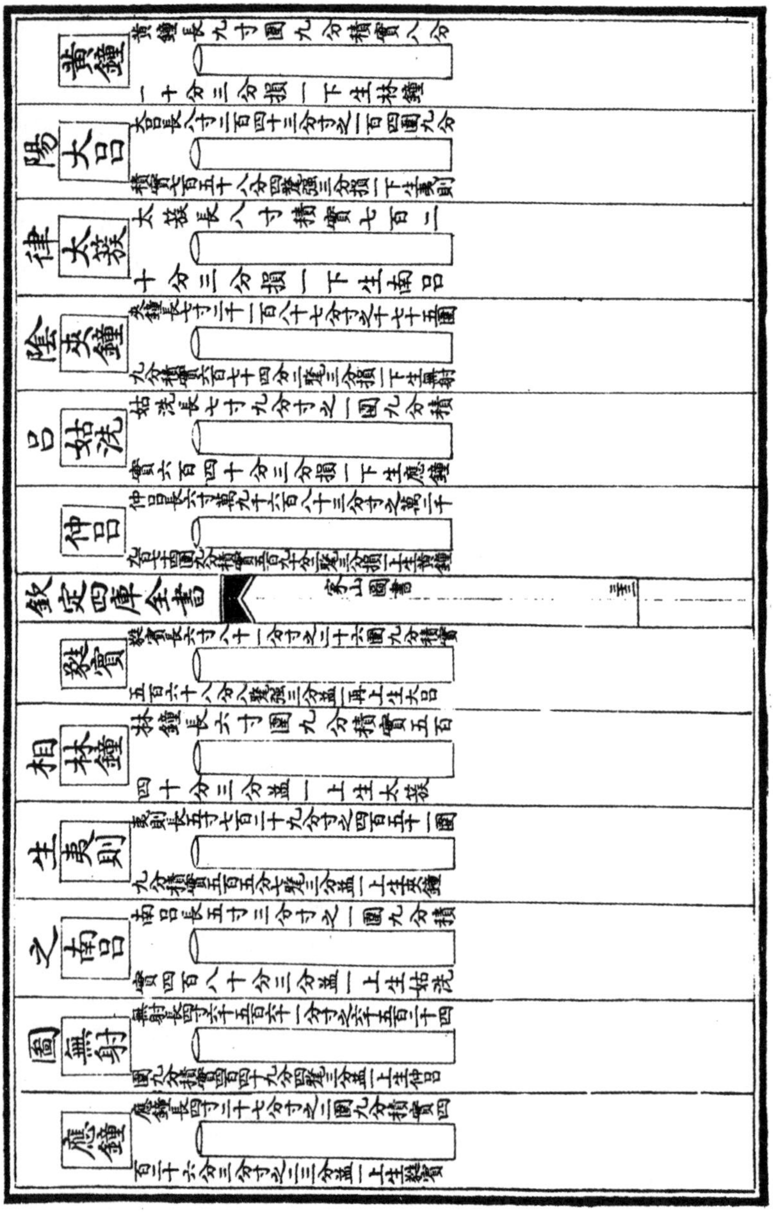

图 4-23 阳律阴吕相生之图

黄钟：黄者，中之色也。钟，种也。阳气潜萌于黄宫。万物孳萌于子，而黄钟，子之气也。其候，冬至；其卦，《乾》之初九。故合于大吕而下生林钟焉。

大吕：吕，旅也，言阴大，吕助黄钟宣气而芽物也。万物纽芽于丑，而大吕，丑之气也。其候，大寒；其卦，《坤》之六四也。故合于黄钟而下生夷则焉。

太簇：簇，奏也，言阳气大，奏地而达物也。万物引达于寅，而太簇，寅之气也。其候，启蛰；其卦，则《乾》之九二也。故合于应钟而下生南吕焉。

夹钟，言阴夹助太簇，宣四方之气而种物也。万物冒茆于卯，而夹钟，卯之气也。其候，春分；其卦，则《坤》之六五也。故合于无射而下生无射焉。

姑洗：姑，故也。洗，新也。言阳气养生，去故就新也。万物振美于辰，而姑洗，辰之气也。其候，清明；其卦，《乾》之九三。故合于南吕而下生应钟焉。

仲吕，言阳已而阴萌，则万物尽旅而西行。万物已盛于巳，而仲吕，巳之气也。其候，小满；其卦，则《坤》之上六也。故合于夷则而上生黄钟焉。

蕤宾：蕤，继也。宾，导也。言阳始导阴气，使继养万物也。万物咢布于午，而蕤宾，午之气也。其候，夏至；其卦，《乾》之九四也。故合于林钟而上生大吕焉。

林钟：林，君也。言阴气受任，助蕤宾君主种物，使长大茂盛也。万物蔓昧于未，而林钟，未之气。其候，大暑；其卦，《坤》之六二。故合蕤宾而上生太簇焉。

夷则，言厥民夷时，万物莫不华而实也，虽未及中，亦有仪则矣。万物申坚于申，而夷则，申之气也。其候，处暑；其卦，《乾》之九五。故合仲吕而上生夹钟焉。

南吕：南，任也。言阴气旅助夷则，任成万物也。万物留熟于酉，而南吕，酉之气也。其候，秋分；其卦，则《坤》之六二也。故合于姑洗而上生姑洗焉。

无射：射，厌也。言阳气究物，使气毕落之终而复始，无厌已也。万物罜入于戌，而无射，戌之气也。其候，霜降；其卦，《乾》之上九。故合夹钟而上生仲吕焉。

应钟，言阴气应无射，该藏万物而杂阳阂种也。万物以阴藏归根复命，而该阂于亥。应钟，亥之气。其候，小雪；其卦，《坤》之六三。故合太簇而上生蕤宾焉。

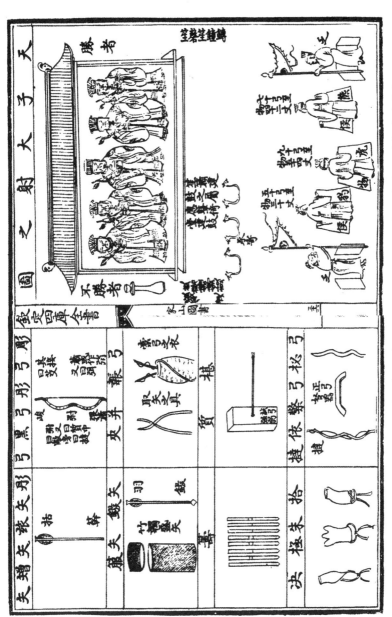

图 4-24　天子大射之图（右）；雕弓、彤弓、黑弓、彤矢、旅矢、赠矢图（左）

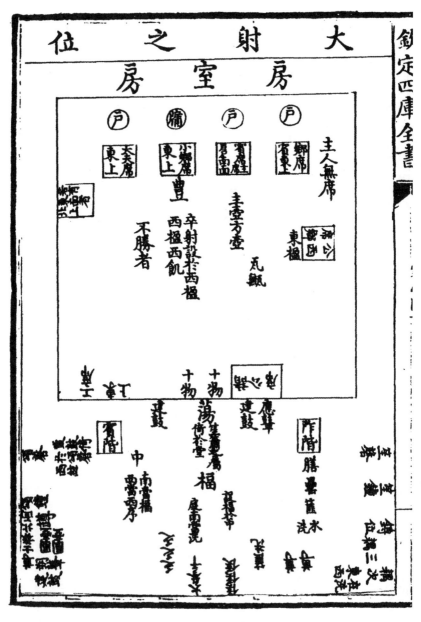

图 4-25　大射之位图

　　射礼，惟天子为备。大射尤重。天子射毕，彻虎侯。次诸侯射，次卿大夫射，各张其侯，奏其乐。余可类推。射人令人去侯，立于后，以矢行高下左右告于王，欲必中也。服不氏以旌居乏而待获，中则扬之。

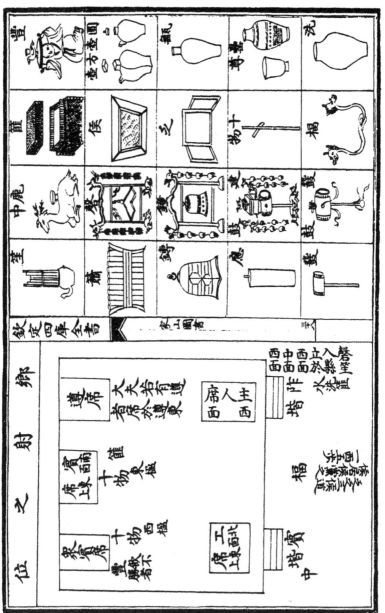

图 4-26　乡射之位图

　　乡射于序而用鹿中。郑氏谓士为州长者之礼也。然其言射必兼庠序，言礼必兼大夫。《周官·乡大夫》有乡射之礼，则乡射不特士而已。大射，前二日，宰夫戒宰及司马。乡射不言，盖戒与射同日也。大射有大射正、小射正、司射。乡射则有司而已。盖皆主人之吏为之也。大射设次于东，故不适堂西。乡射无次，故射者适堂西而已。大射负侯者诺则以宫，又诺以商。乡射获者诺声不绝而已。大射献服不则，侯西北三步北面拜，受爵。乡射献获者于侯而已。以服不，士也，故献近于乏。乡人，贱也，故献即于侯也。大射钟师以钟鼓奏《祴夏》，乡射以鼓《祴夏》。以君尊故有钟鼓，大夫、士卑，特用鼓也。大射度侯道以狸步，乡射则度以躬。大射乏西十步北十步，乡射则乏参侯道，居侯党之一，西五步。此大射、乡射之别也。陈氏《礼书》。

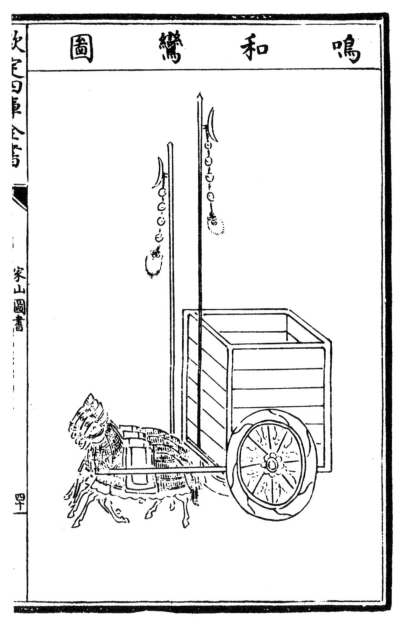

图 4-27　鸣和鸾图

按《大戴礼记·保傅》曰："在衡为鸾，在轼为和。"《周礼·太驭》"以鸾和为节"注引《秦诗》"鸾镳"疏云：田车，鸾在镳；乘车，鸾在衡。皆金为铃。

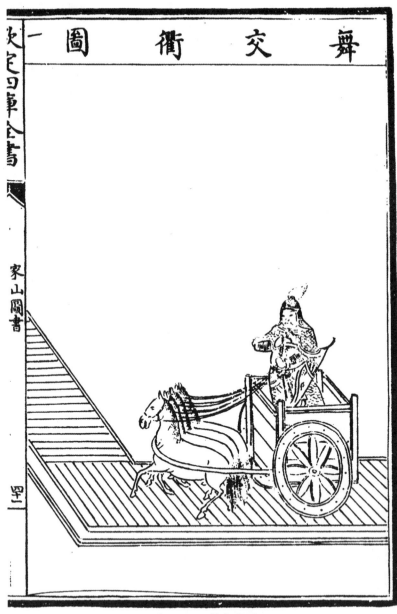

图 4-28 舞交衢图

　　按双峰饶氏云：衢，道也。交衢，如今十字街模样。若转过这一边，则须转得合个舞底节奏。《郑诗》云："两骖如舞"，盖谓御之中节也。

图 4-29 逐水曲图

逐水曲，谓御车随逐水势之屈曲而不坠水也。贾公彦疏："无正文，先郑以意而言耳。"

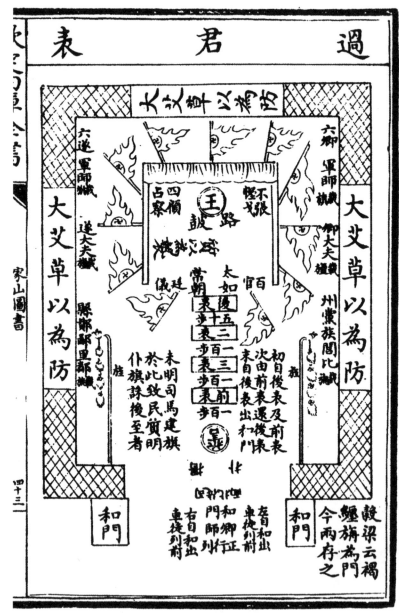

图4-30 过君表图

　　饶氏曰：此御田猎之车与军旅之车。凡田猎，用大艾草以为防，或舍其中。君表如辕门之类，是植起两车以为门。褐缠斿以为门，是植起两旗于两旁以为门也，以毛褐缠在上。裘缠质以为埶者，质是斧之锥头，或云用刑砧子，是门阃。古者门之当中用一壁尺使门阃至此而止，所谓埶也，谓以毛裘缠质之上以为门阃也。

图 4-31　逐禽左图

按《秦诗》曰："公曰左之。"则禽入防,虞五犯奉辰牡[①],而御者从左以逐之,君从左以射之。《诗》曰："悉率左右,以燕天子。"则亦驱左右之禽以趋于右也。《传》曰："自左膘而射之,达于右䏚,为上杀。射右耳本次之。射左膘达于右髀,为下杀。面伤,不献;践毛,不献;不成禽,不献;禽虽多,择三十焉。其余以与大夫、士以习射于泽宫。"盖中心而速死[②]者上杀也,以为干豆;远心而死缓者次杀也,以待宾客;中肠胃汗泡而死尤缓者下杀也,以充君厨[③]。面伤不献,为诛降也;不成禽不献,为殀夭也;择取三十,每禽择三十而干豆、宾客、君庖各十也。

---

① 牡,元至正七年(1347)福州路儒学刻明修本宋陈祥道《礼书》卷八十作"牲"。

② 速死,元至正七年(1347)福州路儒学刻明修本宋陈祥道《礼书》卷八十作"死速"。

③ 厨,元至正七年(1347)福州路儒学刻明修本宋陈祥道《礼书》卷八十作"庖",二者义近。

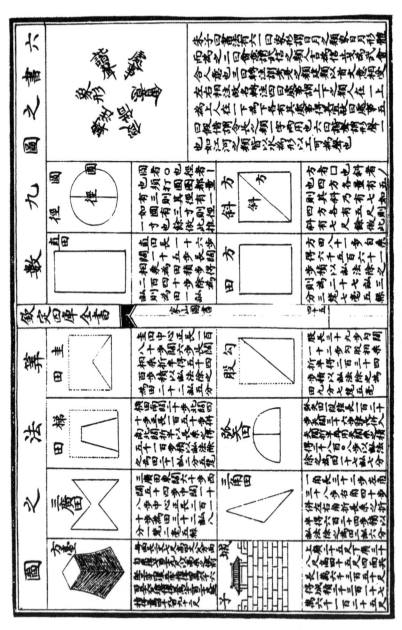

图4-32 六书之图、九数算法之图

图 4-33　子事父母之图

图 4-34　妇事舅姑之图

《内则》曰：子事父母，鸡初鸣，咸盥漱，栉，縰，笄，总，拂髦，冠，緌缨，端，韠，绅，搢笏，左右佩用，偪，屦着綦。妇事舅姑，如事父母。鸡初鸣，咸盥漱，栉，縰，笄，总，衣、绅，左右佩用[①]，衿缨，綦屦。以适父母、舅姑之所。及所，下气怡声，问衣燠寒，疾痛苛痒，而敬抑搔之。出入，则或先或后，而敬扶持之。进盥，少者奉槃，长者奉水，请沃盥，盥卒，授巾。问所欲，而敬进之，柔色以温之。父母、舅姑必尝之而后退。男女未冠笄者，则佐长者视具。

《家礼》曰：凡子事父母、妇事姑舅，天欲明，咸起盥漱，栉，总，具冠带。昧爽，适父母、舅姑之所省问。父母、舅姑起，子供药物，妇具晨羞。供具毕乃退，各从其事。

---

① 左右佩用，清嘉庆二十年（1815）南昌府学重刊宋本十三经注疏本《礼记注疏》卷二十七无此四字。

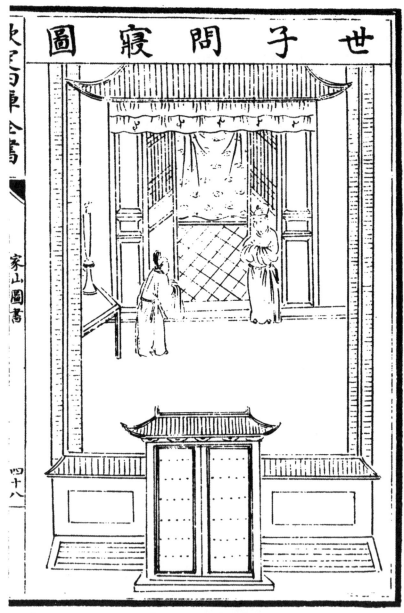

图 4-35 世子问寝图

《礼记》：文王之为世子，朝于王季，日三。鸡初鸣而衣服，至于寝门外，问内竖之御者，曰："今日安否？何如？"内竖曰："安。"文王乃喜。及日中，又至，亦如之。及暮，又至，亦如之。

图 4-36　子妇尝药图

　　《文公家礼》曰：凡父母、舅姑有疾，子妇无故不离侧，亲调、尝药饵而供之。父母有疾，子色不满容、不戏笑、不晏[1]游，舍置余事，专以迎医、检方、合药为务，疾已复初。

---

[1]　晏，明刻本朱熹《家礼》卷一，《朱子全书》（第 7 册）《家礼》皆作"宴"。

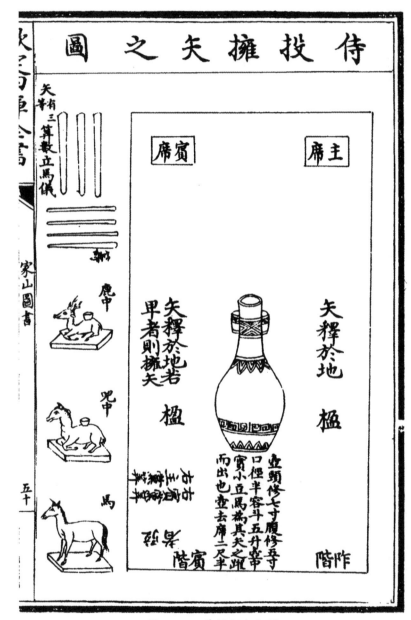

图 4-37 侍投拥矢之图

朱子曰：投，投壶也。拥，抱也。矢，投壶箭也。尊者委四矢于地，一一取以投。卑者不敢委于地，悉执之以侍。

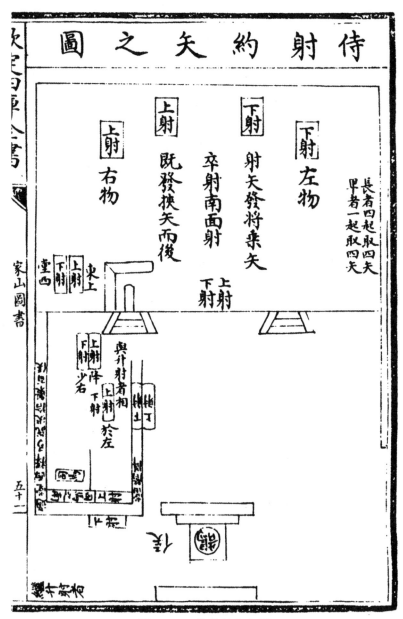

图 4-38 侍射约矢之图

　　饶氏曰：凡射，两人为耦。上耦居左，下耦居右。长者四起，取四矢。少者不敢与敌，礼只一起，揔取四矢。

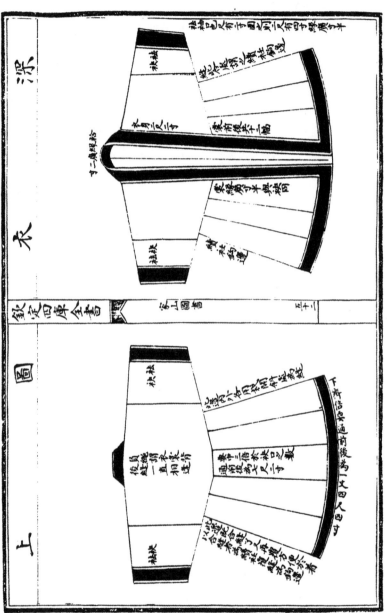

图 4-39 深衣图上

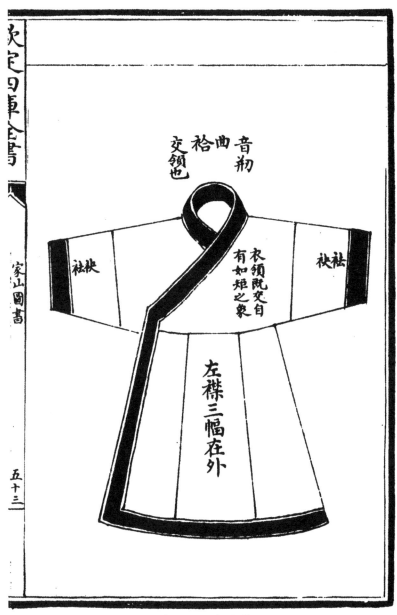

交领也 裕曲音荆

衣领既交自有如矩之象

袪袂 袂袪

左袵三幅在外

图 4-40 丧服图

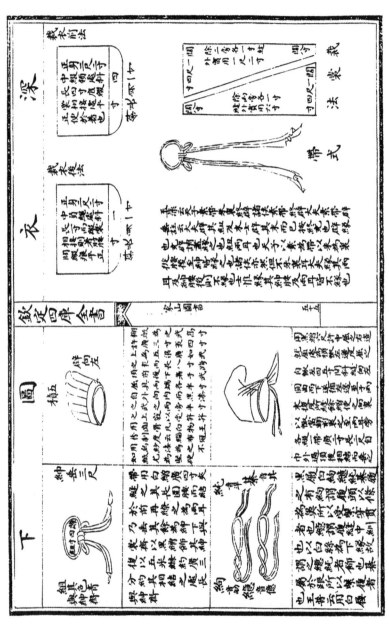

图 4-41　深衣图下

《括要》云：古者衣、裳不相连，惟深衣上下相连，被体深邃，故谓之深衣。以白细布为之。裳十二幅，以应十有二月。交解裁之，狭头在上，除缝削外，实广六寸，下齐咨倍之。此据中人而言耳。十二幅外别添两斜衽于旁，缝属于裳，谓之续衽。加缘于上，不欲缘侵裳之正幅也。钩边者，裳下圆其角如钩，恐其垂下而不齐也。"袂圜以应规圜"者，谓胡下也。袂，袖也。牛领下垂谓之胡。圜其袂下，谓从袖口至腋下裁，令其势圆如牛胡也。"曲袷如矩以应方"者，袷，领也。曲袷，交领也。今朝祭之服，领皆向下交垂也。"负绳及踝胡瓦反。以应直"者，负绳谓背后缝上下相当，而取直如绳之正，非谓用缯为负绳也。踝，足跟也。及踝者，裳止其足跟，长无被土之义也。"下齐如权、衡以应平"者，裳下曰齐。齐，缉也，取其齐如字。如衡平，而无低昂参差也。袪，袖口也，尺有二寸。围之则二尺四寸。要中则三其袪之围格腋下也。稍宽于袪，可以运肘。衣纯者，衣之缘也。领缘广二寸，衣缘广寸半，带两边饰各广一寸，取其次弟登降之义也。具大父母、父母，衣纯以缋。缋，织余也，画也，绘五采以为文，相次而画，是亦戏彩斑斓之义。具父母，衣纯以青，余皆以缁。大带用白缯夹缝之，广四寸，以束要，垂其余三尺谓之绅，谓钮屈而绅伸也。以黑缯裨之。裨谓附饰其侧也。缭音了。四寸，谓旁两钮各缭二寸，组用青小绦为之，所以约其带长与绅齐如字。也。若夫冠、巾与屦制度，具于各图之下。

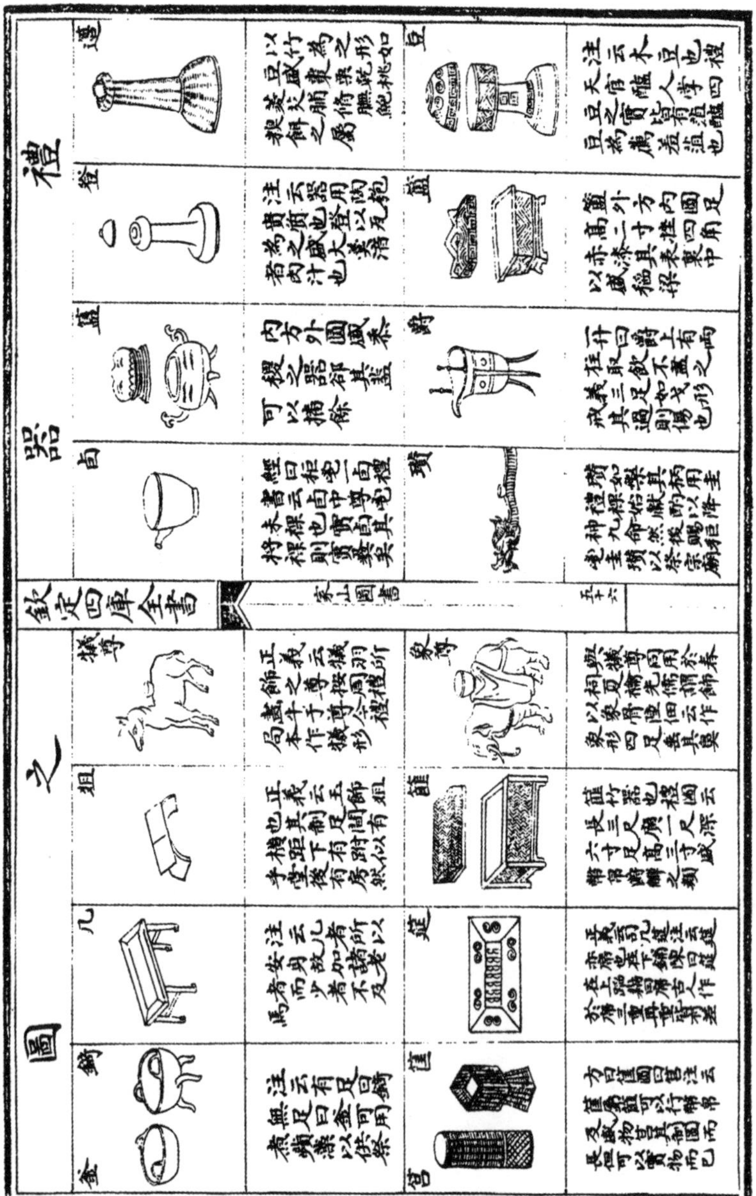

礼器之图

图 4-42　礼器之图

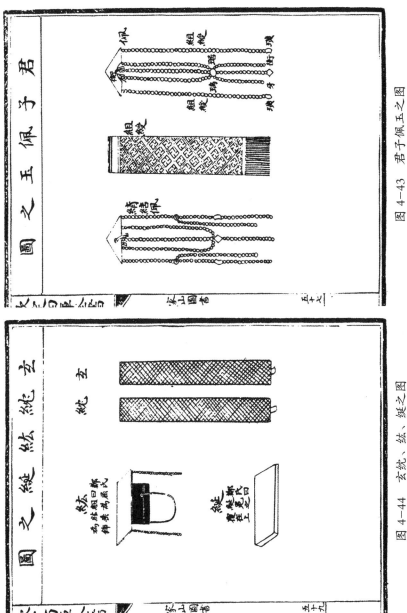

图 4-43　君子佩玉之图

图 4-44　玄紞、纮、綖之图

　　古之君子必佩玉。其制：上有折衡，下有双璜，中有琚瑀，下有冲牙，贯之以组绶，纳之以玭珠。而其色有白、苍、赤之辨，其声有角、徵、宫、羽之应，其象有仁、义、礼、智、忠信、道德之备。或结或垂，所以著屈伸之理；或设或否，所以适文质之宜。此所以纯固之德不内迁，非辟之心无自而入也。盖衡以平其心，璜以中其德，琚欲其有所安，牙欲其有所制，右徵、角所以象事与民，左宫、羽所以象君与物。趋以《采齐》，行以《肆夏》，所以比于乐。周还中规，折还中矩，所以比于礼。进则揖之于前，退则扬之于后，则佩之为物，奚适而非道邪？盖民为贵，君为轻；事为先，物为后。能治民，然后能安君；能应事，然后能生物。所以事与民在所右，物与君在所左也。《春秋传》曰："改步改玉。"自天子至士，步固不同而玉亦随异。天子佩白玉，诸侯佩山玄玉，大夫佩水苍玉，世子佩瑜玉，士佩瓀玟。白玉最贵，瓀玟至贱。山玄以象君德，水苍以象臣职。山玄、水苍，其文也。瑜与瓀，其质也。世子佩瑜，则士佩瓀矣。士佩瓀，则世子而上佩坚矣。瓀或作瑜，以其多石故也。玟或作珉，以其贱故也。

　　玄纮。《鲁语》曰："王后亲织玄纮。"纮，所以县瑱当耳者也。天子诸侯瑱，玄纮黄纩；卿大夫瑱，玄纮青纩；士瑱，玄纮素纩。

　　纮。《士冠礼》云："缁组纮，纁边。"此谓皮弁、爵弁皆有笄，故设此纮也。先以一条组[1]于左笄上，系定，绕颐下右相向上仰属于笄，屈系之。有余，因垂为饰。纁边者，以缁为中，以纁为边，侧而织之也。旧图纮头别出细带，为[2]误。

　　綖。《弁师》："掌王之五冕，皆玄冕朱里，延纽。"《礼记》："天子玉藻，十有二旒，前后邃綖。"《左传》云："衡、

---

[1]　一条组，清康熙十九年(1680)通志堂刻《通志堂经解》本《新定三礼图》卷三作"组一头"。

[2]　为，清康熙十九年(1680)通志堂刻《通志堂经解》本《新定三礼图》卷三作"深"。

纮、綖。"先儒谓:"綖,冕上覆。"古者绩麻三十升布,上玄下朱,以素里。冕版三十升,则麻之尤精者也。孔子曰:"麻冕,礼也。今也纯,俭。"则古者五冕皆麻,至孔子时乃去麻用纯。

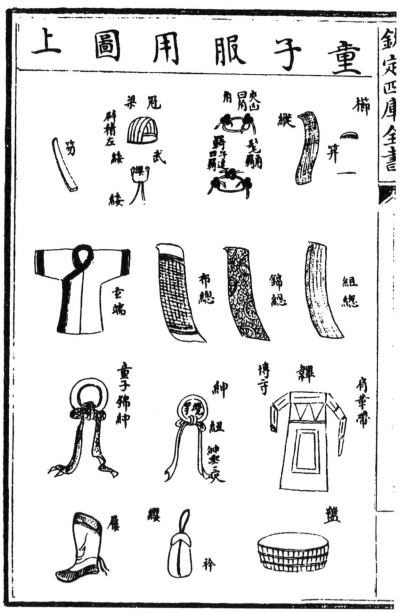

图 4-45 童子服用图上

栉，梳也。《诗》："其比如栉。"文公注：栉，理发器，言密也。

縰者，缁缅，长六尺，所以裹髻、承冠，以全幅叠而用之。

笄者，安髻之笄。以縰韬发作髻，既讫，横施此笄于髻中以固髻，非固冠之笄也。

总者，裂练缯为之，束发之本，垂余于髻后，以为饰。

髦，用发为之，象幼时鬌。《内则》曰：子生三月则剪其胎发为鬌，带之于首，男角，女羁。迨其笄、冠也，则彩饰之加于冠，谓之髦，不忘父母生育之恩。父母丧则彻之。

冠者，玄冠也。

缨者，结之项下以固冠，结之余者散而下垂则谓之緌。

端，玄端，士服也。端者取其正也，士之衣袂皆二尺二寸而属幅，是广袤等也。其祛尺二寸。

韠者，蔽膝也。以韦为之，与裳同色，上系之革带。

绅，大带也。天子素带，朱里，终辟；大夫素带，辟垂；士绅[1]带，率下辟。自天子至大夫皆垂长三尺，广四寸。士又杀焉。

童子之带，非必全锦也。惟绅用锦，以亲在，致饰而已。

笏，忽也。君有命则书其上，备忽忘也。笏长二尺有六寸，其中博三寸，其杀六分而去一。徐广曰：笏即今之手板也。

缨，缡之属。按郭璞注云："缡，香缨也。袆邪交落带系于体。"以佩容臭。缨之带曰衿。

屦，注云："禅下曰屦。"綦，屦系也。屦头施綦，以为行戒。朱子曰："綦，鞋口带也。古人皆旋系，今人只从简易，缀之于上，如假带然。"

槃，承盥水者。奉槃者劳，故少者以之。以上并出注疏。

---

① 绅，清嘉庆二十年（1815）南昌府学重刊宋本十三经注疏本《礼记正义》卷三十作"练"。

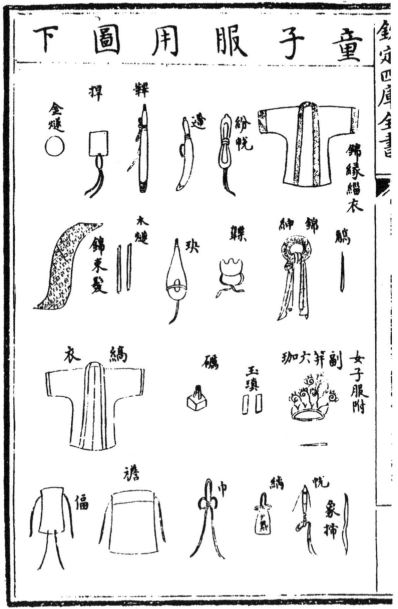

图 4-46　童子服用图下

　　《内则》曰："子事父母，左佩纷帨、刀砺、小觿、金燧，右佩玦、捍、管、遰、大觿、木燧。"按《注》云：纷帨，拭物之巾也；刀砺，磨石也。觿，状如锥，角锐，可以解纽。玦，射决，着右手之拇指以钩弦。捍，韝臂也，韦为之以捍弦。管，笔驱也。遰，刀鞞也。金、木二燧，以备阴晴之取火焉。

　　《玉藻》云："童子之饰也，缁布衣，锦缘，锦绅，并纽，锦束发，皆朱锦也。童子不裘，不帛，不屦絇。"注云：只白屦，不用鼻头带末拘之，以为行戒。

　　女子之服也，"副笄六珈"。按《正义》云：副以覆首，为饰祭服有衡笄，垂于副旁，以悬瑱。既笄而加此六饰，故谓之珈。如汉步摇也。瑱，当耳者，以玉为之。揥，谓以象骨搔首，因以为饰也。缟衣，细缯也。《战国策》云：强弩之余，不能穿鲁缟。是薄缯也。巾，女人苍艾色衣巾。襜，衣蔽前也。帨，是拭物之巾。缡，是香缨。偪者，以行滕偪束其胫，自足至膝以自偪束。

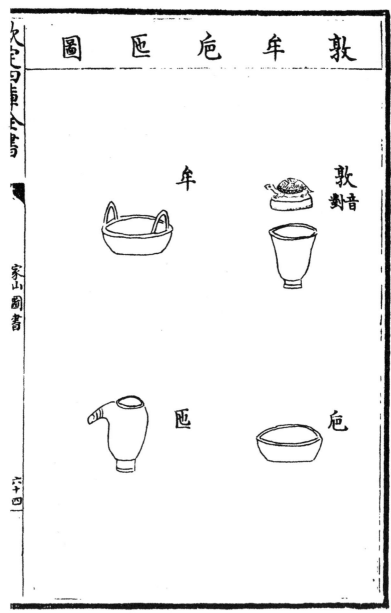

图 4-47　敦、牟、厄、匜图

　　朱子曰：敦，今杯盂也。牟，土釜也，今以木为之，象土釜之形。卮，酒器也。匜，盛酒浆之器也。孔氏云："此父母、舅姑所服用之器，子、妇不得辄用也。"

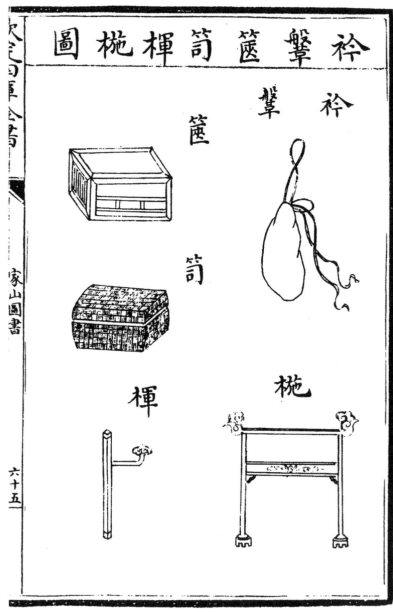

图 4-48　衿鞶、篋、笥、楎、椸图

衿鞶：《内则》："妇事舅姑，佩箴、管、线、纊，施鞶袠。"郑氏曰：鞶，小囊也。鞶袠言施，明为箴、管、线、纊。熊氏曰：袠，刺也。刺袠而为鞶囊，故曰鞶袠。然则《士婚礼》所谓衿鞶是也。箧，《士冠礼》"缁布冠，缺项"以至"缁组紘……同箧"。郑氏曰："隋方曰箧。"则隋者，狭而长也。笥，释《曲礼》曰，圆曰箪，方曰笥。《书》曰："衣裳在笥。"则笥亦盛衣之器。楎，楎杙也。植者曰楎。椸，横竿为椸，即衣枷也。

（据文渊阁《四库全书》本《家山图书》整理）